GEO BOOK

W0355698

1000 idées d'escapades

EUROPE

BIEN CHOISIR SON COURT SÉJOUR

Où aller ? Quand partir ?
Que voir ? Que faire ?

GEO BOOK

1000 idées d'escapades

EUROPE

BIEN CHOISIR
SON COURT SÉJOUR

Où aller ? Quand partir ?
Que voir ? Que faire ?

GEO ÉDITIONS

Introduction

Si les courts séjours dans un pays proche ou voisin sont devenus monnaie courante ces dernières années, on ignore souvent selon quels critères faire son choix. Fait-il beau à Dublin en janvier ? La chaleur de Séville n'est-elle pas trop violente en été ? Ne vaut-il pas mieux privilégier la mi-saison ? En Scandinavie, à quelle date a lieu la fête de la Lumière ? C'est à toutes ces questions que cet ouvrage se propose de répondre.

Le GEOBOOK n'est en effet pas un guide comme les autres, qui imposent de savoir à l'avance où vous désirez vous rendre. Il vous prend au gré de vos envies. Lorsque votre désir de partir commence à se manifester, sans que vous sachiez encore quelle direction lui donner, et que se posent mille et une questions.
Avec le GEOBOOK 1 000 idées d'escapades en Europe, vous voici au moment béni où tout est possible. Grandes villes mythiques ou charmantes cités moins connues, climat scandinave ou méditerranéen, escapades urbaines, campagnardes, côtières, lacustres ou montagnardes, folklore et traditions, réserves et parcs naturels… l'offre est infinie. Que vous soyez amateur de vieilles pierres ou de vie nocturne, amoureux de la mer ou passionné de montagne, que vous ne juriez que par la faune terrestre ou au contraire par les animaux marins, que vous souhaitiez un séjour urbain ou une aventure plus rurale, que vous préfériez les musées ou les traditions, le GEOBOOK vous donne toutes les clefs pour trouver l'escapade qui répond le mieux à vos envies. Il vous indique également la période la plus adaptée, pour découvrir sous son meilleur jour la destination qui vous correspond.
Et si vous ne voulez pas dépasser une certaine durée de vol, ou si vous avez un budget précis, les riches informations pratiques de ce guide constituent une aide supplémentaire. Véritable guide avant le guide, il a été conçu pour vous permettre d'éviter les mauvaises surprises. Les plus beaux parcs naturels, l'Europe à vélo, les hébergements insolites ou les villes d'art et d'histoire méconnues… vous y trouverez également les grandes tendances d'une escapade dans cette partie du monde.

Où aller ? Quand partir ? Que voir ? Que faire ? En répondant à ces quatre grandes questions qui régissent tout choix de voyage, le GEOBOOK se fait l'outil indispensable pour décider de votre prochaine escapade.

Double page précédente : la place Saint-Pierre à Rome

À quelques kilomètres de Corfou, la presqu'île de Vlachernes et son monastère

Sommaire

Un modèle d'architecture créative, l'immeuble Hundertwasserhaus, construit dans les années 1980 à Vienne

Comment utiliser

Une première partie pratique pour bien choisir son voyage

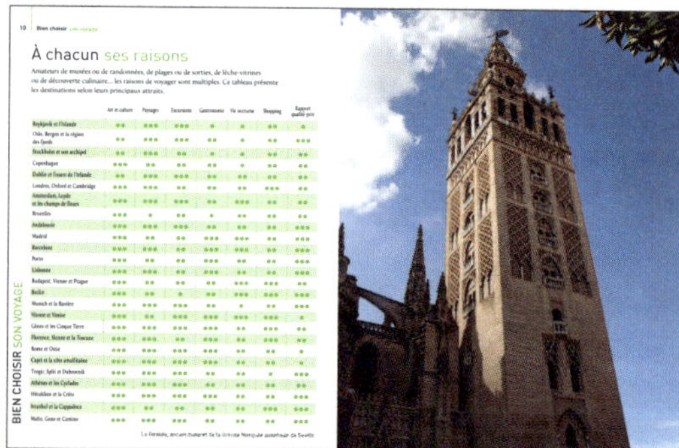

● À chacun ses raisons
Choisir en fonction de ses **centres d'intérêt** : villes, paysages, mer, lacs, gastronomie, arts et culture, excursions…

● À chacun son envie
Choisir en fonction **des grandes tendances** du tourisme : parcs nationaux, l'Europe à vélo, villes d'art et d'histoire méconnue, hébergements insolites.

● À chacun son climat
Choisir en fonction du **temps qu'il fait** : un tableau de l'ensoleillement mois par mois à travers l'Europe.

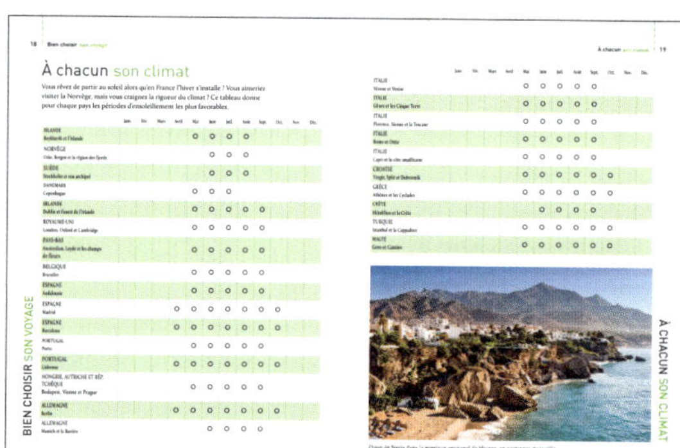

BIEN CHOISIR SON VOYAGE

le GEOBOOK ?

LA CARTE DE LA DESTINATION
Repérer sa destination en fonction de ses envies et de son temps de voyage disponible.

DES PHOTOS...
...emblématiques qui donnent un avant-goût du voyage.

QUE VOIR, QUE FAIRE?
- Les attraits touristiques du pays : les paysages, la faune, la flore, les monuments, les villes...
- Les activités sportives : randonnées, vélo, pêche, ski...

- Capitale
- Ville
- Monument, site archéologique
- Panorama, paysage remarquable, site de randonnée
- Plage, côte remarquable, fond marin, zone de plongée
- Faune remarquable, parc animalier
- Arts et traditions populaires

LES CONSEILS GEO
Les plus, les moins de chaque pays, les précautions, les tendances, les recommandations.

LE CARNET DE VOYAGE
Toutes les informations pratiques sur le pays : formalités, santé, accès et temps de transport, langues, monnaie, population, religions, fêtes, achats.

À chacun ses raisons

Amateurs de musées ou de randonnées, de plages ou de sorties, de lèche-vitrines ou de découvertes culinaires... les raisons de voyager sont multiples. Ce tableau présente les destinations selon leurs principaux attraits.

	Art et culture	Paysages	Excursions	Gastronomie	Vie nocturne	Shopping	Rapport qualité-prix
Reykjavik et l'Islande	●●	●●●	●●●	●	●	●●	●
Oslo, Bergen et la région des fjords	●●	●●●	●●●	●●	●	●●	●●●
Stockholm et son archipel	●●	●●●	●●	●	●	●●	●●
Copenhague	●●●	●●	●●	●●	●	●●	●●
Dublin et l'ouest de l'Irlande	●●	●●●	●●●	●●	●●	●●	●●
Londres, Oxford et Cambridge	●●●	●●●	●●	●●	●●	●●●	●●
Amsterdam, Leyde et les champs de fleurs	●●●	●●●	●●●	●●	●●●	●●	●●
Bruxelles	●●●	●	●●	●	●●	●●	●●
Andalousie	●●●	●●●	●●●	●●	●●	●●	●●●
Madrid	●●●	●●	●●	●●●	●●●	●●	●●●
Barcelone	●●●	●●●	●●	●●●	●●●	●●	●●●
Porto	●●●	●●	●●	●●●	●●	●●	●●●
Lisbonne	●●●	●●●	●●	●●●	●●	●●	●●●
Budapest, Vienne et Prague	●●●	●●	●●	●●	●●●	●●●	●●
Berlin	●●●	●●	●	●●	●●●	●●●	●●●
Munich et la Bavière	●●●	●●●	●●●	●●	●	●●	●●●
Vérone et Venise	●●●	●●	●●●	●●●	●●●	●●●	●
Gênes et les Cinque Terre	●●●	●●●	●●●	●●●	●●	●●●	●●
Florence, Sienne et la Toscane	●●●	●●●	●●	●●●	●●	●●●	●●
Rome et Ostie	●●●	●●●	●●●	●●●	●●	●●	●
Capri et la côte amalfitaine	●●●	●●●	●●●	●●●	●●	●●	●
Trogir, Split et Dubrovnik	●●●	●●●	●●●	●●	●●	●	●●●
Athènes et les Cyclades	●●●	●●●	●●●	●●	●●	●●	●●
Héraklion et la Crète	●●●	●●●	●●●	●●●	●●	●●	●●●
Istanbul et la Cappadoce	●●●	●●	●●	●●	●●	●●●	●●●
Malte, Gozo et Camino	●●●	●●●	●●●	●●	●●	●●	●●●

La Giralda, ancien minaret de la Grande Mosquée almohade de Séville

Le parc national des lacs de Plitvice, en Croatie, se compose d'une succession de lacs en étage.

Les parcs naturels

- Situé à la pointe nord de la Suède, en territoire lapon, **le parc naturel d'Abisko** est habité depuis la nuit des temps par les Sami, qui pratiquent l'élevage de rennes. Bordé par les Alpes scandinaves, traversé par une rivière et creusé par les canyons, il est renommé pour ses paysages spectaculaires et sa flore extrêmement riche. L'hiver, on peut y contempler les aurores boréales.

Les activités : randonnée pédestre, en raquette et avec un chien de traîneau, spéléologie, kayak, ski…

- Autre must de la Scandinavie, **le parc national de Folgefonna**, qui s'étire le long de la côte ouest de la Norvège. En grande partie couvert par les glaces de la calotte de Folgefonna, composée de trois glaciers, c'est le site idéal pour découvrir la majesté des fjords et randonner dans les vallées glaciaires.

Les activités : randonnée pédestre, escalade, pêche, ski nautique, kayak, voile, ski, snowboard…

- Avec ses 4500km^2, le **parc des Cairngorms**, au nord-est de l'Écosse, forme le plus grand parc national de Grande-Bretagne. Ses paysages variés et enchanteurs, nimbés de légendes, font défiler montagnes, forêts, gorges boisées et villages pittoresques. Il accueille une importante faune sauvage.

Les activités : randonnée pédestre, équitation, ski, baignade, sports nautiques, pêche au saumon, attractions pour enfants, observation d'oiseaux...

- **Plitvice**, en Croatie, est la perle des parcs nationaux européens. Sa géographie est unique : au sein de vallées larges ou encaissées, 16 lacs aux eaux d'une rare limpidité se succèdent, tombant en cascade les uns dans les autres sur 130 m de dénivelé. Tout autour s'étendent d'épaisses forêts abritant des animaux sauvages, comme des loups et des ours.

Les activités : randonnée pédestre, vélo, ski, visites en train et bateau. La baignade est interdite dans les lacs.

- Au Portugal, le **parc naturel de Sintra-Cascais** s'étire non loin de Lisbonne, le long de l'océan. De jolies plages en falaises vertigineuses, de dunes en collines luxuriantes, il intègre de remarquables formations géologiques, comme des dunes fossiles et des champs de lapiaz, et conserve un superbe patrimoine architectural en harmonie avec la nature environnante. On peut également y voir des traces du passage de dinosaures.

Les activités : randonnée pédestre, vélo, baignade, sports nautiques, visites culturelles...

- Au sud de l'Espagne, en Andalousie, le **parc national de Doñana** déroule une mosaïque de paysages constitués de plages, de dunes, d'espaces boisés et de marais. Formant la zone humide la plus vaste d'Europe, il constitue un refuge pour nombre d'oiseaux sédentaires et migrateurs.

Les activités : randonnée pédestre, vélo, équitation, visites guidées en bateau, observation d'oiseaux, expositions sur le parc...

- Le **parc naturel Kamtchia**, en Bulgarie, a été classé réserve de biosphère par l'Unesco. S'étendant le long de l'estuaire de la rivière Kamtchia, qui se jette dans la mer Noire, il est en grande partie occupé par des forêts immergées. Les marais bordant la rivière hébergent une faune et une flore très variées.

Les activités : randonnée pédestre, promenade en barque et en bateau, kayak, observation d'oiseaux.

La rivière Abisko traverse le parc national du même nom, en Suède.

Une cabane dans les arbres, exemple d'hébergement hors du commun

Le « couchsurfing »

Le concept s'est développé dans les années 2000. Il permet aux voyageurs de loger gratuitement chez l'habitant, et ce dans tous les pays. Une forme de voyage fondée sur l'échange et le partage, le moyen idéal pour s'immerger dans une autre culture et découvrir, au plus près, d'autres façons de vivre. En pratique, il suffit de s'inscrire sur un site spécialisé et d'entrer en contact avec un hébergeur. Quelques adresses : www.couchsurfing.com ; www.hospitalityclub.com ; www.bewelcome.com.

Hébergements insolites

De la cabane de trappeur à l'igloo en passant par la yourte, les hébergements insolites se multiplient en Europe. Fini la chambre impersonnelle et sans âme, qui ne sert qu'à se reposer entre deux journées de visite bien chargées : désormais, les hébergements rivalisent d'originalité et font partie intégrante de l'expérience du voyage. Les amoureux de la nature et les férus d'écologie trouveront leur bonheur dans les cabanes en bois perchées en haut des arbres, ainsi que dans les yourtes mongoles et les tipis s'ils recherchent en plus une touche d'exotisme. Les inconditionnels de la mer et de l'eau pourront loger dans des voiliers ou des péniches, ou dormir dans un phare battu par les flots. Les bohèmes apprécieront les roulottes tziganes. Ceux qui ne craignent pas le froid se tourneront vers les hôtels igloos : c'est en Scandinavie, bien entendu, que ce type d'hébergement est le plus répandu. Enfin, les amateurs de rétro apprécieront sans doute les wagons-lits d'anciens trains ou tramways reconvertis. Luxueuses ou spartiates, ces locations s'adressent à toutes les bourses.

Les sites www.hotels-insolites.com et http://www.voyage-insolite.com/en recensent un grand nombre.

Le mythique Orient-Express en gare à Bucarest

L'Europe à vélo

Le projet EuroVelo, mis en place par la Fédération européenne des cyclistes, offre aux mordus de la petite reine de sillonner l'Europe via des itinéraires transnationaux. Le réseau regroupe, à ce jour, 17 routes totalisant 90 000 km et couvre 42 pays. Les itinéraires sont balisés et suivent des pistes cyclables ou des routes au revêtement lisse et peu passantes. Longs de 1 320 km à 10 400 km, ils permettent de découvrir les plus beaux paysages et villes du continent. Bien entendu, rien n'empêche les cyclistes de ne suivre qu'un tronçon de la route choisie !

Pour plus d'informations : www.eurovelo.com.

Route EuroVelo	Distance (en km)	Départ – Arrivée	Pays traversés
N° 1 – La route de l'Atlantique	8 186	Cap Nord – Sagres	Norvège, Grande-Bretagne, Irlande, France, Espagne, Portugal
N° 2 – La route des capitales	5 500	Galway – Moscou	Irlande, Grande-Bretagne, Pays-Bas, Allemagne, Pologne, Biélorussie, Russie
N° 3 – La route des pèlerins	5 122	Trondheim – Saint-Jacques-de-Compostelle	Norvège, Suède, Danemark, Allemagne, Belgique, France, Espagne
N° 4 – La route de l'Europe centrale	4 000	Roscoff – Kiev	France, Belgique, Pays-Bas, Allemagne, République tchèque, Pologne, Ukraine
N° 5 – La via Romea Francigena	3 900	Rome – Londres	Grande-Bretagne, France, Belgique, Luxembourg, Suisse, Italie
N° 6 – De l'Atlantique à la Mer Noire	3 653	Saint-Brevin-les-Pins – Constanta	France, Suisse, Allemagne, Autriche, Slovaquie, Hongrie, Croatie, Serbie, Roumanie, Bulgarie
N° 7 – La route du soleil	6 000	Cap Nord – Malte	Norvège, Finlande, Suède, Danemark, Allemagne, République tchèque, Autriche, Italie, Malte
N° 8 – La route de la Méditerranée	5 388	Cadix – Limassol	Espagne, France, Monaco, Italie, Slovénie, Croatie, Bosnie, Monténégro, Albanie, Grèce, Chypre
N° 9 – La route de la Baltique à l'Adriatique	1 930	Gdansk – Pula	Pologne, République tchèque, Autriche, Italie, Croatie, Slovénie
N° 10 – Le circuit de la mer Baltique	7 930		Pologne, Allemagne, Danemark, Suède, Finlande, Russie, Estonie, Lettonie, Lituanie
N° 11 – La route de l'Europe de l'Est	5 964	Cap Nord – Athènes	Norvège, Finlande, Estonie, Lettonie, Lituanie, Pologne, Slovaquie, Hongrie, Serbie, Macédoine, Grèce
N° 12 – Le circuit de la mer du Nord	5 932		Norvège, Suède, Danemark, Allemagne, Pays-Bas, Belgique, Grande-Bretagne
N° 13 – La route du Rideau de fer	10 400	Mer de Barents – Mer Noire	Norvège, Finlande, Russie, Estonie, Lituanie, Pologne, Allemagne, République tchèque, Autriche, Slovaquie, Hongrie, Slovénie, Croatie, Serbie, Roumanie, Bulgarie, Macédoine, Grèce, Turquie
N° 14 – La route des lacs et rivières d'Europe centrale	1 125	Zell am See – Velence	Autriche, Hongrie
N° 15 - La route du Rhin	1 500	Andermatt- Hoek van Holland	Suisse, Allemagne, France, Pays-Bas
N° 17 - La route du Rhône	1 250	Andermatt - Sète	Suisse, France
N° 19 - La route de la Meuse	1 050	Langres - Rotterdam	France, Belgique, Pays-Bas

Villes d'art et d'histoire méconnues

Au bord de la Baltique...

Souvent sous-estimés pour leur potentiel touristique, les pays Baltes, et en particulier les capitales de l'Estonie et de la Lettonie, ont pourtant de quoi séduire. **Tallinn** recèle un pittoresque noyau médiéval enserré derrière de lourdes enceintes fortifiées exceptionnellement préservées. Considérée comme la perle de la Baltique, **Riga** a également conservé un cœur de ville remontant au Moyen Âge. De manière plus inattendue, la capitale lettonne est aussi une destination Art nouveau, puisqu'un quartier tout entier arbore ce style exubérant. Plus active que Tallinn, elle abrite une cinquantaine de musées couvrant tous les domaines et connaît une vie nocturne intense. Tout proche, le **château baroque de Rundale**, d'une beauté à couper le souffle, mérite amplement son surnom de « Versailles letton ».

Du côté de l'Europe centrale...

Baptisée « trésor de la Tchécoslovaquie », la ville de **Kutna Hora** se situe à une soixantaine de kilomètres de Prague. Elle connut une richesse prodigieuse dès le Moyen Âge, grâce à l'exploitation de mines d'argent. Inscrit au patrimoine de l'Unesco, le centre-ville multiplie les monuments rappelant sa prospérité. Ses deux cathédrales, joyaux du gothique et du baroque, s'inscrivent dans un cadre médiéval intact aux demeures privées fastueuses. Kutna Hora abrite une sinistre curiosité : la **chapelle de Kostnice** aux sculptures faites avec les ossements de victimes de la peste...

Sibiu, à 300 km à l'ouest de Bucarest, est le berceau de la civilisation saxonne. À flâner dans la vieille ville fortifiée, admirablement préservée, on se sent transporté dans les siècles passés. Regorgeant de monuments anciens – médiévaux, Renaissance et baroques – et de musées d'art et d'histoire, elle est truffée de ruelles et de passages au charme suranné et mélancolique.

Riga, capitale de la Lettonie, est aussi une destination Art nouveau.

Ljubljana s'étend au pied de sa forteresse médiévale.

Vers les Balkans...

La capitale slovène, **Ljubljana**, compte parmi les plus belles villes européennes. Dominée par une forteresse, elle se blottit dans une vallée alpine, au bord d'une rivière. Traversé de ponts romantiques, sillonné de ruelles pavées et ponctué de jardins, ce bijou architectural conjugue à merveille les styles médiéval, baroque et Art nouveau.

Située dans les montagnes du sud du Kosovo, **Prizren** est souvent considéré comme la capitale culturelle du pays. Au carrefour de l'Orient et de l'Occident, soumise de tout temps à de multiples influences, cette cité historique conserve un patrimoine antique, ottoman et byzantin extraordinaire. Depuis la citadelle, un vaste panorama s'offre sur cette charmante ville au parfum d'Orient.

Kotor, au Monténégro, bénéficie d'un cadre idéal. Nichée au creux d'une baie au bord de l'Adriatique, elle est cernée par les montagnes. La vieille ville, ceinte d'une muraille impressionnante, renferme de magnifiques demeures vénitiennes rappelant que la cité fut, plusieurs siècles durant, sous la domination de Venise.

À chacun son climat

Vous rêvez de partir au soleil alors qu'en France l'hiver s'installe ? Vous aimeriez visiter la Norvège, mais vous craignez la rigueur du climat ? Ce tableau donne pour chaque pays les périodes d'ensoleillement les plus favorables.

	Janv.	Fév.	Mars	Avril	Mai	Juin	Juil.	Août	Sept.	Oct.	Nov.	Déc.
ISLANDE **Reykjavik et l'Islande**					○	○	○	○				
NORVÈGE Oslo, Bergen et la région des fjords						○	○	○				
SUÈDE **Stockholm et son archipel**						○	○	○				
DANEMARK Copenhague					○	○	○					
IRLANDE **Dublin et l'ouest de l'Irlande**					○	○	○	○	○			
ROYAUME-UNI Londres, Oxford et Cambridge					○	○	○	○	○			
PAYS-BAS **Amsterdam, Leyde et les champs de fleurs**					○	○	○	○	○			
BELGIQUE Bruxelles					○	○	○	○	○			
ESPAGNE **Andalousie**					○	○	○	○	○			
ESPAGNE Madrid				○	○	○	○	○	○	○		
ESPAGNE **Barcelone**				○	○	○	○	○	○	○		
PORTUGAL Porto					○	○	○	○	○			
PORTUGAL **Lisbonne**				○	○	○	○	○	○	○		
HONGRIE, AUTRICHE ET RÉP. TCHÈQUE Budapest, Vienne et Prague					○	○	○	○	○			
ALLEMAGNE **Berlin**				○	○	○	○	○	○	○		
ALLEMAGNE Munich et la Bavière						○	○	○	○			

	Janv.	Fév.	Mars	Avril	Mai	Juin	Juil.	Août	Sept.	Oct.	Nov.	Déc.
ITALIE Vérone et Venise					○	○	○	○	○			
ITALIE Gênes et les Cinque Terre					○	○	○	○	○			
ITALIE Florence, Sienne et la Toscane					○	○	○	○	○			
ITALIE Rome et Ostie					○	○	○	○	○			
ITALIE Capri et la côte amalfitaine					○	○	○	○	○			
CROATIE Trogir, Split et Dubrovnik					○	○	○	○	○	○		
GRÈCE Athènes et les Cyclades					○	○	○	○	○	○		
CRÈTE Héraklion et la Crète						○	○	○	○			
TURQUIE Istanbul et la Cappadoce					○	○	○	○	○	○		
MALTE Gozo et Camino					○	○	○	○	○	○		

Plage de Nerja dans la province espagnol de Malaga, en contrebas de la ville

OCÉAN ARCTIQUE
ISLANDE
Reykjavik
NORVÈGE
Oslo
Mer
du Nord
DANEMAR
Co
IRLANDE
Dublin
ROYAUME-
UNI
Londres
PAYS-BAS
Amsterdam
ALLEMAGN
BELGIQUE
Bruxelles
LUXEMBOURG
Luxembourg
Paris
Munich
OCÉAN
ATLANTIQUE
SUISSE
Berne
FRANCE
Vérone
ITALIE
Gênes
ANDORRE
ESPAGNE
Barcelone
Porto
PORTUGAL
Madrid
Lisbonne
500 km

FINLANDE
SUÈDE
Helsinki
Stockholm
Tallinn
Saint-Pétersbourg
ESTONIE
LETTONIE
Riga
Moscou
Mer
Baltique
LITUANIE
Vilnius
Minsk
RUSSIE
BIÉLORUSSIE
POLOGNE
Varsovie
Kiev
Cracovie
Prague
UKRAINE
SLOVAQUIE
Bratislava
Vienne
MOLDAVIE
Chisinau
Budapest
HONGRIE
SLOVÉNIE
Zagreb
RUUMANIE
Belgrade
Venise
BOSNIE-HERZ.
Bucarest
CROATIE
SERBIE
Sarajevo
Mer Noire
GÉORGIE
Trogir
Split
BULGARIE
MONT.
Sofia
Tbilissi
Dubrovnik
Podgorica
Skopje
Istanbul
AZERBAÏDJAN
Rome
Erevan
Tirana
MACÉDOINE
Bakou
Capri
ALBANIE
Ankara
ARMÉNIE
TURQUIE
GRÈCE
Athènes
MALTE
CRÈTE
CHYPRE
Limassol
Mer Méditerranée

Les destinations de A à Z

La liste ci-dessous répertorie les pays présentés dans le guide, mais également certains lieux qui, bien que faisant partie d'un pays, sont des destinations à part entière.

Les destinations

Reykjavik
et l'Islande

Situé entre le Groenland et la Norvège, l'Islande est un pays connu pour ses volcans et ses geysers. Avec une population de quelque 370 000 habitants, elle est encore préservée de l'urbanisation. Destination unique, le pays offre des paysages à couper le souffle. Sa capitale, Reykjavík, considérée comme la ville la moins stressante au monde, invite à l'évasion comme au divertissement. On peut y flâner le temps d'un week-end pour profiter de la vie nocturne et goûter aux délicieuses saveurs nordiques.

Rarement la nature se sera autant invitée dans un pays qu'en Islande. Cette île lointaine et mystérieuse, dépaysante à souhait, dévoile ses sources chaudes et ses lagons, ses volcans et ses geysers gigantesques, ses champs de lave et ses glaciers à des touristes de plus en plus nombreux, envoûtés par ces terres extrêmes où tout peut arriver. L'exploration commence par Reikjavik, au charme provincial et paisible.

Se déplacer : *Le bus est un moyen économique de découvrir l'Islande. La compagnie Straeto, des bus publics, assure la plupart des transports urbains, sauf la côte Est* (https://straeto.is)*, desservie par une autre compagnie publique, Svaust,* (https://en.visitfjardabyggd.is/travel-info/transport/public-transport)*. Des bus privés circulant en été permettent de gagner l'intérieur des terres :* https://trex.is, https://myvatntours.is. *L'été, des forfaits sont proposés, moins chers que le ticket à l'unité. Vous pouvez également louer une voiture. La route circulaire 1, longue de 1 300 km, fait le tour de l'Islande. Les autres axes sont souvent des pistes et des routes de montagne, pour lesquels il est préférable d'opter pour un véhicule tout-terrain. Pour connaître l'état des routes sur l'île :* www.road.is*. Pour la météo, consulter* https://en.vedur.is.

• Reykjavik (2 jours)

C'est la capitale la plus septentrionale de la planète ! Établie au bord d'une baie fermée par le mont Esja, **Reykjavik** est une ville en pleine croissance, qui, avec son agglomération, concentre près des deux tiers de la population du pays. Le quartier historique, avec ses maisons aux couleurs pimpantes, ses musées, son lac peuplé de canards en fait une ville paisible, au charme bucolique étonnant pour une capitale.
Les principaux sites d'intérêt touristiques se concentrent dans la vieille ville. Entre le port et le lac, se succèdent les bars et

La ville de Reykjavik sous la neige en hiver

les restaurants. Le week-end, l'animation est à son comble. Le quartier historique s'articule autour de la **place Austurvöllur**. Bordée par la cathédrale et le Parlement, s'y dresse la statue du héros nationaliste Jon Sigurdsson. L'artère la plus commerçante de la ville est **Bankastraeti,** où sont installés cafés et boutiques. Pour vous familiariser avec l'histoire de l'art de l'Islande, rendez-vous à **Safnahùsio** (*Hverfisgata 1*), où vous verrez des manuscrits enluminés du XIVe siècle, des carnets de voyage et des tableaux de paysages islandais. Poursuivez par le **musée d'Art de Reykjavik** (*https://listasafnreykjavikur.is*), installé dans d'anciens entrepôts. Un peu plus bas, ne manquez pas **The Settlement Exhibition** (*https://reykjavikcitymuseum.is*) où furent mis au jour en 2001 les fondations d'une ferme viking datant de 930. Elle était enterrée depuis des siècles sous une maison en bois destinée à être restaurée. Ce site est aujourd'hui considéré comme le berceau des premiers habitants vikings de Reykjavik ! Dans le quartier du port, où l'on trouve quelques restaurants, s'élève le **Musée maritime** (*https://reykjavikcitymuseum.is*), consacré à la pêche et à l'exportation du poisson, l'un des secteurs phares de l'économie islandaise. En supplément, une visite guidée permet d'explorer le **bateau garde-côtes Odinn,** armé au Danemark en 1959.

QUE VOIR, QUE FAIRE EN ISLANDE ?

- À Reykjavik, monter au clocher de l'église Hallgrimskirkja pour une vue imprenable
- Plonger dans les merveilles de la nature islandaise au Perlan, à Reykjavik
- Se laisser bercer dans les eaux du Blue Lagoon, d'une couleur presque surnaturelle
- Remonter l'histoire au parc national de Thingvellir, où siégeait le premier Parlement du monde
- S'extasier devant la magie d'une aurore boréale à Husavik
- Contempler les eaux bouillonnantes de Gullfoss, la chute d'or
- Randonner dans le Landmannalaugar, l'un des sites les plus magiques du pays

Au même endroit (*Grandagardur 2*), deux autres musées vous attendent : **Saga Museum** (*www.sagamuseum.is*) qui illustre les moments-clés de l'histoire islandaise par le biais de personnages de cire et **Aurora Reykjavik** (*https://aurorareykjavik.is*) qui évoque les aurores boréales.

Situé sur le front de mer, **Harpa** (*www.harpa.is*), magnifique salle de concerts-conférences inaugurée en 2011, attire le regard par sa silhouette de verre et acier tout en angles qui se mire dans les eaux... Pour mieux comprendre l'histoire de l'Islande, il faut vous diriger vers le **Musée national d'Islande** (*Sudurgata 41, www.thjodminjasafn.is*) qui offre un panorama le plus complet possible de toute l'histoire du pays depuis la colonisation par les Vikings jusqu'à la marche pour l'indépendance du pays et le monde contemporain. Pour avoir une vue panoramique sur la ville, il est conseillé de monter au clocher de l'église **Hallgrimskirkja** : en béton, elle mesure près de 75 m de haut, et c'est l'un des points de repère de Reykjavik. Son architecture s'inspire des orgues basaltiques des paysages islandais. Enfin, ne manquez pas trois autres curiosités. Reconnaissable à son dôme, **Perlan** (*www.perlan.is*), perché sur une colline au sud-est du centre, combine un musée, une plateforme d'observation et un planétarium. Dans cet ancien réservoir géothermique qui alimentait autrefois la ville, vous apprendrez tout sur les forces de la nature islandaise, des glaciers aux volcans en passant par les tremblements de terre. Installé dans un parc attrayant, le **musée Asmundur-Sveinsson** (*https://listasafnreykjavikur.is*) est dédié à ce sculpteur islandais (1893-1982), auteur de formes puissantes dans un lieu insolite qu'il avait construit de ses mains. Toujours à l'est, à 9 km du centre et accessible en bus, **Árbæjarsafn** (musée en plein air d'Arts et Traditions populaires d'Arbaer, *https://reykjavikcitymuseum.is*) est un écomusée regroupant des habitations islandaises du XIXe siècle et début du XXe où sont présentés les métiers de l'époque.

ISLANDE

Découvrir quelques sites naturels de l'Islande (4/5 jours)

Le geyser du Stokkur

La péninsule de Reykjanes

Au sud de la capitale, cet immense champ de lave ponctué de falaises, lacs, sources d'eau chaudes et bassins de boue offre un véritable condensé de la nature à lui tout seul... La route mène au **lac Kleifarvatn** et ses plages de sable noir, puis au champ géothermique de Seltun, impressionnant avec ses fumerolles, ses bains de boue bouillonnants et les couleurs de la terre. Attention, en surface, la température atteint les 200 °C ! Puis la route 427 conduit aux falaises de **Krysuvikurberg,** en basalte, qui donnent sur l'océan. Par la route 426, vous atteignez le **Blue Lagoon,** l'un des hauts lieux touristiques du pays. Vous vous plongerez dans des eaux laiteuses à 37-39 °C au cœur d'un environnement spectaculaire. Puisée à plus de 1 800 m de profondeur, cette eau chaude et très légèrement salée doit sa couleur à la présence de silice, de calcaire et d'algues bleu-vert. Elle est renommée pour les maladies de peau. La route côtière 425, puis 443, débouche sur les **falaises de Reykjanesviti,** où en 1878 fut érigé le premier phare d'Islande. Il se trouve près d'une importante centrale géothermique.

Dans le sud

Très touristique, cette région d'Islande est connue sous le nom de **Cercle d'Or.** Pour la découvrir, vous parcourrez environ 230 km. Depuis Reykjavik, la route 435, qui traverse des laves désertiques, est la plus pittoresque : elle remonte ensuite par la 360. **Thingvellir,** parc national depuis 1930, est le cœur historique de l'Islande. Sa beauté et son importance culturelle lui valent d'être classé depuis 2004 au Patrimoine mondial de l'Unesco. À partir de 930 s'y tint l'Althing, premier Parlement fondé par les chefs de clan pour régler les conflits et édicter les lois. Le centre d'interprétation (*https://www.thingvellir.is*) se trouve au nord du site historique. De là, des chemins mènent

Aurore boréale au-dessus de Reykjavik

à des failles géologiques, une plate-forme d'observation, une ravissante église... **Geysir** a donné son nom à tous les geysers de la planète. La première éruption a eu lieu ici en 1294. Mais depuis des décennies, les éruptions se font plus rares. Ce n'est pas le cas du **Strokkur,** juste à côté, qui jaillit toutes les 5 à 10 minutes sur une hauteur de 10 à 20 m (évitez de vous placer dans le sens du vent). Des mares de boue bouillonnante et des sources d'eau chaude complètent ce spectaculaire tableau. Haute de 32 m, **Gullfoss,** la « Chute d'or », est sans doute la plus belle de tout le pays. Plusieurs sentiers mènent à cette impressionnante cataracte dont les projections, par beau temps, dessinent de magnifiques arcs-en-ciel.

Au sud-est de la capitale, **Thorsmörk,** le bois de Thor, est situé aux pieds du Myrdalsjökull, quatrième glacier de l'Islande, et de l'**Eyjafjallajökull,** dont le volcan paralysa le trafic aérien en 2010 à cause des fumées de cendre qu'il rejetait... C'est le point de départ de célèbres randonnées.

Pour connaître des sensations fortes, optez pour le **Landmannalaugar,** situé aux confins de la zone volcanique de Torfajökull. Des sources chaudes et froides jaillissent au pied des coulées de lave, dans des tonalités de vert, gris, orangé, offrant un spectacle grandiose... Attention, ce site n'est accessible que par des pistes où il est impératif de circuler en 4x4, et seulement l'été. À l'arrivée, selon votre forme physique, treks ou randonnées vous attendent. Vous ne regretterez pas cette expérience.

Dans le nord

On gagne le nord de l'Islande en empruntant la route n° 1. Trois sites sont particulièrement dignes d'intérêt. **Dettifoss** (à 20 km de la route n° 1 par la route 862), situé au cœur des gorges de Jökulsa, est la chute d'eau la plus puissante d'Europe : 44 m de haut pour 100 de large !

Nichée au fond d'une grande baie, **Husavik** est connue comme capitale de l'observation des baleines. Des compagnies installées sur place proposent des excursions en mer. La visite du **Hvalasafnio** (musée de la Baleine, *www.hvalasafn.is*) vous permettra d'en savoir plus sur ces animaux hors du commun.

Le **lac Myvatn** est un incontournable du nord de l'Islande. Créé par une gigantesque éruption de lave basaltique il y a 2 300 ans, c'est le lieu de rassemblement de canards le plus important d'Europe. Ses rives se prêtent à des randonnées qui vous laisseront des souvenirs inoubliables.

LES CONSEILS GEO

• Les plus

L'Islande est la destination idéale pour découvrir la nature à l'état brut. Si vous désirez voir des aurores boréales, il faut y aller entre septembre et avril.

• Les moins

L'Islande est un pays très cher. Il est conseillé de bien préparer son voyage avant de partir, de façon à ne pas avoir de mauvaises surprises.

• Les tendances

L'Islande étant devenue très touristique, séjourner dans une maison d'hôtes sera plus authentique que dans un établissement hôtelier standard.

CARNET DE VOYAGE

• Les premiers contacts Ambassade d'Islande en France 52, avenue Victor Hugo, 75116 Paris, tél. : 01 44 17 32 85. Il n'y a pas d'office du tourisme islandais en France. Vous pouvez consulter le site Internet www.iceland.org/fr et www.visiticeland.com.

• Les formalités Pour les ressortissants de l'UE, carte d'identité ou passeport en cours de validité.

• La santé Aucun problème. Pensez à vous procurer la carte européenne d'assurance maladie.

• Le voyage, le décalage Durée moyenne du vol Paris-Reykjavik : 3 h 30 environ. Il est 1 h de moins en hiver à Reykjavik par rapport à la France, 2 h de moins en été.

• Les langues, la monnaie Langue officielle : l'islandais. La majorité des Islandais pratiquent l'anglais. **Monnaie :** la couronne islandaise. 1 € = 150 couronnes islandaises.

• La population Reykjavik compte 136 000 habitants. La population de l'Islande est de 370 000 habitants.

• Les religions Très forte majorité de luthériens. Très faible minorité de catholiques.

• Les fêtes **1er vendredi après le 19 janvier :** Thorrablot, ancienne fête païenne au cours de laquelle on déguste des plats traditionnels vikings ; **1er ou 2e week-end de février :** Winter Lights Festival à Reykjavik ; **1er mars :** jour de la bière ; **3e jeudi d'avril :** fête de l'été ; **1er week-end de juin :** fête de la mer ; **17 juin :** fête nationale ; **21 juin :** solstice d'été ; **mi-août :** fête de la culture.

• Les achats Pulls, gants, bonnets, chaussettes de laine, cosmétiques fabriqués avec des minéraux islandais, poisson séché, objets de déco, créations artisanales.

Oslo, Bergen et la région des fjords

La région des fjords condense la lumière et les paysages grandioses de la Norvège, l'identité caractéristique de ses habitants et l'âpreté de ses sites. Le voyageur n'aura aucun mal à imaginer, à la place du ballet des paquebots de croisière, des drakkars qui prennent le large. Quelques-uns de ces voiliers vikings sont encore exposés à Oslo, capitale moderne, aujourd'hui symbolisée par le parallélépipède de verre et de marbre de son opéra.

Majestueuse, pure et sauvage, la Norvège est synonyme de liberté, de qualité de vie, de niveau d'instruction élevé et de contact direct avec la nature. Il en est de même pour **Oslo**, qui fascine par l'architecture moderne de son **Opéra**, les superbes collections de peintres nordiques conservées dans ses musées – notamment celui consacré à **Munch** – et ses beaux parcs urbains. Vous quittez la capitale en train pour rejoindre **Flåm** sur la voie ferrée mythique qui s'enfonce dans le Hardangervidda, le haut plateau le plus élevé d'Europe (1222 m d'altitude), entre des forêts de conifères battus par le vent et des lacs couverts de neige. Prenez ensuite le bateau en direction de **Bergen**, l'ancienne capitale, au cœur de paysages naturels d'une incroyable beauté et où une lumière unique nimbe les maisons colorées du vieux quai de **Bryggen**. Dans cette ville internationale, bien des sites touristiques ont su conserver l'atmosphère d'un petit bourg maritime : le **quartier hanséatique**, le **marché aux poissons** et le **Fløibanen**, funiculaire conduisant au sommet d'une colline d'où le panorama s'étend sur les montagnes, les fjords et la mer. Aux portes de la ville, à **Troldhaugen**, sur les rives du lac Nordås, la petite maison d'**Edvard Grieg** (1843-1907) abrite aujourd'hui un musée qui rassemble de nombreux souvenirs du plus célèbre compositeur norvégien. Les lieux sont restés tels que Grieg les a laissés à sa mort. La salle de concerts inaugurée en 1985 accueille souvent des concerts de musique classique et de chambre (*Troldhaug-veien 65, www.kunstmuseene.no, horaires variables*). De là, vous pouvez poursuivre le voyage en direction du **Hardangerfjord**, à la découverte de la beauté mystérieuse du Sud.

Se déplacer : *L'aéroport international de Gardermoen est situé à 50 km environ au nord d'Oslo. Vous gagnerez en une vingtaine de minutes la gare ferroviaire de la capitale à bord du Flytoget, un train express qui circule toutes les dix minutes. Oslo se parcourt aisément à pied ou grâce au réseau dense de transports publics* (www.ruter.no) *associant métro, tramways, bus et bateaux, comme*

Le port d'Oslo et l'hôtel de ville

celui qui dessert en dix minutes de traversée les musées du Folklore et des Bateaux vikings (embarquement au quai de l'Aker Brygge). Pour rejoindre Bergen depuis la capitale, prenez le train (www.nsb.no) *jusqu'à Myrdal, puis une correspondance avec la Flåmsbana, la voie ferrée panoramique qui relie Myrdal à Flåm (comptez six heures pour le trajet Oslo-Flåm). De là, des bateaux rejoignent Bergen le long du Sognefjord en cinq heures et dix minutes* (www.fjord1.no/en). *Il est conseillé d'effectuer le voyage en deux jours, en passant la nuit à Flåm. À Bergen, vous pouvez louer une voiture* (Avis, Lars Hillesgt 20, tél. : 00475.5553955) *pour rejoindre Stavanger (178 km sur l'E39) puis, après une heure de route environ sur la RV13, le belvédère du Preikestolen (la Chaire). Sur ce type de routes, la vitesse moyenne est en effet de 60-70 km/h. Rappelons que la Norvège applique une tolérance zéro sur l'alcool au volant. Si vous souhaitez prolonger vos vacances sur le Hurtigruten* (www.hurtigruten.fr), *l'Express côtier des fjords, il vaut mieux réserver à l'avance. N'hésitez pas à acheter l'Oslo Pass et la Bergen Card, qui donnent droit à des réductions dans les musées et les transports ; le Fjord Pass, lui, accorde diverses remises dans toute la région des fjords, notamment dans les hôtels et certains musées* (www.fjordtours.com).

QUE VOIR, QUE FAIRE À OSLO ?

- Un concert à l'Opéra, symbole de la ville
- Une promenade dans le Frogner Park au coucher du soleil
- Un dîner le long des rives du fjord, dans le quartier de l'Aker Brygge
- Une visite de l'un des nombreux musées de la ville (le Munch Museet ou le Vikingskipshuset, musée des Bateaux vikings)

Le Palais royal, à Oslo, fut construit dans la première moitié du XIXe siècle.

Oslo (2 jours)

Logée dans un fjord profond et entourée de collines boisées, Oslo, qui compte presque 700000 habitants, est l'une des capitales les plus vertes du monde. Elle est désormais symbolisée par son **Opéra** (*Kirsten Flagstads plass, www.operaen.no, réservations des billets par tél. : 00472.1422121*), imposant édifice de marbre blanc évoquant un bloc de glace immaculé, dessiné par le cabinet d'architectes Snøhetta. Achevé en 2008, il se dresse dans la baie de Bjørvika, non loin du port et de l'**hôtel de ville** en brique inauguré en 1950 et à deux pas de la Bourse et de la gare centrale. Nouveau lieu phare de la ville, l'Opéra d'Oslo se distingue non seulement par sa riche programmation de concerts de musique classique ou moderne, de ballets et d'opéras, mais aussi par son intérieur futuriste (*visites guidées seulement*). Vous découvrirez ainsi les coulisses, les espaces réservés aux artistes et les loges, les salles de répétitions et d'auditions et l'arrière-scène. Son impressionnante silhouette de verre, d'acier et de marbre de Carrare change selon la lumière du jour et s'illumine la nuit. Un peu plus au nord, **Karl Johans Gate**, le « salon de la ville », sépare le centre historique d'est en ouest jusqu'au Palais royal. C'est également dans ce quartier que se dresse la **cathédrale d'Oslo** (*www.oslodomkirke.no, tous les jours 10 h-16 h, sauf le ven. 16 h-23 h30*), consacrée en 1697, avec sa chaire et son autel du XVIIe siècle sculptés de feuilles d'acanthe, et ses splendides vitraux réalisés par Emanuel Vigeland au début du XXe siècle. Un peu plus loin, la **Galerie nationale** (*Universitets-gata 13, www.nasjonalmuseet.no, tous les jours de 10 h-21 h, fermé lun.*) abrite la plus grande collection norvégienne de chefs-d'œuvre du romantisme et du réalisme nordiques, qui charment par leurs jeux de lumière et la vérité de leurs paysages. S'il fallait n'en citer qu'un, ce serait le tableau du peintre néoromantique Harald Sohlberg (1869-1935), *Nuit d'hiver à Rondane*. Une fois revenu sur l'artère principale, faites une pause au **Grand Café**, établissement chic décoré de boiseries d'ébène et de miroirs, au rez-de-chaussée du Grand Hôtel (*Karl Johans Gate 31*) où les intellectuels norvégiens écrivirent des pages décisives pour la culture de leur pays. Plus branché, l'**Aker Brygge**, l'ancien quartier naval, regorge aujourd'hui de restaurants et de bars très animés le soir, dans une ambiance de vacances face aux bateaux amarrés dans le port. C'est le matin, lorsqu'il y a moins de monde, qu'il faut visiter le musée consacré à **Edvard Munch** (*Edvard Munchs plass 1, www.munchmuseet.no, lund.-mar. 10 h-18 h, merc.-dim. 10 h-21 h*) et se plonger dans les récits de son intense vie personnelle et artistique. Un film d'introduction présente les profondes souffrances qu'il exprima – non sans susciter le scandale – dans des œuvres colorées et obsessionnelles (le peintre, dit-on, mettait même ses toiles à l'épreuve, en les abandonnant aux intempéries). L'auteur du *Cri* repose, comme d'autres hommes célèbres, dont **Henrik Ibsen**, dans la section **Æreslunden** du cimetière de Notre-Sauveur (*Akersbakken 32*). Il est d'ailleurs possible de visiter l'**appartement d'Ibsen**, entièrement restauré à l'occasion du centenaire de sa mort, en 2006. C'est

LES CONSEILS GEO

• Les plus

Les paysages majestueux et préservés (fjords, montagnes, forêts, mer).

• Les moins

Le coût prohibitif de la vie touristique, à la mesure d'un pays qui connaît l'un des niveaux de vie les plus élevés d'Europe, voire du monde.

• Les tendances

L'Express côtier, qui relie Bergen à Kirkenes en six jours quelle que soit la saison, fut longtemps à usage local. Il le reste, mais est très fréquenté en été.

CARNET DE VOYAGE

- **Les premiers contacts** Office de tourisme de Norvège, Paris, tél. : 01 53 23 00 50, www.visitnorway.fr.
- **Les formalités** Pour les ressortissants de l'UE, carte nationale d'identité ou passeport en cours de validité.
- **La santé** Aucun problème.
- **Le voyage, le décalage** Durée moyenne du vol Paris-Oslo (1 800 km) : 2 heures 20. Bateau : possibilité d'embarquer la voiture à Kiel (Allemagne), Copenhague, Hirtshals (Danemark), Newcastle (Royaume-Uni) ou Amsterdam (Pays-Bas). Pas de décalage horaire.
- **Les langues, la monnaie** Le bokmaal et le nynorsk sont les deux variantes du norvégien, qui est la langue officielle, comme le sâme des Lapons. L'anglais est très répandu. **Monnaie :** la couronne norvégienne. 1 € = 10,36 couronnes norvégiennes.
- **La population** 5 425 000 Norvégiens, dont environ 40 à 50 000 Sâmes (« Lapons »). Oslo : 700 000 habitants. Bergen : 283 000 habitants environ. **Capitale :** Oslo.
- **Les religions** L'Église luthérienne, religion d'État (90 %).
- **Les fêtes** **Avril et mai :** période des mariages chez les Sâmes ; **17 mai :** fête nationale ; **29 juillet :** Olsok, en hommage au roi Olav ; **13 décembre :** Sainte-Lucie.
- **Les achats** Objets en bois peint, pulls, saumon et trolls. À Oslo, rendez-vous au **Glasmagasinet** (Stortorvet 10), le plus vieux centre commercial de la capitale. Chez **Heimen Husfild** (Rosenkrantz Gate 8), chandails ornés de rennes et de flocons de neige. **Dale of Norway** (Karl Johans Gate 45) est une bonneterie célèbre. Les boutiques du **port de Flåm** regorgent de souvenirs.

là que le dramaturge vécut avec son épouse, Suzannah, de 1895 à 1906 et qu'il écrivit *John Gabriel Borkman* et *Quand nous nous réveillerons d'entre les morts* (*Henrik Ibsens Gate 26, www.ibsenmuseet.no, horaires variables*).

Pour retrouver un peu de légèreté et d'insouciance, une promenade s'impose dans le **Frogner Park** (*www.vigeland.museum.no, toujours ouvert*), le plus grand parc du centre-ville. Le célèbre sculpteur norvégien **Gustav Vigeland** (1869-1943) y a représenté le cycle de l'existence humaine par des statues d'enfants, de couples et de vieillards : 212 œuvres de bronze, granit et fer forgé, particulièrement évocatrices au coucher du soleil. La **forteresse médiévale de l'Akershus**, qui se nimbe de couleurs chaudes au crépuscule, date de 1299. Elle apparaît aujourd'hui sous les traits Renaissance qui lui furent donnés durant le règne de ChristianIV (*mai-août : 9 h-17 ,h, sept.-avril. : 9 h-17 h*). Vous rejoindrez en bac le **musée du Folklore**, qui rassemble plus de 150 constructions en bois provenant des différentes régions de Norvège et une étonnante collection d'outils et de costumes (*Museumsveien 10, www.norskfolkemuseum.no, 1er oct.-30 avril : 11 h-16 h, 1er mai-30 sept. : 10 h-17 h*). Tout à côté, le **Vikingskipshuset (musée des Bateaux vikings)** expose des drakkars retrouvés dans trois grands *tumuli* près du fjord d'Oslo. (*Le musée étant fermé actuellement, il est possible de voir des objets de l'époque viking au musée d'histoire d'Oslo.*) Un ascenseur à crémaillère conduit au belvédère et au tremplin de saut de **Holmenkollen**, surprenante merveille d'architecture moderne et musée sur l'histoire du ski, d'où l'on contemple la ville, le fjord et la mer à l'horizon. Détail insolite : un simulateur permet à tous, y compris les non-sportifs, d'éprouver la sensation du saut à ski (*Kongeveien 5, www.visitoslo.com*).

Oslo-Bergen et le Sognefjord (2 jours)

ITINÉRAIRE 1 (ROUGE)

Si la liaison aérienne ne dure qu'une heure, contre 14 en train et bateau, elle ne peut rivaliser avec les panoramas qu'offre le périple Oslo-Bergen via Flåm. On laisse derrière soi la capitale pour plonger dans un paysage de montagnes couvertes de conifères et ponctuées de lacs aux eaux immobiles où se reflète la course céleste des nuages.

La voie ferrée gravit des pentes parsemées de fermes, de maisons rouge brique et, sur le dernier tronçon, de quelques chalets, avant d'atteindre **Finse**, à 1222 m d'altitude. Vous parcourez ensuite des paysages de montagnes dénudées jusqu'à l'arrêt suivant (**Myrdal**), où vous changez de train pour prendre la **Flåmsbana**, la ligne de chemin de fer panoramique qui conduit à Flåm, tout près des fjords classés au patrimoine mondial de l'Unesco (*Flåmsbana, www.flaamsbana.no, tél. : 00475.7632100*). Cette partie du trajet de seulement 20 km de long et 865 m de dénivelé traverse une nature splendide : sommets enneigés, ravins, cascades, dont celles de **Kjosfossen** et **Rjoanefossen**. La Flåmsbana, prouesse d'ingénierie, emprunte 20 tunnels et affronte une déclivité impressionnante, sans même avoir de crémaillère. Si vous arrivez à la tombée du jour, vous apprécierez encore davantage le voyage en train, moins pris d'assaut par les touristes. Passez la soirée dans le petit village de Flåm, et le lendemain, après avoir acheté quelques souvenirs dans le minuscule port, vous embarquez pour le Sognefjord, le fjord le plus long d'Europe (204 km de longueur pour 1308 m de profondeur). Le bateau effleure des montagnes qui paraissent se toucher, ponctuées de villages bien conservés, de cascades

Le quartier de Bryggen, à Bergen, est classé à l'Unesco.

qui plongent dans la mer et couvertes d'une végétation encore plus luxuriante à l'approche de **Bergen**. En arrivant vers la ville, vous découvrirez une multitude d'îlots avec quelques maison-

QUE VOIR, QUE FAIRE À BERGEN ?

- Une visite du Musée hanséatique, situé dans les anciens entrepôts de la Ligue
- Une soupe de poisson (réputée dans tout le pays) au marché en plein air sur Torget
- Les maisons à pignons du quai de Bryggen
- Le panorama depuis le sommet de la colline de Fløien

nettes et des bateaux à quai *(dernier départ de Flåm à 16 h 55, arrivée à Bergen à 21 h ; si vous voulez effectuer tout le parcours – train plus bateau – en une journée, il faut partir d'Oslo au petit matin).*

Bergen (2 jours)

Enserrée au creux de sept montagnes (son nom signifie « pré entre les montagnes »), **Bergen** est un centre de pêche dynamique dans le sud de la côte atlantique du pays. Capitale de la Norvège jusqu'en 1299, elle fut aussi, à partir de 1360 et pendant près de quatre siècles, l'un des principaux comptoirs de la Ligue hanséatique. Les marchands de la Hanse avaient investi une zone séparée de la ville, le **Bryggen**, où leurs épouses les rejoignaient par bateau au printemps, avant de repartir à la fin de la belle saison. Ce quartier situé le long du vieux port, avec ses constructions en bois aux façades colorées sur lesquelles se détache le nom des anciennes maisons de commerce, est demeuré l'endroit le plus caractéristique de Bergen et figure sur la liste du patrimoine mondial de l'Unesco. L'édifice le mieux conservé abrite le **Musée hanséatique** *(www.museumvest.no, horaires variables)*, qui illustre les activités de la Ligue au début du XVIIIe siècle. Les amateurs de soupe de poisson ne manqueront pas le marché en plein air qui se tient tout près, sur **Torget**. En se promenant entre les étals, on peut goûter gratuitement au moins trois sortes de saumon et déguster écrevisses, langoustines, crevettes, crabes géants et autres spécialités locales, servies sitôt cuisinées, à accompagner d'une bonne bière. Sur le vieux port du Vågen, tout à côté, s'élève une **forteresse**, dont la salle du roi Håkon est considérée comme le joyau du gothique médiéval scandinave *(15 mai-août : 10 h-16 h, sept.-mi-mai : 11 h-14 h)*. Deux églises du quartier sont à visiter, la **Mariakirken**, romano-normande, et la **Korskirken**, qui accueille régulièrement des concerts ouverts au public. Face au **lac Lille Lungegård**, ne manquez pas le **Kunstmuseum** *(Rasmus Meyers Allé, www.kunstmuseene.no, horaires variables, fermé lun.)*, qui abrite 200 œuvres de peintres norvégiens et étrangers de la Renaissance à nos jours et organise des expositions de peinture. Les mélomanes apprécieront les salles consacrées aux compositeurs Edvar Grieg et Harald Saeverud et au violoniste Ole Bull. Vous pouvez ensuite flâner devant les beaux magasins de **Kong Oscar Gate**, faire une pause dans les cafés chics de **Skostredet** ou musarder devant les vitrines des antiquaires de l'**Ovregaten**. Il faut absolument prendre le funiculaire qui conduit au sommet de la **colline de Fløien**, où le panorama embrasse tout le **golfe de Vàgen** et le **Byfjord**. Si vous souhaitez prolonger votre voyage, prenez l'Express côtier, le **Hurtigruten**, qui relie en six jours Bergen à Kirkenes, dans l'extrême nord de la Norvège, en s'enfonçant dans les fjords, ces longs et spectaculaires couloirs d'eau percés dans l'intérieur des terres par l'érosion glaciaire, qui constituaient autrefois les principales voies d'accès au pays. Le **Sognefjord** est par sa longueur le premier fjord de Norvège et le deuxième du monde.Le parcourir, c'est découvrir des petits villages de pêcheurs et des paysages à couper le souffle. Vous pouvez aussi effectuer un trajet plus court – en réservant votre place au préalable – vers le **Geirangerfjord**, bras spectaculaire du Storfjord. Vous y frôlerez des parois rocheuses que dévalent des cascades, comme les célèbres « Sept Sœurs », dont la chute vaporise un délicat voile d'eau.

Le Preikestolen offre une vue exceptionnelle sur le Lysefjord.

De Bergen au Preikestolen (1 jour)

ITINÉRAIRE 2 (JAUNE)

Bergen est le point de départ de plusieurs itinéraires très connus, pour lesquels il est recommandé de disposer d'une voiture. Celui qui longe l'**Hardangerfjord** est un enchantement entre fin mai et début juin, lorsque les arbres fruitiers (plantés, dit-on, par des moines en 1300) dessinent une bande de fleurs roses entre les superbes contrastes de la mer et de la montagne. En poursuivant vers le sud, faites étape sur l'**île de Karmøy**, où se trouve la petite ville de **Skudeneshavn** (entre Haugesund et Stavanger). Vers la fin du XIXe siècle, cet ancien centre de pêche accueillait de nombreux bateaux et acquit une certaine importance économique. Ses maisons de bois datent du Moyen Âge. Située près de l'embouchure du superbe Lisefjord, la ville de **Stavanger** doit sa prospérité à la découverte de gisements pétroliers en mer du Nord en 1969 : l'exposition interactive du **Norsk Oljemuseum** présente les processus géologiques et les techniques d'extraction de l'or noir (*Kjeringholmen, www.norskolje.museum.no, sept.-mai : 10 h-16 h, dim. 10 h-18 h, juin-août : 10 h-19 h*).

En s'enfonçant dans le fjord, à partir de **Lysebotn**, la route qui grimpe en pente raide offre au détour de ses 27 virages des vues inoubliables, avant d'atteindre le **Preikestolen** (la Chaire), à 23 km à l'est. Trônant sur le Lysefjord, cet éperon de roche nue à 604 m d'altitude est l'un des symboles de la Norvège et offre le plus célèbre panorama du pays. En été, vous pouvez dormir au refuge situé à côté de la route principale (RV13), au sud de Jørpeland, un excellent point de départ pour randonner sur les sentiers balisés.

QUE VOIR, QUE FAIRE DANS LA RÉGION DES FJORDS ?

- Une excursion au Preikestolen, face aux eaux vert émeraude du Lysefjord
- Une croisière sur le Sognefjord, le plus long fjord d'Europe
- La route vertigineuse qui descend vers le Geirangerfjord
- Un voyage à bord du Hurtigruten, l'Express côtier des fjords

Stockholm
et son archipel

Superbement installé dans un écrin d'eau et de verdure, Stockholm est bâti sur un archipel composé de 14 îles reliées par une myriade de ponts. Les bateaux y sont omniprésents. Cette ville magique, à nulle autre pareille, a moins le rythme trépidant des grandes capitales européennes que le charme tranquille des villes provinciales. Mais il ne faut pas s'y tromper : derrière cette douceur se cache une cité moderne et dynamique, dotée d'un riche patrimoine culturel où la création contemporaine a toute sa place.

Gamla Stan, en suédois, signifie « vieille ville ». C'est le berceau historique de Stockholm, et son cœur géographique : regroupant trois petites îles, le quartier relie la dynamique **City,** au nord, à l'île de **Södermalm,** au sud, qui offre un charme tout campagnard dans sa partie est. À l'est de Gamla Stan, deux îles se succèdent. Baptisée « l'île aux musées », **Skeppsholmen** constituait la base de la Marine royale au XVIIIe siècle. Plus loin, la verdoyante **Djurgarden** était jadis une réserve de chasse royale. Reconvertie en parc naturel, elle abrite le plus ancien musée en plein air du monde, **Skansen**, fondé en 1891 : dans d'anciennes fermes et chaumières, hommes et femmes en habits traditionnels font revivre les traditions ancestrales de la Suède. L'atmosphère change du tout au tout sur l'île chic de **Kungsholmen**, située à l'ouest de la vieille ville. C'est le domaine des résidences huppées. Le long de la rive sud s'étire la promenade favorite des Stockholmois. Ponctuée de bars et de restaurants, elle mène à un grand parc donnant sur une marina et à une plage, où les citadins se précipitent dès l'arrivée des beaux jours.

Se déplacer : *Stockholm étant une ville à taille humaine, il est possible de rallier ses principaux sites à pied. La bicyclette est aussi tout indiquée, le réseau des pistes cyclables étant très bien développé et parfaitement respecté par les automobilistes. La ville a mis en place plusieurs systèmes de location à retrouver sur le site : www.viewstockholm.com/rent-bike-stockholm/. Côté transports en commun, le plus pratique consiste à emprunter le métro et le tramway, qui desservent tous les sites. Une ligne de ferry, pratique et très agréable, fait escale à Slussen (au sud de Gamla Stan), Skeppsholmen et Djurgarden. La carte* Access-kort *permet d'emprunter l'ensemble des transports en commun, y compris le ferry. Vous devez mettre un minimum de 200 SEK sur*

Gamla Stan, la vieille ville de Stockholm, occupe une petite île.

cette carte et chaque voyage coûte 39 SEK quelque soit la longueur du trajet mais ne peut pas dépasser 75 min. Vous devez ajouter 20 SEK pour la carte, qui s'achète dans les maisons de la presse (Pressbyran).

Stockholm (3/4 jours)

La visite de la capitale suédoise débute par une promenade dans **Gamla Stan**. Fondée au XIIIe siècle, la pittoresque vieille ville émerveille par ses ruelles étroites et pavées, bordées de maisons anciennes aux teintes chaudes, ocre, rouges ou orangées. Le long des rues s'égrènent des boutiques de souvenirs, des magasins d'antiquités et des librairies, tandis qu'en sous-sol, des celliers médiévaux ont été transformés en bars et restaurants. Gamla Stan abrite quantité d'édifices historiques, dont plusieurs palais. Le **Palais royal** (Kungliga Slottet) était la résidence officielle de la famille royale avant d'être remplacé par le château de Drottningholm. Cet édifice remarquable, reconstruit au XVIIIe siècle après un incendie, arbore une belle façade italianisante abritant un intérieur français. Il ne faut pas manquer les somptueuses salle du trône et galerie Charles X ; les amateurs de folklore assisteront à la relève de la garde, qui a lieu dans la cour du palais aux

QUE VOIR, QUE FAIRE À STOCKHOLM ?

- Sillonner l'archipel à bord du bateau à vapeur *SS Blidösund*, conçu en 1911
- Flâner dans les rues médiévales de Gamla Stan
- Contempler un navire extraordinairement bien conservé au Vasamuseet
- Goûter les charmes de la campagne à la ville à Fjallgatan
- Prendre un bain de soleil sur la plage en centre-ville

LES CONSEILS GEO

• Les plus

Une ville aquatique où il fait bon vivre, bâtie dans un cadre enchanteur.
Possibilité de pêcher et de se baigner dans la ville même.
La richesse culturelle de la ville, et le patrimoine architectural varié.
Une ville qui séduira les amateurs de design.

• Les moins

Le climat, bien que les étés soient souvent ensoleillés et même chauds.
Les prix relativement élevés.

• Les tendances

Stockholm abrite plusieurs bateaux aménagés en hôtel ou en auberge. Une expérience à ne pas manquer.

alentours de midi. À proximité, le **cabinet royal des Armes** recèle des trésors, tels d'insolites traîneaux d'apparat. Parmi les chefs-d'œuvre de l'architecture religieuse, la **cathédrale Storkyrkan,** de style gothique, l'église allemande **Tyska Kyrkan** avec sa fabuleuse loge royale, et **Riddarholmskyrkan**, qui renferme les sépultures des souverains. Non loin de **Stortorget**, la place principale de Gamla Stan, deux musées méritent une halte : le **musée Nobel**, situé dans l'ancienne Bourse, et le **musée des Chevaux de bois**.
Le circuit se poursuit vers le nord. Les ponts Norrbro et Strömbron mènent droit vers le quartier moderne de la ville, dont l'**obélisque de verre de Segels Torg** est l'un des emblèmes. Cœur vibrant de Stockholm, la **City** est le centre des affaires et des commerces. Ici se concentrent les banques, les galeries marchandes, les boutiques chics. Les parcs, les arbres bordant les avenues et les placettes lui confèrent un charme certain. Promenade familiale, **Kungsträdgarden** vibre été comme hiver : aux marchands de glaces et concerts estivaux succèdent le marché de Noël et la patinoire. Le quartier est jalonné de lieux culturels, tel l'imposant **Opéra**. À l'est de la City, il faut faire un détour par le délicieux **marché couvert Ostermalmshallen**, temple de l'épicerie fine. La promenade

CARNET DE VOYAGE

• **Les premiers contacts** Il n'y a plus d'office du tourisme de la Suède en France, mais le site www.visitsweden.com est riche d'informations sur la ville et des brochures sont téléchargeables. L'Institut suédois à Paris est un grand centre culturel organisant expositions et activités et conservant une importante documentation sur la Suède. 11 rue Payenne, 75003 Paris.

• **Les formalités** Pour les ressortissants de l'UE, carte nationale d'identité ou passeport en cours de validité.

• **La santé** Aucun problème.

• **Le voyage, le décalage** Durée moyenne du vol Paris-Stockholm : 2 heures 30. Voiture et bateau : possibilité d'embarquer la voiture à Kiel (Allemagne) ou Frederickshavn (Danemark). À partir de Paris par Kiel, le trajet est de 1 870 km dont 1 790 km sur autoroute. Compter 20 heures. Pas de décalage horaire.

• **Les langues, la monnaie** Le suédois est la langue officielle. 4 % de la population ont le finnois comme langue maternelle. L'anglais est parlé par 85 % des Suédois. **Monnaie :** la couronne suédoise (SEK). 1 € = 10,8 SEK environ.

• **La population** La Suède compte un peu moins de 10 500 000 habitants. La population s'élève à 962 000 habitants dans la ville de Stockholm et à plus de 2 millions dans le Grand Stockholm.

• **Les religions** Les Suédois sont en majorité luthériens.

• **Les fêtes** **30 avril :** nuit du Walpurgis ; **début juin :** journée des navires de l'archipel ; **6 juin :** fête nationale ; **vendredi suivant le 21 juin :** la Saint-Jean ; **13 décembre :** la Sainte-Lucie, fête de la lumière.

• **Les achats** Des objets design et vintage, des articles en bois sculptés.

se poursuit vers **Blasieholmen**, une langue de terre séparant la City de Skeppsholmen. Ici se trouve le **musée national des Beaux-Arts.** Érigé au XIXe siècle, il est le plus grand musée de Suède. Un étage est consacré au design suédois.

On accède ensuite à **Skeppsholmen** par un pont de fer. L'île est hérissée d'anciens bâtiments maritimes qui furent reconvertis en entrepôts, qui à leur tour se transformèrent en musées et en institutions culturelles. On y découvre le riche **musée des Antiquités asiatiques**, le **musée de l'Architecture**, qui abrite une impressionnante collection de maquettes, et l'incontournable **musée d'Art moderne** conçu en 1998 par l'architecte catalan Rafael Moneo, regorgeant d'œuvres majeures, à l'instar du fameux *Monogramme* de Rauschenberg.

L'île de **Djurgarden** abrite les deux musées les plus populaires de Stockholm. Installé sur une colline, celui de **Skansen** raconte cinq siècles de la vie suédoise. Ses quelque 150 maisons traditionnelles provenant de toute la Suède illustrent la vie quotidienne à la campagne et en Laponie, tandis que la Ville reconstitue la vie urbaine du XIXe siècle. Ours, loups et élans évoluent dans leur environnement naturel. Le **musée Vasa** conserve un extraordinaire vaisseau de guerre royal bâti en 1628. Le navire coula dans le port de Stockholm, le jour même de son baptême... Demeurée introuvable des siècles durant, l'épave fut finalement sauvée des eaux en 1956.

Un détour par **Södermalm** s'impose. Dans cette ancienne banlieue ouvrière devenue le repaire de la bohème artistique, la nonchalance et la bonne humeur règnent en maîtres. Avec ses boutiques de créateurs et ses bars tendance, la partie ouest rappelle le SoHo de New York. La partie est est un havre de paix et de beauté. On flâne à loisir sur la colline de **Vita Bergen** parée de maisons et jardins ouvriers, et dans **Fjallgatan**, un lieu paradisiaque classé patrimoine sauvegardé, qui, avec ses maisons de poupée et sa jolie église, évoque un village.

Façades colorées au cœur de Gamla Stan

Excursions sur l'eau

Stockholm s'entoure d'un cadre naturel magnifique qui invite aux excursions en bateau. L'archipel se compose de quelque 30 000 îles variées, ici faites de récifs, là, bordées de sable fin. Certaines, jadis habitées par des pêcheurs, sont devenues de paisibles lieux de villégiature. Quelques-unes abritent de majestueux châteaux, tel **Drottningholm**, qui domine une île du lac Mälar. Édifiée au XVIIe siècle, cette résidence royale se visite dans sa quasi-totalité. On se plaît à déambuler dans les allées de son jardin baroque et dans le vaste parc émaillé d'un pavillon chinois, d'un vieux théâtre et d'une ravissante auberge du XIXe siècle où l'on peut se restaurer. **Vaxholm**, situé à 25 km de Stockholm, est une grande cité répartie sur 64 îles. Dominée par une sévère citadelle du XVIe siècle, elle renferme de belles maisons de bois peintes.

Copenhague

Copenhague est une ville moderne, jeune et dynamique où le vélo est roi. Pour la découvrir, il faut prendre le temps d'y flâner. Proches de la nature, sportifs, ses habitants cultivent le *hygge*, un art de vivre très perceptible au hasard des promenades. La présence de l'eau et des espaces verts renforce cette impression. Ville de marchands et de marins, Copenhague s'est développée au XVIIe siècle autour de Nyhavn, de la Bourse ou du château de Rosenborg. Aujourd'hui à la pointe du design et de l'écologie, la ville est aussi une capitale culturelle très riche en musées, qui couvrent tous les domaines d'intérêt.

Avec ses bâtiments historiques, ses boutiques de luxe et ses cafés, la **City**, centre de la ville, draine un flot interminable de touristes à la belle saison. C'est dans la City que se trouvent **Tivoli**, le célèbre parc d'attractions né au XIXe siècle, et deux des plus beaux musées de la capitale, le **Ny Carlsberg Glyptotek** et le **National-museet**. Le cœur historique de Copenhague se situe dans **Slotsholmen**, l'îlôt du château, siège de nombreuses institutions, dont Christiansborg, popularisé par la série danoise *Borgen* : le château abrite en effet le Parlement et la résidence du Premier ministre... Avec ses maisons anciennes colorées et ses petits restaurants, le **Quartier latin** possède bien du charme. **Amalienborg** est un condensé entre l'ancien et le moderne. Sur la rive opposée place au très contemporain **Opera royal**. Au bord de l'eau, perchée sur son rocher, la **Petite Sirène** est sans doute l'attraction préférée des touristes...

Se déplacer : *Copenhague se parcourt aisément à pied ou à vélo – les cyclistes ont priorité sur tout le monde, piétons et voitures ! Ils bénéficient de 350 km de pistes qui leur sont spécifiquement réservées. On trouve de nombreux loueurs de vélos. Concernant les transports en commun, on peut emprunter les bus, le métro* (https://m.dk) *ou le Havnebus, le bateau-bus, avec des tarifs permettant la correspondance gratuite entre ces différents modes. La voiture est déconseillée : les parkings sont très chers et de nombreux secteurs interdits à la circulation. Pour se déplacer, consulter* https://rejseplanen.dk.

• Copenhague (3/4 jours)

La visite de Copenhague peut commencer par la **City**. Vous en aurez un bon aperçu en montant les 300 marches menant à la tour de **l'hôtel de ville** (Rådhus)... Ouvert en 1843, **Tivoli** (*www.tivoli.dk/en*) est le second plus ancien parc d'attractions du Danemark.

Le canal du Nyhavn où il fait bon flaner.

En plein centre, face à la gare, il fait le bonheur des petits et des grands. On y vient aussi pour les illuminations en été. Dirigez-vous ensuite vers le **Ny Carlsberg Glyptotek** (*www.glyptoteket.com*). Ce musée créé à la fin du XIXe siècle par Jacob Carlsberg, le fondateur de la célèbre brasserie de bières, possède un riche département d'antiquités. L'extension moderne est consacrée à la peinture française du XIXe siècle, Corot, Signac, Van Gogh ou Daumier. La collection des toiles de Gauguin est l'une des plus importantes au monde. Les amateurs d'histoire ne manqueront pas le **Nationalmuseet** (*https://en.natmus.dk*), musée gigantesque sur l'histoire du Danemark. La période viking est largement traitée : pierres runiques gravées, collier en or de 1,8 kg et le plus ancien bateau en bois du nord de l'Europe. La **place Kongens Nytorv** possède un petit côté aristocratique : les grands magasins côtoient les cafés, le luxueux hôtel d'Angleterre, le Théâtre royal et la **Kunsthal Charlottenborg**, avec des expositions d'art contemporain. Vous irez ensuite flâner le long du **Nyhavn**, canal du XVIIe siècle dont le nom signifie « nouveau port »... Avec ses maisons colorées, ses vieux gréements et ses terrasses de restaurants, c'est l'un des endroits les plus charmants de Copenhague.

Dans le quartier de **Slotsholmen**, la visite du château de **Christianborg** est incontournable. Cet ancien lieu de couronnement des rois abrite désormais la résidence du

QUE VOIR, QUE FAIRE À COPENHAGUE ?

- Faire un tour à Tivoli, l'un des plus anciens parcs d'attractions du monde.
- Flâner à Nyhavn, le long du canal bordé de maisons colorées
- Arpenter Strøget, l'artère piétonne centrale de Copenhague dans le Quartier latin, et admirer les boutiques de design
- Contempler le panorama depuis la tour de l'hôtel de ville
- Faire une incursion dans le quartier de Christiana
- Profiter de l'animation en fin de journée dans le quartier branché de Nørrebro

LES CONSEILS GEO

• Les plus

La douceur de vivre, la décontraction : les Danois savent en effet cultiver le hygge, qui consiste à profiter du moment présent… L'été, à cause du nombre d'heures d'ensoleillement, est le meilleur moment pour visiter la ville. Et si vous ne craignez pas le froid, les fêtes de fin d'année sont un moment magique.

• Les moins

Le Danemark est un pays très cher, et Copenhague l'est encore plus.

• Les tendances

La baignade en ville aux beaux jours, les restaurants branchés

Premier ministre, le Parlement danois et la cour suprême. Ses origines remontent au XIIe siècle : on visite les ruines, les cuisines, terminées en 1928, les écuries royales, les salles royales et l'impressionnante salle des tapisseries, où la reine peut recevoir jusqu'à 400 invités. Le musée **Thorvaldsen** *(www.thorvaldsensmuseum.dk/en)* est dédié au plus grand sculpteur danois, Bertel Thorvaldsen (1770-1844), tenant du courant artistique néo-classique. Ne manquez pas, au cours de votre promenade, de contempler l'ancienne **Bourse** et la **Bibliothèque royale**, surnommée le « diamant noir », inaugurée en 1999. Le **Musée juif danois** *(www.jewmus.dk/en)* rend hommage à l'action du gouvernement en faveur de la communauté juive durant la Seconde Guerre mondiale : 7 000 personnes échappèrent à la déportation.

Condensé d'ancien et de moderne, l'**Amalienborg** regorge de palais et de musées. L'Amalienborg plads est bordée de quatre palais du XVIIIe siècle : dans l'un d'entre eux, vit la reine. La relève de la garde y a lieu tous les jours. Ne manquez pas la **Marmorkirken** *(https://www.marmorkirken.dk)*, l'église de Marbre, du XVIIIe siècle, et sa coupole, la plus haute de Scandinavie. Vous apercevrez, sur l'autre rive, le **Kongelige Operaen** (Opéra royal), au look très contemporain, inauguré en 2005. Continuez votre visite par le **Design Museum** *(https://designmuseum.dk)*, dont une salle est dédiée au grand designer Arne Jacobsen. Au bord de l'eau, vous attend la **Petite Sirène,** l'un des personnages les plus photographiés de la ville ! Puis vous flânerez dans l'immense parc de **Rosenborg,** ouvert au public *(www.kongernessamling.dk)*, où se dresse un beau château du XVIIe siècle. **The David Collection** *(www.davidmus.dk)* est, elle, dédiée à l'art islamique et couvre toutes les périodes depuis le VIIe siècle. Vous attendent ensuite le **Jardin botanique**, planté de

La célèbre Petite Sirène

DANEMARK

13 000 espèces différentes, puis le plus beau musée d'art de Copenhague, le **SMK**, Statens Museum for Kunst *(www.smk.dk)*, qui présente une riche collection de peintures et sculptures danoises, scandinaves et européennes, de Cranach à Rembrandt en passant par Matisse, Modigliani ou Derain.
Ancien quartier ouvrier, **Nørrebro**, au nord-ouest de la ville, est devenu un endroit branché. Le long des lacs artificiels, les habitants font leur jogging ou se promènent. Dans le **cimetière Assistens Kierkegaard** reposent deux célébrités : Hans Christian Andersen, l'auteur de *La Petite Sirène*, et le philosophe Soren Kierkegaard. Derrière la gare, le quartier de **Vesterbro** a également entamé sa mue, notamment du côté de Kødbyen, les anciens abattoirs, où s'alignent bars et restaurants... Les fameuses brasseries Carlsberg, que l'on visite, s'élèvent aussi dans ce quartier.
Frederiksberg, le parc de 32 hectares, invite au farniente. Il est parsemé de canaux, de lacs et d'îles, accessibles au public. Le zoo abrite plus de 3 000 animaux.
Ancienne ville libre, **Christiana** donne un aperçu de la mentalité danoise. Ce quartier a été créé dans les années 1970 sur un site utilisé à des fins militaires. Il abrite aujourd'hui un millier de personnes qui fonctionnent en autogestion. Une atmosphère particulière y règne, plutôt hippie...
Au sud de Copenhague, à **Islands Brygge**, la principale piscine en plein air possède cinq bassins, ouverts durant l'été (11 h-19 h). À proximité de la plage d'Amager, l'**aquarium Den Blå Planet** (la Planète bleue) est l'un des plus spectaculaires d'Europe du Nord.
Au nord de la ville, **Dyrehaven**, le parc aux cerfs, est une ancienne réserve de chasse très prisée des habitants de la capitale. Tout près, le **musée Ordrupgaard à Charlottenlund** abrite l'une des collections impressionnistes les plus riches du monde. Sont exposés aussi nombre de tableaux de l'âge d'or danois.

CARNET DE VOYAGE

- **Les premiers contacts** Maison du Danemark : 142, avenue des Champs-Élysées, 75008 Paris, tél : 01 56 59 17 40, www.maisondudanemark.dk. Il n'y a pas d'office du tourisme danois en France. Vous pouvez consulter le site internet www.visitdenmark.fr
- **Les formalités** Pour les ressortissants de l'UE, carte d'identité ou passeport en cours de validité.
- **La santé** Aucun problème. Pensez à vous procurer la carte européenne d'assurance maladie.
- **Le voyage, le décalage** Durée moyenne du vol Paris-Copenhague : un peu moins de 2 heures.

  Pas de décalage horaire.
- **Les langues, la monnaie** Langue officielle : le danois. L'anglais et l'allemand sont très pratiqués. **Monnaie :** la couronne danoise. 1 € = 7,44 couronnes danoises.
- **La population** Copenhague compte 602 500 habitants. La population du Danemark s'élève à environ 5,85 millions d'habitants.
- **Les religions** Très forte majorité de luthériens qui appartiennent à l'Église du peuple danois. Très faible minorité de catholiques. Le reste de la population est musulmane ou appartient aux autres églises chrétiennes. .
- **Les fêtes** **4e vendredi après Pâques :** grand jour de la Prière ; **16 avril :** anniversaire de la reine ; **5 juin :** fête nationale, jour de la Constitution, en 1849, l'instauration de la Constitution danoise a fait du pays une monarchie constitutionnelle ; **24 juin :** jour de la Saint-Jean, fête très célèbre, avec feu de joie dans le parc de Frederiksberg.
- **Les achats** Objets de design (vaisselle blanche et bleue, lampes, linge de maison), bonbons à la réglisse, les lakrids, harengs marinés, saumon fumé, Legos.

Dublin
et l'ouest de l'Irlande

De Dublin, capitale jeune et cosmopolite qui mêle histoire, littérature, beaux-arts, architectures ancienne et d'avant-garde, pubs et brasseries historiques, au fracas de la mer qui déferle sur les parois rocheuses surplombant l'océan… la fascination exercée par l'Irlande est irrésistible.

Visiter Dublin n'est pas difficile : les principaux centres d'intérêt sont groupés le long des rives de la **Liffey**, qui sépare la ville en deux. Au sud du fleuve, visitez **Trinity College**, la plus vieille université du pays, **Temple Bar**, le quartier à la mode qui a contribué à donner à Dublin son image de « capitale la plus jeune d'Europe », **Saint Stephen's Green**, immense poumon vert en plein cœur de la ville, les grands musées, les églises, le **château** et l'élégante zone piétonne de **Grafton Street**, dédiée au shopping et à la promenade. En traversant l'**O'Connell Bridge**, érigé au XVIIIe siècle, ou le **Ha'Penny Bridge**, réservé aux piétons, dirigez-vous vers les quartiers du nord de la ville, où se trouvent le **palais des Four Courts** et la **maison des Douanes** (**Custom House**), expressions imposantes du néoclassicisme irlandais dues à l'architecte James Gandon, mais aussi des immeubles populaires, des marchés et des rues qui ont inspiré la littérature du XXe siècle. **O'Connell Street**, large avenue souvent très encombrée, abrite les monuments qui rendent hommage aux hommes illustres de la nation, de Daniel O'Connell, leader du nationalisme catholique du début du XIX^esiècle, à James Joyce, icône du Dublin littéraire. Sa ville natale a d'ailleurs donner son nom au pont de Santiago Calatrava, construit en 2003 (**James Joyce Bridge**). Après avoir visité le **James Joyce Centre** (*North Great George's Street 35, www.jamesjoyce.ie, mar.-sam. 10 h30-16 h30*), qui expose des portraits et des photographies de l'écrivain, ainsi que des éditions originales de ses œuvres, vous pouvez faire un détour par **Smithfield**, une grande place rectangulaire où cohabitent traditions ancestrales et innovations du nouveau millénaire. Les premières sont bien représentées par le **Ceol**, espace d'exposition dédié aux musiques et aux danses traditionnelles irlandaises (*horaires variables*), les secondes par la **Chimney Viewing Tower**, une cheminée-belvédère de la fin du XIXe siècle qui fait aujourd'hui partie d'une structure hôtelière avant-gardiste. L'atmosphère de l'Irlande authentique imprègne aussi, au bord de l'océan, la petite ville de **Galway**, chef-lieu du comté du même nom, avec ses

Les cathédrales Saint-Patrick et Christ Church, reliées par un pont couvert

quais, ses bateaux, beaucoup de musique dans les pubs et les rues et de nombreux restaurants où déguster huîtres et autres fruits de mer. Galway est également le point de départ d'excursions vers les sites les plus mystérieux et sauvages de la côte occidentale irlandaise, comme les **îles d'Aran** – archipel composé de trois grandes îles et de cinq îlots à l'embouchure de la baie de Galway où des moines fondèrent dès le Vᵉ siècle des édifices de culte et de prière solitaire – et le **Burren**, une région faite de roche calcaire érodée par les eaux et les vents, qui s'étend dans le nord du comté de Clare jusqu'aux **Cliffs of Moher**, les plus célèbres falaises d'Irlande, où le regard se perd à l'infini entre la pierre, la mer et le ciel.

Se déplacer : *Le centre de Dublin n'est qu'à 10 km de l'aéroport et il est desservi par les navettes de l'Airlink Express, qui part toutes les dix minutes. Une fois en ville, on se déplace à pied ou en tramway (lignes verte et rouge). Pour aller de Dublin à Galway en voiture* (www.europcar.fr, www.hertz.fr), *comptez 208 km sur les routes N4, M4 et N6. Une déviation au niveau d'Athlone sur la N62 conduit à Clonmacnoise après 28 km. Galway est à 38 km du port de Rossaveel, qui permet d'embarquer pour les îles d'Aran, où la circulation automobile est interdite (traversée d'une durée de vingt à*

QUE VOIR, QUE FAIRE À DUBLIN ?

- Trinity College, la plus ancienne université d'Irlande
- Les réjouissances de la Saint-Patrick
- Une promenade dans le beau jardin de Saint Stephen's Green
- Une visite dans le temple de la bière, le Guinness Storehouse
- Une soirée dans le quartier branché de Temple Bar

Le Temple Bar, pub historique qui a donné son nom à un quartier de la ville.

quarante minutes, trois fois par jour en été). L'archipel ne se parcourt qu'à vélo (pour la location, adressez-vous à l'Aran Byke Hire, sur le quai, tél. : 0035399.61132), *à pied ou, pour des excursions de quelques heures, à bord de romantiques et lentes calèches tirées par des poneys et conduites par des cochers. En voiture, vous pouvez aller de Galway au village de Doolin (74 km, N6 et R446), un bon point de départ pour explorer le Burren ; 20 km plus loin se dressent les falaises de Moher. Sinon, prenez sur l'île d'Inisheer un bateau qui conduit directement à Doolin, où vous suivrez le sentier de randonnée de 35 km qui s'enfonce dans le Burren et rejoint les falaises de Moher. Le Burren se traverse également en car* (www.buseireann.ie).

LES CONSEILS GEO

• Les plus

L'accueil des Irlandais, toujours très chaleureux (dans les îles, on essaiera peut-être même de vous apprendre le gaélique !).
De nombreux monuments anciens bien préservés et une nature omniprésente.
Des traditions encore bien ancrées, surtout dans les villes moyennes et les villages.

• Les moins

Le climat, qui, même s'il n'est pas toujours pluvieux, n'est pas des plus favorables...

• Les tendances

L'heure est à la diversification des modes d'hébergement : profitez-en pour séjourner chez l'habitant, que ce soit dans des chambres d'hôtes, des maisons de campagne ou des fermes.

• Dublin (3 jours)

À la différence de nombreuses capitales européennes, le monument principal du centre de Dublin n'est pas une cathédrale mais une université, la plus ancienne d'Irlande : **Trinity College** fut en effet fondé en 1592 par Élisabeth Ire d'Angleterre et ne fut ouvert aux catholiques qu'à partir de 1873. Cet établissement, qui se dresse sur College Street entre les élégants immeubles georgiens édifiés au sud de la Liffey au XVIIIe siècle, a accueilli d'innombrables étudiants célèbres : du philosophe George Berkeley à Oscar Wilde, de Bram Stoker, l'auteur de *Dracula*, à Mary Robinson, première femme présidente d'Irlande, jusqu'au dramaturge Samuel Beckett, prix Nobel de littérature en 1969.

Aujourd'hui, cet ensemble de bâtiments de style XVIIIe siècle compte quelque 10000 étudiants qui se relaient pour faire découvrir aux visiteurs les trésors de leur campus *(www.tcd.ie/visitors/trinitytrails)* : la **chapelle** de 1798, le **théâtre**, ou salle d'examens, de 1791, le **Dining Hall** (réfectoire) de 1745, le **parc** séculaire, mais surtout, l'**Old Library**. Cette bibliothèque, qui abrite l'une des plus précieuses collections européennes, détient notamment le célèbre ***Book of Kells***, un évangéliaire du IXe siècle aux somptueuses enluminures. Un autre symbole irlandais est exposé dans l'immense **Long Room**, longue de 65 m, haute de 15 et riche de 200000 ouvrages anciens : une précieuse **harpe** du XVe siècle devenue le symbole du patriotisme national (elle figure même sur les pièces de monnaie et sur le logo de la bière Guinness).

Explorez le quartier pour découvrir d'adorables places de style georgien plongées dans la verdure, avec leurs maisons de brique si caractéristiques aux portes d'entrée encadrées de colonnes blanches ; le vaste **Saint Stephen's Green**, oasis de détente et de repos avec ses petits lacs et son parc de 6 ha qui accueille souvent des concerts ; **Fitzwilliam Square**, petite et intime, et **Merrion Square**, très arborée, dont les immeubles aux entrées colorées furent habités par des personnages célèbres, comme la famille de l'écrivain Oscar Wilde, à qui rend hommage une statue de Danny Osborne (1997). Cette partie de la ville abrite aussi de grands musées, dont le **National Museum of Ireland**, qui retrace l'histoire du pays depuis l'âge du bronze jusqu'à la naissance de la république d'Irlande, avec de superbes collections. Ne manquez pas **Ór**, l'exposition consacrée aux objets en or de l'âge du bronze, le **trésor** des arts appliqués irlandais (colliers, calices, reliquaires et croix) de la période celtique au XIVe siècle, et l'exposition « **Le chemin vers l'indépendance** », qui retrace grâce à des armes, des uniformes militaires et divers documents l'avènement tourmenté de la république d'Irlande *(www.museum.ie, 10 h-17 h, dim. et lun. 13 h-17 h)*. Très prestigieuse aussi, la **National Gallery of Ireland** possède une collection de 11000 peintures et œuvres d'art des grandes écoles européennes, avec des chefs-d'œuvre de Thomas Gainsborough *(Jeune Paysanne tenant une cruche et un petit chien)*, de Canova *(Amour)*, de Paolo Uccello *(Vierge à l'Enfant)*, du Caravage *(L'Arrestation du Christ)*, de Diego Velázquez *(La Cène à Emmaüs)*, de Goya *(Portrait d'Antonia Zárate)* et des œuvres de l'école française du XXe siècle – Monet, Degas, Pissarro, Sisley et Signac *(Merrion Square West, www.nationalgallery.ie, horaires variables)*.

Non loin de ces deux musées, sur **Kildare Street**, s'élève **Leinster House**, ancienne résidence du duc de Leinster, dessinée en 1745 par Richard Cassels dans le style palladien et devenue en 1922 le siège du parlement irlandais. À l'ouest de Trinity College commence le mythique **Temple Bar** *(www.lovetemplebar.com)*, un quartier alternatif et animé aux maisons de couleurs vives, aux balcons en zigzag et aux places accueillant mimes et artistes de rue. Né dans les années 1990 d'une réhabilitation urbaine signée par les jeunes architectes du Groupe 91, ce quartier abrite de nombreux pubs, boîtes de nuit, espaces artistiques, petits marchés en plein air ; on y trouve aussi le complexe moderne de l'**Irish Film Institute**, l'**Olympia Theatre** *(www.mcd.ie)*, qui accueille des concerts de rock et de pop, et la **Gallery of Photography** *(www.photomuseumireland.ie)*, consacrée à la photographie irlandaise du XXe siècle. Le soir, vous pourrez écouter de la bonne musique en buvant de la Guinness dans les pubs historiques, du **Temple Bar**, de 1840, qui a donné son nom au quartier *(Temple*

Bar 47-48, www.thetemplebarpub.com), à l'**Oliver St John Gogarty** (*Fleet Street 58-59, www.gogartys.ie*), célèbre pour sa programmation musicale. En reprenant l'itinéraire à partir de Dame Street, faites un bond dans le passé en franchissant le seuil de **Dublin Castle**, à l'origine une forteresse anglo-normande construite en 1220, qui est demeuré pendant sept siècles le symbole de la domination britannique en terre irlandaise. De style georgien, la plupart des bâtiments actuels, dont les **appartements d'État**, réservés aux hôtes illustres, datent du XVIIIe siècle, la crypte abritant des vestiges des époques viking, normande et médiévale. Les visites guidées (*Dame Street, www.dublincastle.ie*) permettent d'admirer plafonds peints, meubles, œuvres d'art, dont le *Portrait de la comtesse de Granard*, d'Antoon van Dyck, et la **salle du trône**, où abondent objets d'or et chandeliers. Il faut entrer dans le bâtiment abritant la **Chester Beatty Library and Gallery of Oriental Art** et s'attarder devant les icônes, les papyrus, les statues orientales et les copies anciennes du Coran qui composent la précieuse collection privée donnée à la ville par l'industriel américain sir Alfred Chester Beatty dans la deuxième moitié du XXe siècle (*www.cbl.ie, horaires variables*). Dublin est aussi connu pour ses nombreuses églises catholiques – près de 700 si on compte les chapelles et les oratoires. La très vieille **Christ Church** conserve dans sa crypte des témoignages de sa fondation par les Vikings en 1038 et de sa restauration dans le style romano-gothique (*www.cccdub.ie, horaires variables*) ; son chœur, fondé en 1493, est très réputé. L'histoire de la **cathédrale Saint-Patrick**, église anglicane éri-

CARNET DE VOYAGE

• Les premiers contacts
Office de tourisme irlandais, Paris, tél. : 01 70 20 00 20, www.discoverireland.com/fr, www.visitdublin.com.

• Les formalités Pour les ressortissants de l'UE, carte nationale d'identité ou passeport en cours de validité, à condition d'arriver et de quitter l'île via un aéroport ou un port de ferry en République d'Irlande. Si vous vous rendez directement en Irlande du Nord depuis l'UE ou en Grande-Bretagne depuis l'Irlande du Nord, vous aurez besoin d'un passeport.
Pour les Canadiens, passeport encore valide six mois après le retour.

• La santé Aucun problème.

• Le voyage, le décalage Durée moyenne du vol Paris-Dublin (784 km) : 1 heure 40.
Bateau : Cherbourg-Rosslare, Roscoff-Cork ; via la Grande-Bretagne : Fishguard, Holyhead ou Pembroke pour Dublin ou Rosslare.
Lorsqu'il est midi en France, il est 11 h en Irlande, sauf entre fin septembre et fin octobre, où l'heure est identique.

• Les langues, la monnaie le gaélique et l'anglais. **Monnaie :** l'euro.

• La population Le pays compte 4755 000 habitants. Dublin : 1 331 000 habitants. Galway : 80 000 habitants. **Capitale :** Dublin.

• Les religions La ferveur catholique ne s'est jamais démentie (93 % de la population est très pratiquante). Minorités : adeptes de l'Église d'Irlande (anglicane), presbytériens, méthodistes.

• Les fêtes **Autour du 17 mars :** Saint Patrick's Festival ; **16 juin :** Bloomsday ; **Festival, à Dublin ; août :** Dublin Horse Show ; **sept. :** Galway Oyster Festival ; **fin oct. :** marathon de Dublin.

• Les achats Vêtements en tweed ou en laine, Guinness, whisky. À Dublin, **Design Yard** (Nassau Street 48-49) pour de l'artisanat de qualité. Au **Celtic Whiskey Shop** (Dawson Street 27-28), large sélection de bouteilles. À Galway, **Dillon's Claddagh Gold** (William Street 1) propose l'anneau de Claddagh, symbole d'amour et de fidélité.

gée à la fin du XIIe siècle et cathédrale nationale d'Irlande, est étroitement liée à celle du poète et écrivain Jonathan Swift (auteur des *Voyages de Gulliver* de 1726, de la *Modeste Proposition* de 1729 et du *Journal à Stella*, ouvrage posthume). Il y occupa en effet la fonction de doyen de 1713 à 1745, comme le rappellent l'une des belles plaques de cuivre accrochées derrière le chœur, en mémoire des doyens et des bienfaiteurs de l'église, et sa tombe, à côté du pilier de l'entrée (*www.stpatrickscathedral.ie, horaires variables*). Quelques rues plus loin, sur les rives de la Liffey, le **Guinness Storehouse** s'élève sur sept étages au cœur de la Saint James Gate Brewery, dans un ancien atelier de fermentation de 1904 réaménagé en forme de pinte géante. La visite vous apprendra absolument tout, sur la bière la plus célèbre du monde, inventée par Arthur Guinness en 1759 : ingrédients, étapes de production, affiches publicitaires dessinées par James Gilroy en 1930... Le billet d'entrée donne également droit à une dégustation gratuite au Gravity Bar, au dernier étage, avec une vue à 360 degrés sur Dublin (*www.guinness-storehouse.com, horaires variables*).

Les ruines de Clonmacnoise, fondé en 545 par saint Ciarán

Galway, les îles d'Aran et les falaises sur l'Atlantique (4 jours)

Première étape de l'itinéraire en voiture qui conduit de Dublin, sur la mer d'Irlande, à Galway, sur l'océan Atlantique, **Clonmacnoise** (à 140 km de la capitale) domine les eaux lentes et majestueuses du fleuve Shannon. Fondé en 545 au cœur de l'Irlande par saint Ciarán, ce site monastique devint un important centre universitaire, artistique et littéraire, ainsi qu'un grand lieu de prière et la nécropole des rois de Connacht et de Tara. Saccagé à plusieurs reprises, le monastère fut définitivement détruit en 1552 par une garnison anglaise. Aujourd'hui, il ne reste dans son enceinte que les ruines de plusieurs églises du XIIe siècle, un clocher isolé qui servait de refuge, des tombes séculaires et de magnifiques **croix**, comme celle des **Saintes Écritures** (Xe siècle), un monolithe haut de 4 m et sculpté d'épisodes du Jugement dernier et de la Crucifixion. À l'extérieur du site, les vestiges d'un château du XIIIe siècle confirment une ancienne présence anglo-normande *(tél. : 0035390.9674134, horaires variables)*.

L'étape suivante est **Galway**, adorable ville universitaire, chef-lieu du comté du même nom et grand port au bord de l'océan. Très appréciée des jeunes Irlandais pour sa vie nocturne trépidante et ses nombreux rendez-vous artistiques et musicaux, la cité possède un beau centre médiéval aux ruelles étroites et aux vieilles maisons de pierre qui bordent les deux rives du fleuve Corrib, connu pour la pêche au saumon. Après une promenade le long des boutiques et des petits cafés de **Shop Street** et de **Quay Street**, surnommée le quartier latin de l'Irlande, découvrez la **cathédrale Saint-Nicolas** (édifiée au XIVe siècle et agrandie au XVIe), qui abrite des tombes sculptées de symboles représentant le métier des défunts et des fonts baptismaux de la fin du XVIe siècle. Le samedi matin, un marché traditionnel, avec des produits de la campagne et des objets d'artisanat, se tient sur le parvis de l'église. **Lynch's Castle**, construit au XVesiècle, et la **panish Arch**, dernier vestige des fortifications érigées au XVIesiècle dans le quartier du port, perpétuent d'autres traces du passé. Les lecteurs de Joyce et de *Gens de Dublin* ne manqueront pas de visiter, au n° 8 de Bowling Green, le **Nora Barnacle House Museum**, installé dans la maison où vécut l'épouse de l'écrivain jusqu'en 1904 *(été : 10 h-17 h, fermé dim.)*.

Galway est le point de départ d'excursions vers les sites naturels les plus sauvages et les plus authentiques d'Irlande. Dans le port tout proche de Rossaveel, vous embarquerez pour les **îles d'Aran**, Inishmore, Inishmaan et Inisheer *(40minutes environ de traversée)*, trois longues esplanades de roche calcaire nue, battues par les vents, aux paysages lunaires et désertiques et à l'âpre beauté. Ici, le gaélique est resté la langue dominante et les anciennes traditions musicales et artisanales sont demeurées intactes. Le débarquement a lieu à **Kilronan**, minuscule chef-lieu d'**Inishmore**, la plus grande île de l'archipel avec ses 42 km² de superficie, parsemée de murets de pierre qui délimitent les champs cultivés tout en les protégeant du vent et des embruns. Après avoir visité l'**Ionad Árann - Aran Heritage Centre** *(juin-août : 10 h-19 h, avr.-mai, sept.-oct. : 11 h-17 h)*, qui retrace l'histoire et les traditions du lieu, partez à la découverte des ruines d'églises éparpillées dans des landes désolées. À l'entrée du fort préhistorique de **Dún Aengus**, à 1,5 km de **Kilmurvy**, entouré de quatre cercles de murs concentriques surplombant la mer, un petit musée présente les origines et les fonctions du site au fil du temps *(avr.-oct. : 10 h-18 h, nov.-mars : 10 h-16 h)*. Non loin de là, **Teampall Mhic Dhuach**, petit édifice religieux de l'époque préromane, se dresse près de la merveilleuse **plage** du village de Kilmurvy.

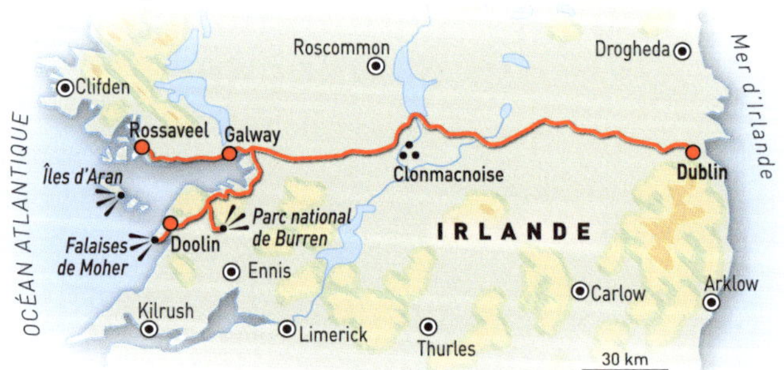

IRLANDE

Les falaises de Moher, 200 m de parois à pic au-dessus de l'océan

Sur la pointe occidentale de l'île, **Synge's Chair** offre un magnifique panorama au bord de la falaise. D'anciens vestiges chrétiens et préchrétiens sont également dispersés sur les îles plus petites d'**Inishmaan** et d'**Inisheer**, parcourues entièrement en cinq heures de marche. De là, reprenez un bateau jusqu'au délicieux village de **Doolin**, sur la côte du **Burren**, haut plateau calcaire d'un grand intérêt géologique, puisque des phénomènes karstiques y ont formé des grottes et des fleuves souterrains. Un sentier de randonnée de 35 km, la **Burren Way**, traverse le Burren de Ballyvaughan, au nord du comté de Clare, jusqu'à Liscannor, au sud-ouest (*il est aussi possible d'explorer la région en voiture ou à vélo ; pour les excursions accompagnées : www.burrenguidedwalks.com*). Vous y découvrirez des dolmens, des monuments médiévaux et une flore exceptionnelle qui mêle espèces arctiques, alpines et méditerranéennes. La partie du sentier qui passe au sud de Doolin et conduit aux gigantesques **falaises de Moher** – 200 m de parois à pic surplombant l'océan sous les ailes des mouettes, des cormorans, des pies et des macareux – offre l'un des paysages les plus spectaculaires et les plus sauvages non seulement de cet itinéraire, mais aussi de toute l'Irlande (*informations sur les sentiers au centre d'accueil des visiteurs : www.cliffsofmoher.ie*). ●

QUE VOIR, QUE FAIRE DANS L'OUEST DE L'IRLANDE ?

- Une croisière sur le fleuve Shannon
- Le Nora Barnacle House Museum, à Galway
- Une randonnée dans le massif du Burren
- Une soirée dans un pub à Galway, la rivale de Dublin
- Le panorama depuis les falaises de Moher

Londres,
Oxford et Cambridge

Si la capitale britannique est l'une des villes les plus électrisantes du monde, on ne peut pas quitter la plus grande île d'Europe sans avoir vu Oxford et Cambridge. Le contraste entre les gratte-ciel de la City et les deux plus vieilles villes universitaires anglaises charme à coup sûr le visiteur.

Londres, ville aux mille facettes... Les buildings de ces quinze dernières années, parmi lesquels le **30 St Mary Axe**, à la forme de concombre géant caractéristique, ou **The Shard**, le plus haut de la ville, semblent être à des années-lumière des maisons de brique d'un quartier en vogue comme **Islington**, fourmillant de boutiques et de petits marchés. **Westminster**, cœur historique de la capitale où s'élèvent les **Houses of Parliament** au bord de la **Tamise**, n'a rien en commun avec l'architecture victorienne et les vieilles usines de l'**East End** ni avec le paysage urbain de **South Bank**, au sud du fleuve, où s'élève le **London Eye**, la roue panoramique la plus haute du monde *(www.londoneye.com, horaires variables)* à quelque distance de la célèbre collection d'œuvres d'art de la **Tate Modern**. Citons encore les parcs londoniens, en commençant par le séculaire **Hyde Park**, le plus vaste des jardins royaux (142 ha), avec Speaker's Corner où, depuis 1872, chacun peut s'improviser orateur *(www.royalparks.org.uk/parks/hyde-park)*. Il y a aussi **Soho** et ses peep-shows, **Piccadilly Circus** et les théâtres de **Covent Garden**. Et, bien sûr, le Londres de la **famille royale**, rentrée en grâce en 2011 avec le mariage du prince William et de Kate Middleton et la naissance de leurs enfants. Les propriétés de Sa Majesté jalonnent un itinéraire original : **Buckingham Palace, Clarence House**, *(St James's Palace, www.royalcollection.org.uk, visites restreintes et sur réservation)*, **Kensington Palace** *(Kensington Gardens, www.hrp.org.uk/kensington-palace, 10 h-17 h)* et **Westminster Abbey**, où ont lieu les noces et, souvent, les funérailles des souverains.

À moins de deux heures de l'effervescence de la capitale, vous pouvez rejoindre **Oxford**, dans la vallée de la Tamise, où les bâtiments en pierre dorée confèrent à la cité une tranquillité intemporelle. Ses nombreux collèges, dont l'architecture et les traditions ont peu changé depuis leur fondation au Moyen Âge ou sous le règne des Tudors, abritent une vie étudiante particulièrement animée. À **Cambridge**, l'atmosphère est plus paisible et préservée. Installée sur les berges de la Cam, la petite

Vue aérienne de Londres, traversée par la Tamise, avec le Tower Bridge au premier plan

ville est restée très traditionnelle. Vous pouvez y faire, notamment, de très agréables promenades en barque, guidé par des étudiants.

Se déplacer : *Londres dispose d'un service de transports publics efficace : les bus et le métro sillonnent toute la ville, et, bien que les tarifs soient assez élevés, il est possible d'acheter des tickets à la journée ou des abonnements comme l'Oyster Card* (www.tfl.gov.uk). *À Londres, vous pouvez louer une voiture auprès de compagnies comme Hertz* (www.hertz.fr) *ou Avis* (www.avis.fr), *qui ont plusieurs bureaux dans la ville. Pour aller de Londres à Oxford, comptez 90 km et deux heures par les routes M25, M40 et A40. Pour Cambridge, comptez 100 km et deux heures vingt par les routes A1, A505 et A603. Vous pouvez également relier Oxford à Cambridge en un peu moins de trois heures (140 km) par les routes A34, B430, A4421, A421, A1, A428 et A14. Sinon, les cars des compagnies National Express* (www.national express.com) *et Megabus* (www.megabus.com) *partent de la gare Victoria à Londres et se rendent à Oxford et Cambridge en deux heures environ, à des tarifs extrêmement avantageux.*

QUE VOIR, QUE FAIRE À LONDRES ?

- La vue sur la ville et la Tamise depuis les cabines du London Eye
- La relève de la garde à Buckingham Palace
- Les squelettes de dinosaures du Natural History Museum
- Un dîner dans un restaurant indien de l'East End
- Une comédie musicale dans un théâtre de Covent Garden
- Les joyaux de la Couronne dans la tour de Londres
- Une promenade à Hyde Park, au milieu des écureuils
- Les collections d'art contemporain de la Tate Modern

Londres (3 jours)

La découverte de la capitale commence immanquablement à **Westminster**, cœur de cette métropole internationale (ou « village global », comme nous dirions aujourd'hui) où les us et coutumes de la population multiethnique n'entament pas l'attachement très britannique aux traditions. Le quartier de Westminster abrite également les **Houses of Parliament** (*www.parliament.uk, horaires variables*), siège des deux chambres du Parlement britannique, reconstruit au XIXe siècle dans le style néogothique sur le site du bâtiment du XIe siècle dévasté par un incendie qui n'a épargné que **Westminster Hall** et la **Jewel Tower**. Vous vous dirigerez ensuite vers **Westminster Abbey** (*20 Dean's Yard, www.westminster-abbey.org, horaires variables*), qui, depuis plusieurs siècles, accueille sous ses nefs et ses flèches gothiques les grandes cérémonies royales – couronnements, mariages, funérailles (la tombe la plus visitée est celle d'Henri VII) ;

CARNET DE VOYAGE

- **Les premiers contacts** Visit Britain, Paris, infos sur www.visitbritain.com et www.visitlondon.com/fr.
- **Les formalités** Depuis le 31 décembre 2021, les ressortissants de l'UE doivent être munis d'un passeport en cours de validité.
- **La santé** Aucun problème.
- **Le voyage, le décalage** Durée moyenne du vol Paris-Londres/Heathrow (346 km) : 45 minutes. Bateau : de France, nombreux départs quotidiens avec embarquement possible de la voiture pour Douvres, Newhaven, Poole, Portsmouth, Plymouth, Jersey.
Train : Eurostar, de Paris-Gare du Nord à Londres-Saint-Pancras (2 heures 15) via Eurotunnel ; le Shuttle fait traverser les passagers et leur voiture en 35 minutes entre Calais/Coquelles et Folkestone. Lorsqu'il est midi à Paris, il est 11 h au Royaume-Uni.
- **Les langues, la monnaie** L'anglais est la langue officielle depuis environ 600 ans. **Monnaie :** la livre sterling (pound), subdivisée en 100 pence. 1 € = 0,87 livre sterling.
- **La population** Les Anglais (57 millions) représentent la grande majorité des 68,9 millions d'habitants du Royaume-Uni. Londres : 8,9 millions d'habitants environ. Oxford : 150 000 habitants environ. Cambridge : 125 000 habitants environ. **Capitale :** Londres.
- **Les religions** Le protestantisme est dominant. L'Église anglicane (57 %) est l'Église officielle. L'Église catholique romaine réunit 13 % de la population.
- **Les fêtes** **Fév. :** célébration du Nouvel An chinois dans le quartier de Soho à Londres ; **mars :** Head of the River Race, compétition d'aviron entre les universités d'Oxford et de Cambridge, à Londres ; **17 mars :** Saint-Patrick ; **23 avril :** fête nationale (Saint-Georges) ; **dernier week-end d'août :** carnaval de Notting Hill, à Londres ; **oct. :** Trafalgar Day Parade ; **déc. :** érection du sapin de Noël à Trafalgar Square.
- **Les achats** À Londres, rendez-vous dans les boutiques de mode d'Oxford Street à New Bond Street (de **Harrods à Selfridges**). Les marchés valent aussi le coup d'œil (**Portobello Road, Camden Lock, Camden Passage, Brick Lane** ou le célèbre **Borough Market**).

Trafalgar Square et la National Gallery sont surplombés par la colonne de Nelson.

Downing Street, où se trouvent certains bureaux du gouvernement et la résidence du Premier ministre, qui est située dans une impasse interdite au public, mais parfaitement visible depuis la rue ; et **Whitehall**, longue artère bordée de ministères qui relie **Parliament Square** à **Trafalgar Square**, la place la plus célèbre de la capitale, transformée à plusieurs reprises, avec au centre la statue de l'**amiral Nelson** et ses lions de bronze. La place est bordée par l'**église Saint Martin in the Fields**, du XVIIIe siècle (*www.smitf.org, horaires variables*), qui accueille aussi bien des services religieux que des concerts, ainsi qu'un café dans la crypte, avec du jazz en fond sonore, et par la **National Gallery**, à la façade classicisante (*www.nationalgallery.org.uk, 10 h-18 h, ven. jusqu'à 21 h*). Connu dans le monde entier, ce musée, comme bien d'autres galeries d'art de la capitale, présente plus de 2300 chefs-d'œuvre de l'art européen du XIIe au XIXe siècle, tels qu'un *Autoportrait* de Rembrandt, *Les Grandes Baigneuses* de Cézanne, *La Madone aux œillets* de Raphaël et *Les Tournesols* de Van Gogh.

Les amateurs du genre ne manqueront pas le **Natural History Museum**, l'un des plus grands musées d'histoire naturelle au monde (plus de 65 millions de pièces) installé avec le **Darwin Centre** dans un édifice victorien (*Cromwell Road et Exhibition Road, www.nhm.ac.uk, 10 h-17 h 50*),

LES CONSEILS GEO

Les plus

Une proximité qui favorise les formules week-end et le grand intérêt soulevé par Londres.
La diversité culturelle qu'offre la capitale anglaise (musées, galeries, théâtres, châteaux…).
Une campagne verdoyante, idéale pour la promenade, dans les alentours d'Oxford et de Cambridge.

Les moins

Le coût de la vie touristique, très élevé à Londres, mais également dans ses environs.
Une météo parfois capricieuse.

Les tendances

Londres, ville jeune et dépaysante, ne cesse d'être attirante. Elle fait l'objet d'un flot de propositions, les soldes de fin d'année et le carnaval de Notting Hill étant des exemples de tendances récurrentes.

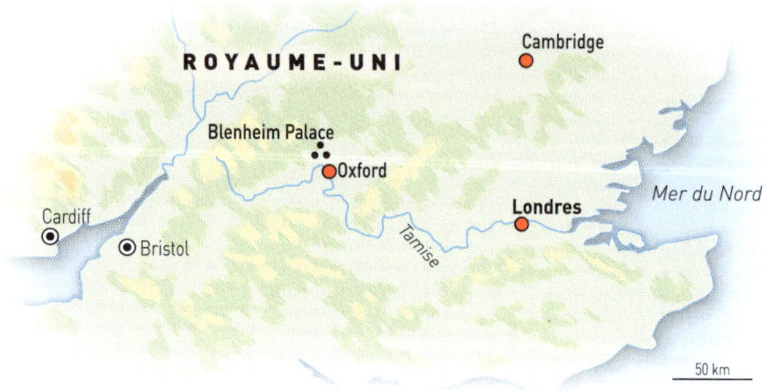

et, juste à côté, le **Science Museum** avec un parcours sur sept étages et un cinéma Imax *(Exhibition Road, www.sciencemuseum.org.uk, 10 h-18 h)*. Vous pouvez ensuite visiter le **British Museum** *(Great Russell Street, www.britishmuseum.org, 10 h-17 h)*, le « musée des musées », et son imposante Great Court conçue en 2000 par Norman Foster, introduction ultramoderne aux collections d'art antique, européen, oriental et asiatique, dont des sculptures du Parthénon d'Athènes et la pierre de Rosette, qui permit à Champollion de déchiffrer les hiéroglyphes. Autres grands musées, le **Victoria and Albert Museum,** qui expose les célèbres cartons de Raphaël pour la chapelle Sixtine *(Cromwell Road, www.vam.ac.uk, 10 h-17 h 45, ven. jusqu'à 22 h)*, la **Tate Britain**, qui abrite depuis 1897 la collection la plus complète d'art britannique du XVIe au XXe siècle, ainsi qu'une concentration exceptionnelle d'œuvres de William Turner *(Millbank, www.tate.org.uk/visit/tate-britain, 10 h-18 h)*, et la **Tate Modern** *(Bankside, www.tate.org.uk/visit/tate-modern, 10 h-18 h)*, ancienne centrale électrique métamorphosée par les architectes Herzog & de Meuron pour accueillir des œuvres d'art contemporain signées Pollock, Modigliani, Klee, Picasso ou Warhol. Pourquoi ne pas poursuivre votre visite le long du fleuve en direction de **Tower Bridge** *(www.towerbridge.org.uk)* et de la **tour de Londres**, forteresse de l'époque de Guillaume le Conquérant, Guillaume II et Henri Ier, pour admirer les **joyaux de la Couronne** *(www.hrp.org.uk/toweroflondon, horaires variables)* ? En traversant le **Millennium Bridge**, un pont futuriste qui relie depuis 2000 la rive sud de la Tamise à la **City**, on rejoint la **cathédrale Saint-Paul**, dédiée au saint patron de la ville. Cette église du XVIIIe siècle, chef-d'œuvre de l'architecte Christopher Wren, possède la plus grande cou-

Hyde Park, à Londres, abrite de nombreux monuments, dont cette Arche de la Constitution.

pole du monde après celle de Saint-Pierre de Rome *(239 Selby Avenue, www.cathedralsaint-paul.org, horaires variables)*. Pour finir, **Buckingham Palace**, qui a été la résidence londonienne de la reine et sera sans doute celle du nouveau roi : en août et en septembre, vous pourrez visiter les 19 pièces des **appartements d'État** (**State Rooms**) décorés de toiles de Rembrandt, Rubens et Canaletto, de sculptures de Canova et de porcelaines de Sèvres. La relève de la garde vous attend tous les jours en été (un jour sur deux le reste de l'année) à 11h30 précises, si le temps le permet *(Green Park, www.royalcollection.org.uk, horaires variables)* !

Pour ceux qui voudraient se reposer du tumulte de la ville, Londres abrite de nombreux parcs et jardins particulièrement agréables : **Hyde Park** et **Kensington Gardens**, dans le quartier de South Kensington, où vous pouvez faire du bateau, du vélo, ou simplement flâner en observant les écureuils ; **Green Park** et **Saint James's Park**, qui offrent les plus belles vues sur Buckingham Palace et Whitehall ; **Regent's Park**, dans le nord de la ville, avec sa roseraie, son zoo et son théâtre en plein air ; ou encore **Greenwich Park**, le plus ancien des parcs royaux, d'où vous aurez une vue splendide sur Londres et la Tamise depuis les hauteurs de la colline sur laquelle se trouve le fameux méridien.

• Oxford (1/2 jours)

Située au confluent de la rivière Cherwell et de la Tamise (ici appelée l'Isis), la ville d'Oxford compte 150000 habitants environ, dont plus de 30000 étudiants. Célèbre dans le monde entier pour sa prestigieuse université, la plus ancienne de Grande-Bretagne, la cité est réputée pour ses bâtiments à l'architecture harmonieuse. L'université est divisée en 39 collèges, dont les plus anciens (University College, Balliol College et Merton College) furent fondés au XIIIe siècle. Com-

La Radcliffe Camera, à Oxford, par l'architecte de l'église londonnienne de Saint Martin in the Fields

QUE VOIR, QUE FAIRE À OXFORD ?

- Une visite guidée à pied de la ville universitaire et historique
- La montée au sommet de l'un des monuments de la ville pour admirer les flèches dorées des nombreuses églises
- Un pique-nique élaboré avec les produits des étals du marché couvert
- Une promenade le long de l'Isis
- Une visite de Christ Church, sur les pas des grands penseurs britanniques… et d'Harry Potter
- Un dîner dans l'un des élégants pubs de la ville

mencez la visite par le **Merton College** (1264), dont l'organisation a servi de modèle à de nombreux établissements. Dans sa cour austère (Mob Quad) se trouve la plus vieille bibliothèque d'Angleterre encore en service (1379). Le **Balliol College** (1263), qui a accueilli Adam Smith et Aldous Huxley parmi ses étudiants, a quant à lui formé de très nombreux politiciens. Le plus grand collège (et le plus intéressant à visiter), **Christ Church** (*St Aldate's, www.chch.ox.ac.uk*), a été fondé par le cardinal Wolsey, en 1525. Il abrite une chapelle, la **Christ Church Cathedral**, construite au XIIe siècle comme église prieurale et qui est aujourd'hui la plus petite cathédrale du pays, siège de l'évêché d'Oxford. Des personnalités telles que Lewis Carroll (qui y rencontra Alice Liddell, pour laquelle il inventa *Alice au pays des merveilles*), l'architecte Christopher Wren ou le philosophe John Locke ont fréquenté ses bancs. Plus récemment, certaines salles du collège (comme le réfectoire) ont été utilisées pour tourner des scènes des films d'*Harry Potter*. Vous pouvez

ensuite vous rendre sur High Street, rue commerçante, animée de boutiques, cafés et restaurants, puis rejoindre le charmant **marché couvert** *(8 h-17 h 30, dim. 10 h-16 h)*, ouvert depuis 1774, sous lequel avait autrefois lieu une foire aux bestiaux. De nombreux commerces y proposent des vêtements, des fleurs, des accessoires pour la maison ou de délicieux plats à emporter ou à consommer sur place. Non loin, vous pourrez admirer la **Radcliffe Camera**, de forme circulaire, dessinée par l'architecte James Gibbs dans le style baroque. C'est l'annexe de la **Bodleian Library** (bibliothèque de l'université d'Oxford), qui détient une copie de chacun des livres publiés en Grande-Bretagne !
Prenez ensuite l'A44 en direction de Woodstock (13 km) pour découvrir le **Blenheim Palace** : construit pour le duc de Marlborough et résidence de la famille Churchill (Winston Churchill y est né en 1874), il est entouré d'un magnifique parc très anglais dans lequel il est agréable de se promener aux beaux jours.

QUE VOIR, QUE FAIRE À CAMBRIDGE ?

- La visite des collèges (King's College ou Trinity College, par exemple)
- Une promenade en barque sur la rivière Cam
- La visite du Fitzwilliam Museum et de ses nombreux chefs-d'œuvre
- Un concert de la chorale dans la chapelle de King's College

Cambridge (1 jour)

La grande rivale d'Oxford se distingue par l'architecture et l'atmosphère paisible de ses collèges, ainsi que par la qualité de ses musées. Avec 125000 habitants environ, dont environ 22000 étudiants, la ville dispose de la deuxième plus ancienne université de Grande- Bretagne, divisée en 31 collèges. Le **Peterhouse College**, fondé en 1284, est le plus ancien. Parmi tous les remarquables spécimens d'architecture anglaise, les plus prestigieux sont le **King's College** *(www.kings.cam.ac.uk)*, dont vous aurez une vue superbe en effectuant une promenade en barque sur la Cam ou depuis les promenades retirées des « Backs », le **Queen's College** *(www.queens.cam.ac.uk)*, qui possède de magnifiques cours Tudor, et le **Trinity College** *(www.trin.cam.ac.uk)*, avec sa bibliothèque créée par Christopher Wren. La ville est également réputée pour les rencontres sportives qui l'opposent à Oxford (rugby, aviron). S'il vous reste un peu de temps, visitez le **Fitzwilliam Museum** *(Trumpington St., www.fitzmuseum.cam.ac.uk, mar.-sam. 10 h-17 h, dim. 12 h-17 h, fermé lun.)*, qui héberge l'une des collections majeures d'art et d'antiquités du Royaume-Uni. Parmi les chefs-d'œuvre qu'il contient, vous verrez des tableaux de Canaletto, Hogarth et Gainsborough.

Amsterdam, Leyde et les champs de fleurs

Amsterdam compte environ 850 000 habitants de plus de 175 nationalités et quelque 900 000 vélos. Son passé de cité marchande l'a rendue tolérante, cosmopolite, originale et ouverte à toutes les influences ethniques, politiques et religieuses. La première raison de visiter Amsterdam est sa *Gezelligheid*, une notion typiquement néerlandaise et difficile à traduire, qui signifie convivialité, décontraction... tout ce qui caractérise le style de vie agréable et anticonformiste des Amstellodamois. À deux pas de la capitale, vous pourrez découvrir les paysages d'une Hollande plus authentique.

Amsterdam est une ville jeune, en pleine effervescence. Pour la connaître vraiment, il faut flâner dans ses différents quartiers, chacun doté d'une identité propre. Le centre médiéval est coupé en deux par le Damrak : à l'est de cette artère s'étend l'**Oude Zijde** (vieux côté) et son Quartier rouge, **De Wallen**, en pleine transformation ; à l'ouest, le **Nieuwe Zijde** (nouveau côté) incarne l'évolution urbaine avec son temple bouddhique, ses petites boutiques raffinées et ses bars à la mode.
Le shopping est également à l'honneur sur la **Waterlooplein**, vaste place située au cœur de l'ancien quartier juif, tandis que la vie nocturne se tient sur la **Leidseplein**, animée par de nombreux cafés, pubs, cinémas et théâtres, sans parler des artistes de rue. Lieu idéal pour une pause nature lors d'une journée ensoleillée, le **Vondel Park**, havre de paix, est aujourd'hui ponctué de sculptures contemporaines. Tout près, le **quartier des musées (Museumplein)** rassemble les trois plus grands musées d'art de la ville : le **Rijksmuseum** (beaux-arts), le **musée Van Gogh** (où vous pourrez admirer *Les Tournesols*) et le **Stedelijk Museum** (art contemporain). À l'extérieur de la ville, la **Bollenstreek**, principale région néerlandaise de bulbiculture, déroule ses couleurs et ses parfums sur une bande de terre longue de 50 km entre Haarlem et Leyde. Au mois de mars, la nature revêt ses habits de fête et les champs se métamorphosent en un véritable arc-en-ciel fleuri.

Se déplacer : *Compact et divisé par les canaux, le centre d'Amsterdam s'explore aisément à pied ou à vélo. Les zones les plus éloignées sont bien desservies par les transports publics. Pour découvrir la ville autrement, n'hésitez pas à emprunter le Canal Bus ou les bateaux de promenade, avec concerts de musique. À la belle saison, il est également très agréable de louer un pédalo, pratique et facile à utiliser.*
Quant à l'itinéraire d'environ 80 km qui conduit d'Amsterdam à Haarlem et Leyde à travers les champs de fleurs, on peut le parcourir en voiture, à vélo ou en associant bateau et bicyclette.

Vue d'un canal bordé de maisons aux façades caractéristiques, dans le centre ville d'Amsterdam

QUE VOIR, QUE FAIRE
À AMSTERDAM ?

- Une balade le long des canaux, à pied ou en bateau
- Une soirée de détente dans l'un des célèbres cafés bruns
- La visite de l'un des passionnants musées de la ville (Musée historique juif, Rembrandthuis ou musée Van Gogh, par exemple)
- Un dîner dans un restaurant indonésien pour découvrir la tradition des *rijsttafel* (« table de riz »)
- Les marchés (aux fleurs, aux puces, vintage, bio...)
- Le Jardin botanique, dans le quartier du Plantage

Amsterdam (3 jours)

Ville aux mille visages, Amsterdam change d'aspect à chaque coin de rue, tout comme l'eau des 1600 canaux (principaux et secondaires) creusés autour du centre historique, où se reflètent les façades multiformes de vieux hôtels particuliers. On peut démarrer la visite à partir du **Dam**, cœur médiéval de la ville, qui doit son nom à la digue construite sur le fleuve Amstel par les premiers habitants. Sur cette place, la plus grande d'Amsterdam, s'élèvent le **Palais royal (Koninklijk Paleis)** aux lignes néoclassiques, résidence de la reine Béatrix lorsqu'elle séjourne dans la capitale, et la **Nieuwe Kerk (Nouvelle Église)**, qui date du XVIIe siècle et accueille concerts, manifestations diverses, et, depuis 1841, les couronnements solennels des souverains néerlandais. Les nombreux touristes de toutes nationalités qui s'y pressent pour assister aux spectacles des artistes de rue ont l'habitude de se donner rendez-vous au pied de l'**obélisque** érigé au centre de la place. Haut de 22 m, ce mémorial de pierre blanche rend hommage aux victimes de la Seconde Guerre mondiale. Sur la droite du Palais royal commence la **Kalverstraat**, rue commerçante très fréquentée, avec, aux n° 212-220, le centre commercial **Kalvertoren**, qui abrite des magasins représentant toutes les grandes marques. Autre lieu de rendez-vous très popu-

Grande poste d'Amsterdam, à l'architecture de brique traditionnelle

laire : la petite place du **Spui** dont le **marché aux livres** du vendredi attire les bibliophiles, tandis que les passionnés d'art s'y retrouvent lors des expositions du dimanche. **Hoppe** (*www.cafehoppe.com*), aux n° 18-20, est l'un des ***bruine cafés*** (cafés bruns, à cause de leurs murs assombris au fil du temps par la fumée) les plus connus de la ville, les Amstellodamois s'y retrouvent pour discuter et boire une bière hollandaise. Au nord du Spui, faites un étonnant bond dans le passé en franchissant la petite porte qui donne accès au **Begijnhof** (béguinage), sorte de jardin secret entouré d'une rangée d'édifices identiques du XIXe siècle autrefois occupés par des béguines – des femmes célibataires qui se consacraient à la prière et aux œuvres de bienfaisance. Au centre, on remarque une petite église médiévale et, au n° 34, la plus vieille maison d'Amsterdam, Het Houten Huis, tout en bois, qui date de 1475. La grande artère qui coupe en deux la place du Dam et conduit vers la gare centrale est le **Damrak**, bordé de bars, de magasins et de restaurants. Au n° 277 se dresse l'ancienne **Bourse**, dessinée en 1898 par Hendrik Petrus Berlage, chef de file de l'architecture moderne aux Pays-Bas, qui accueille aujourd'hui des expositions et des manifestations culturelles.

De l'autre côté du Dam, le Damrak prend le nom de **Rokin** – ancien bassin portuaire devenu une artère piétonnière très animée. Aux n° 1-5, Gassam Diamonds *(www.gassan.com/nl/tours)* propose des visites guidées de leur atelier. Parallèle au Damrak s'étend le très célèbre **Quartier rouge (De Wallen)**, où la prostitution, taxée par le gouvernement néerlandais depuis 1996, fut libéralisée par une loi de 1815. Dans la partie la plus ancienne de la ville, entre les sex-shops, les vitrines de prostituées et les nouvelles boutiques branchées qui grignotent peu à peu l'espace dévolu aux commerces liés au sexe, s'élève aussi l'**Oude Kerk (Vieille Église**, *Oudekerkplein 23, www.oudekerk.nl, lun.-sam. 10 h-18 h, dim. 13 h-17 h 30)*, dont l'histoire remonte au XIVe siècle. De style roman mâtiné de gothique tardif, l'intérieur, illuminé par de précieux vitraux de la Renaissance, abrite la tombe de l'épouse de Rembrandt, où est gravée l'inscription « Saskia, Juni 1642 » (Saskia, juin 1642), et un grand orgue du XVIIIe siècle encore utilisé pour des concerts. À deux pas, le musée **Ons' Lieve Heer op Solder**, installé dans une maison du XVIe siècle au bord du canal, dissimule l'une des nombreuses églises catholiques clandestines construites après la Réforme *(Oudezijds Voorburgwal 40, www.opsolder.nl, lun.-vend. 10 h-17 h, sam. 10 h-18 h, dim. 13 h-17 h)*. En continuant vers le sud-est à partir du Dam, on peut rejoindre **Waterlooplein** – vaste place du XIXe siècle autour de laquelle s'étendait, jusqu'à la Seconde Guerre mondiale, le quartier juif d'Amsterdam, où les israélites portugais, allemands et polonais s'installèrent dès le début du XVIe siècle. Elle est presque entièrement occupée par le complexe architectural qui abrite l'**hôtel de ville** et l'**Opéra** (1986), derrière lequel s'alignent chaque jour les étals du **marché aux puces** *(lun.-sam. 9 h-17 h)* – étape obligée pour les amateurs de vêtements rétro, d'artisanat, de bijoux et de cartes

LES CONSEILS GEO

• Les plus

Une douceur de vivre que l'on ressent partout, de la capitale aux champs de fleurs.
La « religion » du vélo, fait pour joindre l'utile à l'agréable.

• Les moins

Un climat un peu trop pluvieux, qui peut mettre un frein à certains projets d'escapades à vélo et à des envies de longs séjours.

• Les tendances

Louer un vélo (ou une voiture) et longer les horizons multicolores des champs de tulipes entre mi-avril et mi-mai est un feuilleton printanier certes sage et bien classique, mais qui reste très prisé.

postales des années 1920. Le cœur religieux de l'ancien quartier juif comprend un complexe de **synagogues** (entre la Muiderstraat et la Weesperstraat) construites entre les XVIIe et XVIIIe siècles : la **synagogue portugaise**, d'un baroque austère, possède une précieuse bibliothèque et d'énormes colonnes inspirées du temple de Salomon. C'est la seule où l'on célèbre encore des services religieux. Les quatre autres synagogues du quartier abritent depuis 1987 les salles du **Musée historique juif d'Amsterdam** *(Jonas Daniel Meijerplein 2-4, www.jhm.nl, 10 h-17 h)*, dont l'exposition thématique retrace l'histoire et la vie de la communauté juive aux Pays-Bas. Non loin de là *(Jodenbreestraat 4)* s'élève la **maison de Rembrandt (Rembrandthuis)**, que le peintre acheta en 1639. Elle a été aménagée d'après les dessins de l'époque et abrite une intéressante collection d'œuvres graphiques (dessins, gravures et eaux-fortes) du maître et des artistes qui l'ont inspiré *(www.rembrandthuis.nl, 10 h-18 h)*. Pour une promenade revigorante, n'hésitez pas à visiter le **Jardin botanique**, dans le quartier adjacent du **Plantage**. Dans cette oasis de verdure fondée en 1638 sont cultivées 6000 espèces de plantes et élevés, dans une serre spéciale, des

CARNET DE VOYAGE

• Les premiers contacts
www.holland.com, www.amsterdam.info.fr.

• Les formalités Pour les ressortissants de l'UE, carte nationale d'identité ou passeport en cours de validité. Pour les Canadiens, passeport.

• La santé Aucun problème.

• Le voyage, le décalage Durée moyenne du vol Paris-Amsterdam : 1 heure 15.
Train : le Thalys relie Paris-Gare du Nord à Amsterdam Centraal en 3 heures 25 via Bruxelles, Anvers et Rotterdam.
Car : Eurolines relie Paris-Amsterdam en 8 heures.
Route : Paris-Amsterdam, 500 km environ.
Pas de décalage horaire.

• Les langues, la monnaie Langue officielle : le néerlandais. La minorité frisonne du nord du pays s'exprime dans son dialecte, le frison.
Monnaie : l'euro.

• La population 17,5 millions d'habitants sur une superficie très modeste, d'où une très forte densité de population aux Pays-Bas. Amsterdam : 850 000 habitants environ. Haarlem : 158 500 habitants environ. Leyde : 120 000 habitants environ. **Capitale :** Amsterdam.

• Les religions Les catholiques (36 %) sont plus nombreux que les protestants (32 %). Un Néerlandais sur trois ne se réclame d'aucune religion.

• Les fêtes **30 avril :** fête de la Reine ; **juin :** Festival de Hollande, à Amsterdam ; **juil. :** course de bateaux sur les canaux, à Leyde ; **août :** Gay Pride, à Amsterdam ; **déc. :** Saint-Nicolas.

• Les achats Fleurs, sabots, fromages. À Amsterdam, **Nukuhiva** (Haarlemmerstraat 36, www.nukuhiva.nl) et **Capsicum Natuurstoffen** (Oude Hoogstraat 1, www.capsicum.nl) proposent des vêtements en tissus bio. Chez **De Kaaskamer** (Runstraat 7, www.kaaskamer.nl), sélection de 400 fromages. Les marchés, comme **Cuypmarkt** (lun.-sam. 9 h-17 h) ou **Bloemenmarkt** (marché aux fleurs, lun.-sam. 9 h-17 h 30, dim. 11 h-17 h) sont des étapes incontournables.

Des moulins et des champs de tulipes à perte de vue

papillons multicolores très rares (*Plantage Midddenlaan 2, www.dehortus.nl, 10 h-17 h*).

Incontournables, les célèbres **canaux** des XVIIe et XVIIIe siècles, classés au patrimoine mondial de l'Unesco en 2010, se découvrent à pied ou en bateau électrique si l'on veut vraiment sonder l'âme romantique de cette Venise du Nord, dont les maisons hautes et étroites, témoignage architectural de la glorieuse épopée commerçante du pays, reflètent leurs façades contiguës dans un labyrinthe aquatique. Le **Singel**, canal commercial du XVe siècle, délimite le centre de la cité médiévale ; d'aspect plus noble et opulent, le résidentiel **Herengracht**, « canal des Seigneurs », est bordé de maisons de style Louis XIV ou inspirées du classicisme français. Viennent ensuite le **Keizersgracht**, le « canal de l'Empereur », et le **Prinsengracht**, situé le plus à l'extérieur, dont le nom rend hommage au prince d'Orange, Guillaume le Taciturne. L'histoire des canaux, par lesquels, durant le Siècle d'or hollandais, les marchandises déchargées sur le port transitaient jusqu'aux entrepôts des marchands, est évoquée dans le **Het Grachtenhuis**, un musée multimédia inauguré en 2011 et installé dans un édifice de Philip Vingboons, l'architecte le plus en vogue à Amsterdam au XVIIe siècle (*Herengracht 386, www.hetgrachtenhuis.nl, mar.-dim. 10 h-17 h*).

Tulipes et bicyclettes (4 jours)

Voiture et vélo, vélo et bateau, vélo et… vélo : voilà plusieurs possibilités pour découvrir la Hollande-Méridionale d'Amsterdam à Haarlem et Leyde entre villes historiques, moulins à vent et villages de pêcheurs, en s'imprégnant au printemps des parfums délicats et des couleurs éclatantes des champs de bulbes fleuris, qui changent selon le vent et les jeux de lumière. Fin mars marque le début de l'éclosion des crocus, suivis par les narcisses et les premières tulipes début avril. À partir de mi-avril, les jacinthes commencent à s'ouvrir, tandis que de mi-avril à la première semaine de mai explose la floraison des tulipes.

À seulement 13 km d'Amsterdam, **Haarlem** est la première étape du parcours, non seulement parce qu'elle se trouve au centre de la principale région florale des Pays-Bas, mais aussi pour ses traditions picturales et pour l'élégance des vieux édifices entourant le **Grote Markt**. Sur la Grand-Place se dresse la **Grote Kerk**, une église du XIVe siècle de style gothique brabançon tardif dont l'orgue, qui date de la première moitié du XVIIIe siècle et vit jouer Haendel, Mozart et Schubert, est encore utilisé aujourd'hui pour des concerts printaniers et estivaux. Devant l'église, le **Vleeshal**, ancienne halle aux viandes du XVIIe siècle en brique et pierre blanche, accueille aujourd'hui des expositions d'art contemporain et de photographie. L'école de Haarlem devint avec Frans Hals la première école nationale de peinture hollandaise. Installé, en 1913, dans un ancien hospice de vieillards du XVIIe siècle où le peintre passa les dernières années de sa vie, le **Frans Hals Museum** *(Groot Heiligland 62, www.franshalsmuseum.nl, mar.-dim. 12 h-17 h)* possède une exceptionnelle collection de portraits du peintre (*Le Banquet des officiers du corps des archers de Saint-Georges*, de 1616, *Portrait de J. Zaffius*, de 1611, et *Les Régentes de l'hospice des vieillards*, de 1664). À deux pas du Grote Markt, vous pouvez aussi visiter le plus ancien musée des Pays-Bas, le **Teylers Museum**, dédié aux sciences et aux arts, qui abrite dans ses salles élégantes une riche collection d'instruments scientifiques, de fossiles, de minéraux et surtout 4000 dessins et estampes de grands maîtres d'époques et d'écoles diverses, dont Rembrandt, Michel-Ange et Raphaël.

Sur la zone côtière entre Haarlem et Leyde, la principale attraction touristique est **Keukenhof**, la plus grande exposition florale du monde, aménagée dans l'ancienne réserve de chasse du château de Teylingen, dont il ne reste que des ruines *(www.keukenhof.nl, mars-mai : 8 h-19 h 30)*. Sur une superficie de 32 ha éclosent chaque année des millions de bulbes plantés à la main : la tulipe tient la vedette, mise en valeur, sur fond de lacs, de canaux, de sculptures et de fontaines, par les jacinthes, les muscaris, les narcisses et les altières orchidées. Les parcours thématiques, qui changent chaque année, sont aussi fascinants que les espaces permanents (jardin d'herbes, jardin de la musique, jardin de simples, jardin japonais et parcours de la mariée). Non loin de là, entourée de champs de tulipes qui, vus du ciel, ressemblent à une installation d'art contemporain, se trouve la petite ville de **Lisse** (principal point de départ des excursions à vélo à travers les champs de fleurs). Elle rend hommage au symbole des Pays-Bas avec le **musée de la Tulipe noire** (**Museum de Zwarte Tulp**, *www.museumdezwartetulp.nl, mar.-dim. 13 h-17 h*), consacré à l'histoire et à la technique de la floriculture. En pédalant parmi les fleurs, vous pourrez rejoindre la station balnéaire traditionnelle de **Katwijk aan Zee**, au bord de la mer du Nord. L'étape suivante, **Leyde**, est la ville natale de Rembrandt et le siège de la plus vieille université néerlandaise (1575). Les secrets de cette ville-musée se dévoilent au détour des rues et des canaux, à travers les vitrines des librairies anciennes et des nombreuses boutiques d'antiquités éparpillées

La Groote Kerk, à Haarlem, abrite un orgue sur lequel joua notamment Mozart.

dans le centre historique, jusqu'au **Vismarkt**, ancien marché aux poissons où se dressent les principaux édifices civils et commerciaux de la ville : l'**hôtel de ville**, dont le bâtiment d'origine fut construit à la fin du XVIe siècle, le **poids public** et le **marché au beurre**, dans le style classique de 1659, et la **halle au blé**, de 1642. Parmi les églises, la plus remarquable est la **Pieterskerk** du XVe siècle, en brique rose, qui n'est plus dédiée au culte mais accueille des manifestations culturelles (*www.pieterskerk.com, mar.-dim. 11 h-18 h*). Devant l'église s'ouvre le **Jardin botanique**, entouré de murs et dédié à un professeur de botanique de Leyde qui fut le premier à cultiver des tulipes aux Pays-Bas (*www.hortus.leidenuniv.nl, horaires variables*). Centre de la vie universitaire, le vieux canal du **Rapenburg** est bordé d'édifices des XVIIe et XVIIIe siècles, de bibliothèques et de musées, dont le plus prestigieux est le **Rijksmuseum van Oudheden**, au n° 28. Ce musée des Antiquités, fondé par le roi Guillaume Ier en 1818, fait partie des plus grands musées archéologiques d'Europe et dispose de chefs-d'œuvre de l'art égyptien, grec, étrusque et romain (*www.rmo.nl, 10 h-17 h*). Non loin de la gare, considéré comme un monument historique, **De Valk** (le faucon), un moulin à sept étages du XVIIIe siècle, est le dernier à avoir subsisté à Leyde. Avant de revenir à Amsterdam, vous pouvez faire une halte à **Aalsmeer**, à 19 km au sud de la capitale, pour assister à la plus grande vente aux enchères de fleurs au monde, qui fixe les prix des marchés floraux internationaux (*lun.-ven. 7 h-11 h, jeudi 7 h-9 h*).

QUE VOIR, QUE FAIRE ENTRE HAARLEM ET LEYDE ?

- Le parc floral du Keukenhof
- Une randonnée à vélo le long des champs de fleurs
- Faire une croisière sur les canaux de Haarlem
- Une balade dans la vieille ville de Leyde
- Le Frans Hals Museum, à Haarlem
- La vente aux enchères de fleurs d'Aalsmeer

Bruxelles

Cosmopolite et chaleureuse, Bruxelles est une ville à taille humaine bien agréable à parcourir. Du prestigieux quartier royal au truculent quartier des Marolles, elle regroupe dans un espace circonscrit des quartiers très divers. Très riche en musées et institutions culturelles, elle affiche aussi une architecture variée et possède de magnifiques jardins.

Capitale de la Belgique et chef-lieu du Brabant, la ville de Bruxelles est située au centre de Bruxelles-Capitale, l'une des trois régions de la Belgique avec les régions wallonne et flamande. Le cœur de la ville, appelé « **Pentagone** » en raison de sa forme, est délimité par une ceinture de boulevards. Constituant le Bruxelles historique, il concentre la majorité des sites.

Se déplacer : *Il est conseillé de se déplacer à pied à Bruxelles. Afin de développer la pratique du vélo, la ville a mis en place le système* Villo ! *inspiré des* Vélib' *parisiens. Il existe 360 stations réparties dans la capitale. Les visiteurs pourront se tourner vers l'abonnement à la journée (1 €, première demi-heure gratuite puis 0,50 € pour les 30 minutes suivantes puis 1 € la demi-heure suivante puis 2 € les demi-heures suivantes). Pour les longs parcours, il est plus intéressant de louer une bicyclette dans les points vélo situés dans les gares (9 € la journée sans abonnement). Bruxelles est bien desservie par les transports en commun. Le même ticket s'utilise pour le métro, le bus et le tram. Il existe différentes formules allant de 2,60 € (ticket à l'unité) à 8 € (ticket journée) qui permettent d'utiliser tous les transports publics* (www.stib-mivb.be). *Vu la configuration du réseau routier, il est facile de se perdre en voiture dans Bruxelles ; ce mode de transport n'est donc pas recommandé.*

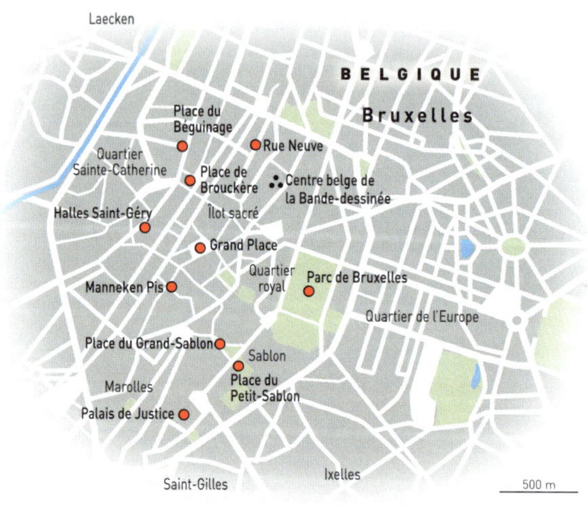

• Bruxelles (3 jours)

La visite du Pentagone débute à la **Grand-Place**, mondialement connue pour la beauté et la richesse ornementale de ses maisons flamandes, élevées pour la plupart au XVIIe siècle, et pour son animation continuelle. Parmi ce remarquable ensemble architectural se dressent l'**hôtel de ville** et la **Maison du roi**, qui héberge le musée de la Ville. La non moins célèbre statuette du **Manneken Pis**, représentant un

Vue nocturne de la Grand-Place, cœur de la ville historique

enfant en train d'uriner, se trouve à deux pas. Au nord de la Grand-Place, l'**Îlot sacré** concentre des rues et ruelles anciennes, classées au patrimoine de l'Unesco, et dont les noms rappellent leur vocation commerçante : rue au Beurre, rue des Bouchers, des Harengs... En son sein, les **galeries Saint-Hubert** forment un superbe ensemble de trois allées coiffées de verrières. Édifiées au début du XIXe siècle, elles constituent les plus anciennes galeries marchandes d'Europe et sont bordées de cafés, de salons de thé, de librairies et de boutiques élégantes.

Le circuit se poursuit vers l'ouest, en direction du quartier de la **place Saint-Géry**. C'est un des plus vivants de la capitale, truffé de bars tendance, de galeries et de lieux alternatifs. Les anciennes **halles Saint-Géry**, de style néo-Renaissance, sont le fleuron du quartier. Elles abritent désormais des expositions. Plus au nord, le **quartier Sainte-Catherine** réunit de belles maisons flamandes des XVIe et XVIIe siècles. Il accueillait jadis le port de Bruxelles. Les quais furent comblés au XIXe siècle, mais de son passé maritime, le site conserve de nombreux restaurants de poisson. En continuant vers le nord, on découvre la **place du Béguinage**, dotée d'une curieuse église et cernée de ruelles calmes et charmantes. Non loin, la vaste **place de Brouckère**,

QUE VOIR, QUE FAIRE À BRUXELLES ?

- Le soir, contempler la Grand-Place illuminée
- Arpenter les élégantes galeries Saint-Hubert
- Prendre un bain de culture dans le quartier royal
- Admirer les demeures Art nouveau
- Visiter le musée de la BD
- Siroter une bière locale dans le quartier des Marolles
- Monter au sommet de l'Atomium

LES CONSEILS GEO

• Les plus

Une belle ville mêlant divers styles architecturaux – flamand, classique, Art nouveau, moderne…
Les sites les plus intéressants sont concentrés dans un espace bien délimité.
Une grande richesse culturelle et des musées originaux.
Une atmosphère chaleureuse et détendue.
De nombreux cafés et restaurants agréables.

• Les moins

Le climat est pluvieux, même l'été.

avec ses palaces et immeubles haussmanniens, est l'une des plus prestigieuses de la ville, tandis que la longue **rue Neuve**, entièrement piétonnière, forme l'artère la plus commerçante de Bruxelles. On poursuit vers l'est pour visiter l'un des incontournables de la cité, le délicieux **centre belge de la Bande dessinée**, hébergé dans un bel édifice Art nouveau dessiné par Victor Horta. Hergé et Peyo y font l'objet d'expositions permanentes : l'occasion de se replonger dans les aventures de Tintin et des schtroumpfs ! À deux pas se dresse un magnifique monument, la **cathédrale Saints-Michel-et-Gudule**, de style gothique, dominée par deux tours vertigineuses.

À l'est du Pentagone s'étend le prestigieux **quartier royal**. Siège du pouvoir politique depuis le XIIIe siècle, il renferme une myriade de palais et institutions culturelles. Le **Palais royal**, sur la **place des Palais**, réunit quatre hôtels particuliers néoclassiques ; le roi des Belges y a son bureau. Il ouvre sur le vaste **parc de Bruxelles**, ancienne réserve de chasse des ducs de Brabant. Bâtie sur le modèle classique, la **place Royale** est encadrée par huit hôtels sobres et élégants, siège d'institutions politiques et de plusieurs musées prestigieux, parmi lesquels le **musée Magritte**, où sont exposées pas moins de 200 œuvres du maître surréaliste, le **musée des Arts anciens** et le **musée Fin de siècle**, consacré aux artistes occidentaux de la Belle Époque. À proximité, le **mont des Arts** forme un complexe urbanistique récent organisé autour d'un beau jardin géométrique. D'autres perles culturelles attendent ici le visiteur, tel le **musée des Instruments de musique**, situé dans un remarquable bâtiment Art nouveau et recélant la plus riche collection d'instruments au monde.

Au sud du quartier royal s'étend celui du **Sablon**, qui doit son nom au sol

Le musée des Instruments de musique siège dans un bâtiment de style Art nouveau.

sablonneux sur lequel il fut aménagé. Noble jadis, populaire au début du XXe siècle, ce quartier agréable est redevenu chic. Dominé par l'imposante **église Notre-Dame-du-Sablon**, il se déploie autour de deux places charmantes, l'une – la **place du Grand-Sablon** – bordée de superbes maisons, de cafés et d'antiquaires, l'autre – la **place du Petit-Sablon** – hébergeant un square splendide créé en 1890, orné de 48 sculptures illustrant les métiers d'autrefois. Entre le Sablon et le quartier des Marolles se dresse le monument le plus imposant de la ville : le **palais de Justice**, totalisant 26 000 m². De la place Poelaert, située devant l'édifice, le panorama s'étend à perte de vue. Populaire et haut en couleur, le **quartier des Marolles** est incontournable. Autrefois, c'était le fief des tisserands. Il faut flâner ici dans la chaleureuse rue des Renards, dans la rue Haute, l'une des plus anciennes de la ville, et dans le **marché aux puces**, qui se tient sur la place du Jeu-de-Balle depuis 1873.

Quelques endroits situés en dehors du Pentagone méritent une visite. À l'est, le **quartier de l'Europe** regroupe des bâtiments ultramodernes dédiés aux institutions européennes, un vaste parc dominé par un arc de triomphe monumental et plusieurs musées, comme le **Muséum d'histoire naturelle**. Au nord, **Laeken** accueille les très populaires parcs à thème de **Brupark**, dont le « Mini-Europe », ainsi que l'**Atomium,** sculpture métallique emblématique de Bruxelles, créée pour l'Exposition universelle de 1958. Les amateurs d'Art nouveau se promèneront dans les rues d'**Ixelles** et de **Saint-Gilles**, au sud, et ne manqueront pas de visiter la **maison-musée Horta**, à Saint-Gilles.

CARNET DE VOYAGE

• **Les premiers contacts** L'Office belge pour le tourisme Wallonie-Bruxelles est fermé au public, mais vous pouvez le joindre par mail ou courrier (274 boulevard Saint-Germain 75007 Paris). Site Internet : https://walloniebelgiquetourisme.fr/

• **Les formalités** Pour les ressortissants de l'UE, carte nationale d'identité ou passeport en cours de validité.

• **La santé** Aucun problème.

• **Le voyage, le décalage** Durée moyenne du vol Paris-Bruxelles : 55 minutes. Il est possible de se rendre à Bruxelles en train (en 1 heure 20 au départ de Paris) et en autocar avec Ouibus, Flixbus ou Eurolines (4 heures de trajet depuis Paris)... Voiture : 307 km séparent les capitales française et belge. Prévoir 3 heures 30. Pas de décalage horaire.

• **Les langues, la monnaie** Les deux langues officielles à Bruxelles sont le français et le néerlandais. Le français domine largement, 85 % des Bruxellois parlant cette langue. Bruxelles étant le siège de l'OTAN et d'un grand nombre d'institutions européennes, l'anglais y est de plus en plus répandu. **Monnaie :** l'euro.

• **La population** La Belgique compte environ 11,5 millions d'habitants. La population s'élève à plus de 1,2 million d'habitants dans Bruxelles-Capitale et à moins de 183 000 habitants dans Bruxelles-Ville.

• **Les religions** À Bruxelles, les religions majoritaires sont le catholicisme (40 % des habitants) et l'islam (un tiers de la population).

• **Les fêtes** **9 mai :** journée de l'Europe ; **21 juill. :** fête nationale ; **sept :** fête de la fédération de Wallonie ; **15 août :** Tapis de fleurs ; **déc. :** Plaisirs d'hiver.

• **Les achats** Des bandes dessinées et produits dérivés, du chocolat, des spéculoos, de la bière.

Andalousie

Villes riches d'histoire, collines tapissées de vignobles, blanc aveuglant des villages de montagne, bleu de la mer : bienvenue dans la plus célèbre des régions espagnoles. Quatre itinéraires pour découvrir une mosaïque de châteaux maures, de palais Renaissance, de plages, d'arènes de corrida, au pays natal du flamenco, de Pablo Picasso et de la légende de Carmen.

Le dernier territoire espagnol abandonné par les Maures au XVe siècle est aussi celui qui concentre le plus de vestiges arabes. Des villes comme **Séville**, **Cordoue** et **Grenade** sont la quintessence du raffinement de l'art et de l'architecture islamiques en terre ibérique, trois étapes incontournables pour découvrir autant de monuments somptueux : la **Giralda**, la **Mezquita** et l'**Alhambra**. Vous pourrez y assister aux spectacles de flamenco, danse née du chant des gitans parvenus jusqu'à Séville, Jerez de la Frontera et **Cadix** au XVe siècle, qui est à l'Andalousie ce qu'est le tango argentin à Buenos Aires. Mais l'Andalousie est aussi la terre du **xérès**, ce vin liquoreux porté par les collines entourant **Jerez de la Frontera**, dans le sud-est du pays et des ***pueblos blancos***, ces villages blancs en nid d'aigle piqués dans un paysage inattendu, fait de murailles défensives, de rochers, de pierres et de montagnes. Puis c'est la côte : quoique souvent englouti par la spéculation immobilière, ce littoral fascinant se déroule de **Málaga**, ville natale de Picasso, jusqu'à une enclave britannique où se dressaient autrefois les colonnes d'Hercule, limites du monde connu : le détroit de **Gibraltar**, le plus célèbre d'Europe.

Se déplacer : *L'Andalousie est bien desservie par le réseau autoroutier. De Séville à Cordoue, on suit l'A4, pour Grenade on emprunte l'A92, tandis qu'on rejoint Cadix par l'AP4. Málaga et Gibraltar sont reliés par l'AP7, et entre Arcos de la Frontera et Ronda, l'A384 longe la plupart des* pueblos blancos.

• Séville, Cordoue et Grenade (4 jours)

ITINÉRAIRE 1 (ROUGE)

Séville, capitale de l'Andalousie, est aussi celle du flamenco, né dans le quartier de **Triana**, officiellement vers le milieu du XIXe siècle, lorsque Serafin Estebanéz Calderón décrivit cette danse sensuelle dans son *Escenas andaluzas*. Triana est aujourd'hui l'un des endroits les plus touristiques de la ville, sorte de rive

Le palais de la Plaza de España, à Séville

QUE VOIR, QUE FAIRE EN ANDALOUSIE ?

- La cathédrale flanquée de la tour de la Giralda et le Real Alcázar à Séville
- La Mezquita, transformée en cathédrale catholique à Cordoue
- L'Alhambra et les jardins du Generalife à Grenade
- Les musées Picasso et Thyssen-Bornemisza à Málaga
- Le parc national de Doñana, à l'embouchure du Guadalquivir
- Le village de Ronda, dans un site majestueux
- Le rocher de Gibraltar

gauche sévillane, avec ses bars, ses restaurants à la mode, ses placettes et ses **monuments à la gloire du flamenco** (sur la **plaza del Altozano**). Après Triana, on finit toujours par se retrouver dans le centre historique, de l'autre côté du fleuve Guadalquivir, qui traverse la ville. On y flâne entre la **plaza de España** avec son palais en hémicycle néo-Renaissance, réalisé pour l'Exposition ibéro-américaine de 1929, et le **parc de Maria Luisa**, aménagé pour la même occasion, avec le **palais de San Telmo** (1734), qui abrita la première école navale du monde. Ne manquez pas la **Casa de Pilatos**, superbe exemple d'architecture mudéjare des XVe et XVIe siècles, dont les éléments les plus remarquables sont les plafonds en bois taillé et la coupole de l'escalier *(plaza de Pilatos 1, www.fundacionmedinaceli.org/monumentos/pilatos, 9 h-18 h)*, ni le **musée des Beaux-Arts**, installé au XIXe siècle dans un couvent du XVIIe siècle, dont les salles entourant trois patios rassemblent l'une des plus grandes collections de peintres espagnols et sévillans, et notamment de nombreuses toiles de Murillo, comme la *Vierge à la serviette (plaza Museo 9, www.museosdeandalucia.es/web/museodebellasartesdesevilla, horaires variables)*. Après un coup d'œil à la **Torre del Oro**, édifiée à partir du XIIIe siècle

L'Alcázar de Cordoue

LES CONSEILS GEO

• Les plus

Le climat idéal l'été pour le tourisme balnéaire et plus doux au printemps ou à l'automne pour visiter l'intérieur des terres.
Les atouts architecturaux de la plupart des villes et des villages.
Des sites naturels exceptionnels.

• Les moins

Une image du tourisme de l'intérieur qui a parfois du mal à percer.
La fin de l'Espagne balnéaire bon marché.

• Les tendances

Les responsables du tourisme espagnol se battent contre les images d'Épinal pour faire découvrir une autre facette de leur patrimoine riche et métissé. Visite de sites classés au patrimoine de l'humanité, festivités traditionnelles, découverte de la gastronomie… le choix est vaste !

dans le quartier du Vieux Port et accueillant aujourd'hui le **musée de la Marine** avec des documents, tableaux, armes et autres objets anciens sur l'histoire navale de la ville *(Paseo Cristóbal Colón, tél. : 0034954.222419, lun.-ven. 9 h 30-18 h 45, sam.-dim. 10 h 30-18 h 45)*, vous découvrez les deux monuments emblématiques de Séville. Le **Real Alcázar**, palais fortifié inscrit au patrimoine mondial de l'Unesco, fut construit par les Arabes puis agrandi aux XVe et XVIe siècles par les souverains catholiques. Il est composé de plusieurs éléments, dont le **Palacio del Rey don Pedro**, de style mudéjar, le **Palacio de Carlos V**, de style gothique, avec la célèbre salle des tapisseries flamandes et les **jardins** *(Patio de Banderas, www.alcazarsevilla.org, 9 h 30-17 h, jusqu'à 19 h en été)*. Le second monument, juste à côté de l'Alcázar, est la **cathédrale**, avec la tour de la **Giralda** : édifiée en 1198 comme minaret, puis détruite par un tremblement de terre, dotée d'un clocher et de cloches au XVIe siècle, elle constitue un témoignage raffiné de syncrétisme artistique et religieux. L'église, elle aussi classée au patrimoine mondial, est en revanche un symbole du catholicisme national. Vous pourrez admirer le **maître-autel**, fabriqué avec l'or importé des Indes, les stalles gothiques du chœur, le **Trésor** et les toiles de Murillo (né à Séville le 1er janvier 1618) et de Goya. Une touche contemporaine avant de quitter la ville : le **Metropol Parasol**, structure en forme de parasol, dont les corolles ondulées recouvrent la plaza de la Encarnacion et abritent des bars et des restaurants.

Prenez ensuite l'A4 pour découvrir **Cordoue**. Fondée par les Romains en 169 av. J.-C., cette ville est célèbre pour un monument situé au confluent de l'islam et du christianisme qui porte encore son nom arabe : **Mezquita** (mosquée), mais qui, depuis sa transformation en cathédrale catholique aux XVIe et XVIIe siècles, est devenu une immense église (24000 m² de superficie) avec des colonnes qui multiplient l'espace à l'infini, un mur orienté vers la **kibla** (la direction de La Mecque) et le **Trésor**, où est conservé un ostensoir de plus de 120 kg (*www.mezquitadecordoba.org, horaires variables*). Le dédale de ruelles qui entourent la Mezquita conduit au **Ponte Romano** sur le Guadalquivir, à l'**Alcázar des rois chrétiens** et au **Palacio de Viana** (*plaza de Don Gómes 2, www.palaciodeviana.com, horaires variables*), dont les salles décorées d'antiquités, les jardins et les patios offrent une promenade reposante. Le palais abrite aussi le **musée du Patio**. Dernière visite au **Musée archéologique** (*plaza Jerónimo Páez 7, horaires variables*), une collection de sculptures romaines et de vestiges arabes dans un palais Renaissance entouré de patios et de galeries.

Grenade, dernière ville de cet itinéraire, est aussi celle qui symbolise plus que toute autre l'âme orientale de l'Andalousie : du haut des collines, son **Alhambra** (*www.alhambra.org, horaires variables*), chef-d'œuvre de pierre et de lumière, sculpte l'horizon de ses tours crénelées et de ses murs ornementés. Ce monument aussi grand qu'une ville abrite l'**Alcazaba**, la forteresse la plus ancienne du complexe, le **Palacio de Carlos V** de style Renaissance, construit au XVIe siècle par Pedro Machuca, les **Palacios Nazaríes** du XIVe siècle, magnifique ensemble de murs décorés, de mosaïques, de jardins, de fontaines, de palais et de patios, et le **Generalife**, palais d'été agrémenté de jardins et de bassins. On découvre d'autres traces de l'art islamique dans l'**Albaicín**, le quartier où les Maures s'installèrent après la reconquête de la ville, avec son dédale de ruelles entre des maisons blanchies à la chaux. Le plus important monument chrétien est la **cathédrale** Renaissance (achevée au XVIIe siècle), avec la **chapelle royale** souhaitée par les Rois Catholiques, dans le style gothique isabélin, pour en faire leur nécropole. Retour au XXIe siècle dans le **Parque de las Ciencias** (*Av. de la Ciencia, www.parqueciencias.com, 10 h-19 h, dim. 10 h-15 h, fermé lun.*), 70000 m² de merveilles et de découvertes : ne manquez pas le **planétarium** ni la **salle de la biosphère**, où vous seront dévoilés les secrets de l'ADN.

• De Séville à Cadix (1/2 jours)

ITINÉRAIRE 2 (JAUNE)

Il faut moins de deux heures de voiture pour aller de Séville à Cadix (sans compter l'étape à Jerez de la Frontera), aussi n'hésitez pas à faire un détour pour visiter le **parc national de Doñana**, classé au patrimoine mondial de l'Unesco, qui accueille sur plus de 500 km² de pâturages et de dunes côtières 360 espèces d'oiseaux, dont l'aigle impérial, et différents mammifères menacés d'extinction, comme le lynx d'Espagne. Plus au sud, on entre sur les terres du **xérès**, un vin légendaire « sanctifié » par les Anglais au XVIIIe siècle et exporté depuis dans le monde entier. Capitale du raisin et de la vigne, **Jerez de la Frontera** est aussi la ville du flamenco *(festival international en mars, www.festivaldejerez.es)*, des chevaux (on y trouve la **Real Escuela de Arte Equestre**) et des taureaux de corrida. La cité est aussi connue pour ses bodegas, comme la très ancienne maison **Gonzáles Byass**, propriétaire de la célèbre marque Tio Pepe et de barriques dont les mérites furent loués par des experts tels que Winston Churchill et Orson Welles *(Calle Manuel María Gonzáles 12, www.bodegastiopepe.com et http://gonzalezbyass.com)*. Il est intéressant de visiter l'**Alcázar** du XIe siècle *(Calle Alameda Vieja, 9 h 30-14 h 30)*, la **cathédrale** du XVIIe siècle, riche d'éléments baroques et néo-classiques *(plaza de la Encarnación, www.catedraldejerez.es, lun.-sam. 10 h-18 h, dim. 13h h-18 h)* et, pour les amateurs du genre, le **Musée taurin** *(Pozo del Olivar 6, tél. : 0034956.319000, horaires variables)*. Ne manquez sous aucun prétexte le **musée d'Art équestre**, dans l'école royale mentionnée plus haut *(Av. Duque de Abrantes, www.realescuela.org)* : ce musée vivant et interactif présente l'histoire de la haute équitation en Andalousie. En continuant vers le sud, vous arrivez à **Cadix**, petite ville bâtie sur une péninsule, avec son centre historique protégé par des murailles et par la mer. Il faut

CARNET DE VOYAGE

• **Les premiers contacts** L'office espagnol de tourisme est fermé au public mais il est joignable par téléphone au 01 45 03 82 50, www.spain.info/fr. Office de tourisme d'Andalousie, www.andalucia.org/fr.

• **Les formalités** Pour les ressortissants de l'UE, carte nationale d'identité ou passeport en cours de validité.

• **La santé** Aucun problème quand on sait éviter une trop longue exposition au soleil.

• **Le voyage, le décalage** Vols Paris-Séville (1 750 km) : 2 heures 10 ; Paris-Grenade (1 700 km) : 4 heures 15 (pas de vol direct) ; Paris-Málaga (1 810 km) : 2 heures 30. Route : Paris-Séville (1 750 km). Pas de décalage horaire.

• **Les langues, la monnaie** L'espagnol, ou castillan.
Monnaie : l'euro.

• **La population** Séville : 685 000 habitants ; Cordoue : 325 000 habitants ; Grenade : 239 000 habitants ; Cadix : 118 000 habitants et Málaga : 570 000 habitants.

• **Les religions** Forte prépondérance catholique. Mais présence également d'importantes communautés musulmane et juive.

• **Les fêtes** **Février :** carnaval de Cadix ; **mars :** Semaine sainte ; **avril :** Feria de Abril (la plus importante est à Séville) ; **mai :** Festival des patios (à Cordoue) ; **sept. :** Biennale de flamenco (tous les 2 ans, à Séville) ; **12 oct. :** fête nationale.

• **Les achats** Éventails, vêtements en cuir, huile d'olive ou xérès.

Le village perché de Ronda se dresse au bord d'un ravin.

visiter le **musée de Cadix**, qui abrite des vestiges archéologiques (sarcophages phéniciens, bustes étrusques en terre cuite, statues romaines) mais aussi, à l'étage, des tableaux de Murillo, Miró, Luca Giordano et Rubens (*plaza de Mina, www.museosdeandalucia.es/web/museodecadiz, horaires variables, fermé lun.*). Incontournable, le **Barrio de la Viña** est le quartier populaire le plus typique de la ville avec celui du Pópulo, où se déroule tous les ans en février l'un des plus beaux **carnavals** d'Espagne. Ici règne déjà l'ambiance de l'extrême Sud-Ouest ibérique, baigné par la chaude lumière de la pointe de l'Europe, devant une mer qui est déjà un océan.

Les villages blancs (2 jours)

ITINÉRAIRE 3 (VERT)

Loin des villes et des plages s'étend l'Andalousie des villages blancs (*pueblos blancos*) : un itinéraire inoubliable à travers des sommets qui frôlent les 1660 m d'altitude et des villages aux maisons couleur de lait. Le plus connu – et probablement aussi le plus beau – est **Arcos de la Frontera**, accessible à partir de Jerez, qui surplombe le fleuve Guadalete parmi les câpriers et les figuiers de Barbarie. Ce lieu hors du temps offre des monuments intéressants comme le **palais de los Condes de Aguila**, à la façade de style mudéjar, la **basilique Santa María**, avec ses voûtes d'arêtes et ses fresques du XIVe siècle, et le traditionnel **château fort** arabisant (*renseignements : office de tourisme, Cuesta de Belén 5, tél. : 0034956.702264*).

En poursuivant vers l'est défilent les villages de **Bornos** (avec l'**église** gothique de **Saint-Dominique**), **Villamartín** (célèbre pour la sellerie), **Algodonales**, **Olvera** et **Setenil**, aux habitations troglodytiques, et **Zahara de la Sierra** (avec ses maisons pittoresques disposées en gradins). Apparaissent ensuite la petite ville de **Ronda**, considérée avec Arcos comme l'une des étapes les plus fascinantes de l'itinéraire, **Ubrique**, qui est encore aujourd'hui un grand centre de travail du cuir, et **Prado del Rey**, fondé au XVIIIe siècle par Charles III. Coupée en deux par les gorges du Guadalevín, Ronda possède des **arènes** inaugurées en 1785, qui comptent parmi les plus anciennes d'Espagne *(elles abritent le musée de la Tauromachie, présentant des objets liés à la corrida et des dessins de Goya, www.rmcr.org, horaires variables)*, et des monuments comme le **palais de Mondragón**, de style mudéjar, ou l'**église Santa Maria**, construite sur les vestiges d'une mosquée *(renseignements : office de tourisme, Paseo de Blas Infante, tél. : 0034952.187119)*. Cette ville perchée sur deux plateaux rocheux distille une atmosphère unique qui a enchanté des voyageurs et écrivains célèbres comme Ernest Hemingway et Rainer Maria Rilke. Ce dernier écrivit : « J'ai cherché partout la ville de mes rêves. Je l'ai trouvée à Ronda. »

• Málaga et la Costa del Sol (2 jours)

ITINÉRAIRE 4 (BLEU)

De Málaga à Gibraltar, le littoral offre un panorama sur la Méditerranée et même, lorsque l'air est limpide, sur les côtes africaines. Ce parcours de moins de 140 km longe des villes historiques, des immeubles hauts comme des gratte-ciel élevés pour répondre au boom de la demande touristique, des terrains de golf, des plages et des criques. Cette portion de la côte est l'emblème des vacances au bord de la mer, avec soleil et *movida*. Si **Málaga** permet déjà de goûter à l'animation des nuits espagnoles, la ville natale de Pablo Picasso affiche aussi une vocation plus culturelle. Le **musée** consacré à l'enfant célèbre du pays rassemble plus de 230 tableaux, dessins, vases et sculptures *(Palacio Buenavista, Calle San Agustín 8, www.museopicassomalaga.org, horaires variables)*. Installé dans le **palais Villalón** du XVIe siècle, le **musée Thyssen-Bornemisza** présente, quant à lui, 230 œuvres, issues de la collection de la baronne Carmen Thyssen, de peintres espagnols comme Gómez Gil et Moreno Carbonero, originaires de Málaga, ou, plus connus, Romero de Torres et Zurbarán *(Calle Compañía 10, www.carmenthyssen-malaga.org, 10 h-20 h, fermé lun.)*. Málaga compte également des monuments historiques comme les **arènes de la Malagueta**, construites au XIXe siècle, où le jeune Picasso allait assister aux corridas et les peignait *(Paseo Reding 8, www.la-malagueta.es)*, les

Gibraltar et son célèbre promontoire calcaire

vestiges du **château de Gibralfaro**, du XIVe siècle, qui offre la plus belle vue sur la ville, l'**Alcazaba**, palais fortifié des gouverneurs arabes, et la **cathédrale** de style gothique tardif et ses deux tours, dont l'une n'a jamais été achevée, d'où son surnom de **Manquita** (la manchote).

Si la découverte culturelle commence à Málaga, c'est aussi là qu'elle se termine : en effet, la route du littoral qui relie cette ville à Gibraltar traverse sur plus de 100 km un ruban de villes modernes vouées au tourisme balnéaire, avec des hôtels qui poussent dans la pinède comme des champignons (comme **Torremolinos**, à 15 km au sud-ouest de Málaga, doté de belles plages de sable qui séduisent aussi les promoteurs immobiliers). Unique exception, **Mijas**, village d'origine islamique dans l'arrière-pays, qui domine la mer, avec ses maisons blanches très prisées par les artistes et les intellectuels. À une cinquantaine de kilomètres à l'ouest de Torremolinos, **Marbella** est le rendez-vous balnéaire par excellence, avec un foisonnement d'hôtels, de résidences secondaires, de maisons avec vue sur la mer, de boîtes de nuit et de restaurants de poisson. Mais la ville possède aussi un beau centre historique autour de l'adorable **plaza de los Naranjos**, un bord de mer agréable et de superbes plages, comme la **Playa de la Fontanilla**, la **Playa de Venus** ou la **Playa de Casa Blanca**. Un peu plus loin, **Puerto Banús** est le Monte-Carlo de la Costa del Sol : bars branchés, boutiques de luxe, yachts de milliardaires. Encore plus à l'ouest, **Estepona** ramène l'étalage des richesses à de plus justes proportions avec sa place arborée aux maisons de style andalou, ses belles plages et le **Selwo Costa del Sol** : un parc animalier présentant des animaux des quatre coins du monde *(www.selwo.es)*. Enfin, au bord du détroit le plus connu d'Europe, on découvre **Gibraltar**, dominé par son célèbre promontoire calcaire datant du jurassique, à plus de 400 m d'altitude, le phare, le **château** mauresque sur lequel flotte l'Union Jack et les bâtiments de la Royal Navy et de la Royal Air Force. Une enclave britannique en terre espagnole, au bord de l'océan Atlantique et à quelques brasses des côtes africaines.

Madrid

Chaleureuse, élégante, haut-lieu de l'art et de la culture… la capitale espagnole a tout pour plaire. De places majestueuses en demeures et palais luxueux, de parcs reposants en *tabernas* savoureuses, de musées époustouflants en boutiques séduisantes, Madrid charmera autant les amateurs d'histoire et d'art que les noctambules en quête d'une ville vibrante et animée.

Si Madrid s'étend sur plus de 600 km², les principaux lieux d'intérêt se regroupent dans le centre historique, ce qui facilite la visite. Celui-ci comprend trois quartiers majeurs. Le « **vieux Madrid** » connut une extraordinaire expansion entre la fin du XVIe siècle et les années 1620. Couvents et palais se multiplièrent tandis que fut inaugurée la célèbre **Plaza Mayor**, emblème du Madrid impérial, où se tenaient les grandes manifestations publiques : tournois, corridas, mais aussi autodafés et bûchers de l'Inquisition. Se développa ensuite le « **quartier des Bourbons** », rythmé par des places majestueuses ornées de fontaines et concentrant les plus beaux musées de la ville, puis, au XIXe siècle, le **quartier de la Castellana,** qui s'habilla de demeures luxueuses. Ce secteur élégant et bourgeois est devenu le temple de la mode.

Se déplacer : *La marche est le meilleur moyen de se déplacer dans le centre historique. Le vélo est une autre solution, la ville disposant d'un réseau d'environ 350 km de pistes cyclables. Il est en revanche déconseillé de circuler en voiture, à cause des encombrements, de la difficulté à se garer et de la signalisation aléatoire. Côté transports en commun, le métro est un moyen pratique et rapide. Ses 12 lignes couvrent toute la ville. Le réseau de bus est également dense, rapide et pratique. Le passe de 10 trajets, appelé* MetroBus, *est valable pour le bus et le métro et vaut 12,20 €. Les taxis pullulent à Madrid, il ne faut pas hésiter à les emprunter, le prix de la course étant raisonnable (de 1,10 € à 1,35 € le kilomètre).*

• Madrid (4/5 jours)

La découverte de la capitale espagnole débute par celle de la **vieille ville**. Animé de jour comme de nuit, le cœur du vieux Madrid s'étend de la Puerta del Sol à la Plaza de la Villa. La **Puerta del Sol** est dominée par un édifice néoclassique en

La statue de Philippe III veille sur les arcades de la Plaza Mayor.

brique datant de 1760. Il s'agissait à l'origine de la poste centrale. En face, des immeubles disposés en arc de cercle abritent une série de boutiques et de restaurants. La place accueille une statue de bronze représentant l'ours et l'arbousier, symboles de la ville. Par la Calle de Postas, on accède à la **Plaza Mayor**, qui dessine un vaste rectangle de 130 m de long sur 94 m de large. Ses belles façades surmontant des arcades et ornées de 237 balcons composent un décor très théâtral. Quelques édifices se démarquent, telle la **Casa de la Panederia**, dont on peut admirer les fresques. Au centre de la place trône la statue équestre de Philippe III réalisée par Jean de Bologne, tandis qu'une foule de cafés, de restaurants et de boutiques traditionnelles occupe les porches. Le quartier regorge de chefs-d'œuvre architecturaux, parmi lesquels le **Palacio de Santa Cruz**, un palais baroque du XVIIe siècle, la **Colegiata de San Isidro**, une admirable église entreprise en 1622, ou encore la majestueuse **Basilica Pontificia de San Miguel,** de style baroque. Un détour s'impose au **marché couvert de San Miguel,** qui abrite de superbes étals ornés de céramiques.

QUE VOIR, QUE FAIRE À MADRID ?

- Admirer les richesses du Palais royal
- Visiter le Prado, l'un des plus riches musées d'art d'Europe
- Se promener en barque sur le lac du Parc du Retiro
- Faire une halte Plaza Mayor
- Manger des tapas dans le vieux Madrid
- Faire les boutiques autour du Paseo de Recoletos
- Assister à une corrida

Le Palacio de Cristal, dans le Parc du Retiro

Entre le vieux Madrid et le rio Manzanares se dresse le grandiose **Palacio Real**, commandité par Philippe V pour remplacer le château royal ravagé par un incendie en 1734. Il demeura la résidence officielle des rois d'Espagne jusqu'en 1931, et il continue d'accueillir des réceptions officielles. Formant un grand carré entourant une cour centrale, il donne sur la **Plaza de Armas**, qu'encadrent deux ailes abritant l'armurerie et la pharmacie royales. La salle du Trône, la salle à manger ornée de superbes tapisseries de Bruxelles, le salon Gasparini de style rococo et la salle de porcelaine sont les fleurons du palais. Depuis le **Campo Moro** (« Champ du Maure »), un grand parc à l'anglaise aménagé sur la rive est du rio Manzanares, de belles vues sur le château s'offrent au regard. Au nord du vieux Madrid, on pourra découvrir la **Plaza de España**, lieu de rencontre prisé des Madrilènes, le **Museo Cerralbo**, installé dans un hôtel particulier exubérant, le **Palacio del Senado**, qui héberge le parlement, le **Monasterio de la Encarnación**, bordant une ravissante place ombragée, avant d'arpenter la **Gran Via**, une grande avenue élégante, bordée de théâtres, de cinémas, de restaurants et de boutiques. Après avoir visité la **Real Academia de Bellas Artes**, qui renferme des chefs-d'œuvre des maîtres espagnols du XVIe au XIXe siècle, on rejoint le sud du vieux Madrid pour flâner dans le quartier populaire et coloré de **la Latina** et dans le célèbre marché aux puces de la ville, **El Rastro**.

À l'est du vieux Madrid s'étend le **quartier des Bourbons**, qui s'urbanisa au XVIIIe siècle. Il se développa autour du **Paseo del Prado**, une avenue élégante plantée d'arbres, attirant les visiteurs pour ses musées, ses monuments splendides, tel le **Palacio de Linares**, et ses places majestueuses, comme la Plaza de la Independencia ornée de la **Puerta de Alcala**, la **Plaza de Cibeles** et la **Plaza Canovas del Castillo** et sa statue de Neptune. C'est dans ce quartier que se trouve le célèbre **Museo del Prado**, qui possède la plus importante collection au monde de peintures espagnoles. Les écoles étrangères sont aussi bien représentées. Parmi les chefs-d'œuvre exposés : *Les Ménines* de Velázquez et *Saturne dévorant l'un de ses enfants* de Goya. Le **Museo Thyssen-Bornemisza**, illustrant l'histoire de l'art occidental depuis les primitifs flamands jusqu'aux modernes, et le **Centro de Arte Reina Sofia**, un musée d'art moderne abritant *Guernica* de Picasso, raviront les amateurs. Le Madrid des Bourbons accueille de très beaux jardins. Le **Parc du Retiro** s'étire sur 125 ha. Réservé à l'origine à la famille royale, il ouvrit au public en 1869. Il abrite un lac artificiel, bordé au nord par un majestueux monument à Alphonse XII. Le **Jardin botanique royal**, créé en 1781, offre également une promenade agréable parmi des plantes d'une grande variété. Au nord de Madrid s'étend le quartier moderne. Il se développa au XIXe siècle, lorsque l'aristocratie madrilène se fit bâtir des hôtels particuliers le long de l'avenue **Paseo de la Castellana**. Au sud du quartier, le **Paseo de Recoletos** est bordé de rues regroupant des boutiques de mode, comme la **Calle del Almirante**, une rue élégante où étaient jadis installés des vanniers. On ne manquera pas de visiter le beau sanctuaire baroque de l'**Iglesia de Santa Barbara** et le **Musée archéologique**, renfermant de riches collections d'antiquités ibériques, égyptiennes, grecques et romaines. On pourra faire une halte dans le **Café de Gijon**, qui attire les intellectuels depuis le XIXe siècle, et sortir le soir **Plaza de Chueca**, un lieu très vivant la nuit. Pour apprécier le luxe du quartier, il faut se rendre au nord de la calle de Serrano, pour visiter le somptueux hôtel particulier néo-Renaissance élevé pour le financier Lazaro Galdiano. Riche de 5 000 peintures et objets d'art, il abrite l'un des plus beaux musées de Madrid. ●

LES CONSEILS GEO

● Les plus

Une ville belle et fascinante, à l'histoire très riche, et à l'architecture variée. Entre les palais, les hôtels particuliers et les innombrables musées, il y a beaucoup à visiter. Une ville très animée, en particulier le soir ; les rues sont alors envahies par une marée humaine.

● Les moins

La chaleur est étouffante l'été, où les températures peuvent atteindre 40 °C.

CARNET DE VOYAGE

- **Les premiers contacts** L'office espagnol de tourisme est fermé au public mais il est joignable par téléphone au 01 45 03 82 50, www.spain.info/fr.
- **Les formalités** Pour les ressortissants de l'UE, carte nationale d'identité ou passeport en cours de validité.
- **La santé** Aucun problème.
- **Le voyage, le décalage** Durée moyenne du vol Paris-Madrid : 2 heures. Il est possible de se rendre à Madrid en train au départ de Paris (10 heures environ) et de plusieurs villes de province. L'autocar est une option économique. Prévoir 17 heures environ depuis Paris. Voiture : la distance entre Paris et Madrid est de 1 270 km. Compter 13 heures de trajet. Pas de décalage horaire.
- **Les langues, la monnaie** Les Madrilènes parlent le castillan. L'anglais et le français, dans une moindre mesure, sont répandus dans les lieux touristiques. **Monnaie :** l'euro.
- **La population** Avec 3,3 millions d'habitants intra-muros (6,5 millions dans l'agglomération), Madrid est la première ville d'Espagne en termes de population, et la deuxième d'Europe après Berlin.
- **Les religions** Plus de 90 % des Madrilènes sont catholiques.
- **Les fêtes** **Avril :** semaine sainte ; **15 mai :** fiestas et corridas de San Isidro ; juin : la transhumancia ; **12-18 août :** fiestas de San Roque ; **août :** fête des saints et de la Vierge de Paloma ; **30 nov. :** festival d'automne.
- **Les achats** De la maroquinerie, des éventails, de la céramique, du jambon serrano, du chorizo.

Barcelone

Cité au riche passé, regorgeant de monuments médiévaux, Barcelone est aussi une ville jeune, animée et branchée, résolument tournée vers l'avenir. De plages ensoleillées en musées d'art passionnants, de placettes paisibles en avenues trépidantes, d'églises gothiques en édifices modernistes, la fière, belle et élégante Barcelone a de nombreux visages et multiplie les attraits.

Barcelone concentre tout ce que le visiteur peut attendre d'une ville : un bel environnement, entre mer et montagnes ; un cœur de cité médiéval, avec de vieilles pierres, un lacis de ruelles, des places de caractère et des monuments séculaires ; une architecture unique, dominée par les édifices exceptionnels du moderniste Antoni Gaudí ; une infinité de musées, de commerces, de bars à tapas et de restaurants, le tout enlevé par une atmosphère festive, notamment en soirée.

Se déplacer : *Il est conseillé de se déplacer à pied dans la vieille ville, aux rues denses et étroites. Dotée de 280km de pistes cyclables, Barcelone est bien adaptée à la circulation en vélo. Les promenades à bicyclette sont particulièrement agréables dans les environs du port. Autrement, la ville est bien desservie par les transports en commun. Les réseaux de bus, de tramway et de métro couvrent tous les quartiers. Les tickets sont identiques pour l'ensemble des transports publics et valent 2,40 € l'unité. Le ticket T-10 (11,35 €) est valable pour 10 trajets. Il existe aussi des cartes donnant accès à un nombre illimité de trajets pour 1, 2, 3, 4 ou 5 jours (10,50 € pour la T-Dia, la carte 1 jour).*

Barcelone (4 jours)

La découverte de Barcelone peut commencer par une promenade le long de **la Rambla**, l'avenue emblématique de la ville, qui va de la **Plaça Catalunya** vers **le port**. Bordée de platanes, cette artère élégante, piétonnière au centre, est bordée d'étals de fleurs, de boutiques chics, de bars à tapas et de restaurants. Cosmopolite, assaillie de monde à longueur de journée, elle forme le cœur vibrant de la cité.

L'entrée du parc Güell domine la ville.

Tout le long s'égrènent les points d'intérêt. Au nord de l'avenue, on admire l'église baroque de **Betlem**, fondée par les jésuites, le **palais Moja**, de style néoclassique, qui fait face au **palais de la Virreina**, de style rococo, jadis occupé par la vice-reine du Pérou, et l'on fait un détour à **la Boqueria**, un authentique marché barcelonais où règne une joyeuse cacophonie. Au n°82 se dresse un ancien magasin de parapluies, la **Casa Bruno Cuadros**, à la façade ornée d'éventails et de parapluies multicolores. Devant le bâtiment, au sol, on ne peut manquer la **gigantesque mosaïque** dessinée par l'artiste surréaliste catalan Joan Miró. Dans sa portion sud, l'avenue déroule d'autres perles : le superbe **Gran Teatre del Liceu**, remontant au XIXe siècle ; l'idyllique **Plaça Reial** plantée de palmiers et entourée d'arcades ; le **palais Güell**, un chef-d'œuvre d'une fantaisie inouïe signé Gaudí.

La visite se poursuit vers l'est, au cœur de la vieille ville, dans le **Barri Gòtic**. Les origines du quartier remontent à l'Antiquité, en témoignent les différents vestiges d'époque romaine, tels les restes de **remparts** sur la **Plaça de Ramon Berenguer el Gran**, les **colonnes d'un temple romain** vers la **Calle de la Llibreteria** ou encore les **portes de la cité antique,** non loin de la cathé-

QUE VOIR, QUE FAIRE
À BARCELONE ?

- Flâner le soir dans les rues mystérieuses du Barri Gòtic
- Admirer les artistes de rue le long de la Rambla
- Partir sur les traces de Gaudí : visiter ses palais extravagants, monter dans les tours de la Sagrada Família, se promener dans le parc Güell
- Visiter le féérique palais de la Musique catalane
- Faire une croisière autour du port à bord d'une vedette
- Prendre un bain de soleil à la plage
- Pique-niquer au Parc Montjuïc

LES CONSEILS GEO

Les plus

Une ville plurielle, attrayante à maints égards.
Un environnement idéal, avec une vieille ville médiévale, la mer et les plages, la verdure sur les hauteurs.
Une cité riche en monuments et musées d'art et d'histoire.
Une architecture unique au monde.

Les moins

À part quelques rares lieux paisibles, Barcelone n'est pas une ville reposante.

drale. Ancien forum romain, la **Plaça de Sant Jaume** forme le centre politique de Barcelone. Elle abrite l'**Hôtel de ville** et le **palais de la Generalitat**, siège du gouvernement catalan, édifié au Moyen Âge et modernisé depuis. Les principaux monuments du Barri Gòtic datent des XIVe et XVe siècles. Remarquablement conservée, la cité médiévale abrite plusieurs joyaux de l'architecture religieuse, parmi lesquels la **cathédrale Sainte-Croix-et-Sainte-Eulalie**, dont la première pierre fut posée en 1298. L'édifice impressionne par ses imposants contreforts. Il renferme un intérieur majestueux et un admirable cloître envahi par la végétation et curieusement peuplé d'oies. Du sommet de ses tours octogonales, le panorama sur Barcelone est superbe. Le Barri Gòtic se dévoile au fil de ses petites rues pavées, interrompues çà et là par des placettes charmantes et reposantes. La **Calle del Bisbe** («rue de l'Évêque»), traversée de part et d'autre par une galerie de style gothique, compte parmi les rues les plus pittoresques. Il faut aussi déambuler dans l'ancien quartier juif, baptisé **El Call** («petite rue»), traversé de venelles si étroites qu'elles sont à peine éclairées par la lumière du jour, et faire un détour par la **Plaça del Rei**, dominée par un splendide palais

CARNET DE VOYAGE

• **Les premiers contacts** L'office espagnol de tourisme est fermé au public mais il est joignable par téléphone au 01 45 03 82 50, www.spain.info/fr. Il existe quelques sites Internet complets et en français sur la Catalogne et Barcelone, comme www.catalunyaexperience.fr et www.barcelonaturisme.com

• **Les formalités** Pour les ressortissants de l'UE, carte nationale d'identité ou passeport en cours de validité.

• **La santé** Aucun problème.

• **Le voyage, le décalage** Des vols directs pour Barcelone sont assurés depuis Paris, Lyon, Bordeaux, Marseille, Toulouse, Nice et Nantes. Le trajet dure environ 1 heure 45 depuis Paris. En voiture : la distance entre Paris et Barcelone est de 1 035 km, dont 1 023 km sur autoroute, ce qui correspond à 12 heures de trajet environ. Il est possible de rallier Barcelone par le train (depuis Paris, 7 heures 30 en journée par le TGV, 13 heures par le train de nuit). Plusieurs compagnies de bus assurent des liaisons entre Barcelone et plusieurs villes françaises. C'est une solution pratique pour ceux qui habitent dans de Sud de la France. Compter 3 heures de trajet depuis Perpignan. Pas de décalage horaire.

• **Les langues, la monnaie** Le catalan et le castillan sont les deux langues officielles de la Catalogne. **Monnaie :** l'euro.

• **La population** Barcelone est la ville la plus peuplée d'Espagne après Madrid. La population s'élève à plus de 1 665 000 habitants intra-muros et à plus de 5 325 000 dans l'agglomération.

• **Les religions** La grande majorité des Espagnols sont catholiques.

• **Les fêtes** **Fév.-mars :** carnaval de Sitges ; **3 mars :** fêtes de Sant Medir ; **juin-oct. :** fête des Castells ; **sem. du 23 sept. :** fêtes de la Vierge de Mercè, patronne de la ville.

• **Les achats** Des articles en cuir, des vêtements de marque ou bon marché.

royal. Élevé aux XIIIe et XIVe siècles, il abrite de nos jours un passionnant musée d'histoire.
À l'est du Barri Gòtic s'étend l'ancien quartier de **La Ribera**. Ce nom, qui signifie «la rive de la mer», rappelle le passé du site, qui prospérait au Moyen Âge grâce au commerce maritime. Il y a beaucoup à voir dans ce secteur. La **basilique Santa Maria del Mar** est un joyau de style gothique catalan. Sobre, sinon austère, elle invite au recueillement. Le minuscule quartier **El Born** associe un cadre médiéval à une atmosphère branchée. Le **marché Sainte-Catherine** se pare d'une curieuse toiture de céramique ondulée ; édifié au XIXe siècle, il regorge de spécialités alléchantes. Deux musées méritent une visite : le **musée Picasso**, installé dans cinq palais médiévaux, abritant des œuvres marquantes de l'artiste, telle la série des *Ménines*, et le **palais de la Musique catalane**, chef-d'œuvre de l'architecture moderniste élevé autour de 1900, admirable avec ses vitraux et son dôme inversé, dont les décorations célèbrent la vie végétale.
Le **Port Vell**, ou «vieux port», invite à la promenade et à une plongée dans les eaux bleues de la Méditerranée. De l'ancien quartier des pêcheurs **Barceloneta** au **Port Olimpic**, les plages bordées de palmiers déroulent leur sable fin sur des kilomètres. Le **Musée maritime** et l'**Aquarium** valent le détour.
L'**Eixample** constitue le pôle économique et commercial de la ville. Né dans les années 1860, ce quartier fut dessiné par l'ingénieur catalan Ildefons Cerdà et se signale par son quadrillage rigoureux. Il concentre de nombreux immeubles modernistes, commandés au début du XXe siècle par la grande bourgeoisie de Barcelone. Le **Quadrat d'Or** («carré d'or») en abrite trois. La **Casa Batllo**, œuvre de Gaudí, fascine par sa façade extravagante, ses balcons en forme de masques, son toit rappelant le dos d'un dragon... La **Casa Lleo Morera**, conçue par Domènech i Montaner, ornée de mosaïques, de vitraux, de sculptures, est un bijou renfermant les plus beaux meubles modernistes. C'est dans le quartier de l'Eixample que se dresse la célébrissime **Sagrada Família**, à laquelle Gaudí consacra la majeure partie de sa vie. Perçant le ciel de ses huit flèches vertigineuses, la cathédrale intrigue, méduse, sidère. Avec son immense nef évoquant une forêt d'arbres blancs, l'intérieur impressionne plus encore que l'extérieur. Plus au nord, le magique **parc Güell**, dessiné par Gaudí, offre de spectaculaires panoramas sur la ville.
La **colline de Monjuïc** forme un immense parc situé sur les hauteurs. Cet oasis de verdure rythmé par de paisibles jardins compte deux grandioses musées d'art : le **Musée national d'art de la Catalogne**, réunissant d'impressionnantes collections d'art médiéval, et la **Fondation Joan Miró**, qui recèle la plus vaste collection d'œuvres du surréaliste catalan.

La Sagrada Familia de Gaudí, œuvre perpétuellement inachevée

Porto

Bâtie sur des rives escarpées à l'embouchure du Douro, Porto est le berceau du Portugal. De son passé prestigieux, elle a conservé des édifices baroques et des églises couvertes d'azulejos. Inscrite au patrimoine mondial de l'Unesco pour son quartier historique, Porto s'est métamorphosée, faisant sortir de terre des bâtiments contemporains spectaculaires. Restaurants branchés, boutiques design, vitrines au charme suranné, cette ville dynamique offre mille visages, des rives du Douro au centre ancien.

Porto concentre sur son sol tous les attraits d'une ville. S'y mêlent l'ancien et le moderne, édifices baroques et bâtiments d'une modernité audacieuse, douceur d'un fleuve et bruit des vagues si l'on poursuit jusqu'à l'océan. Ruelles escarpées et vastes places, riches musées, bars et restaurants où se pressent les touristes, sans oublier le célèbre porto qui a fait sa richesse, Porto l'authentique séduit aussi par son atmosphère festive, qui attire les noctambules.

Se déplacer : *La vieille ville et le centre (Baixa) de Porto se visitent à pied. À cause du relief escarpé, prévoyez des chaussures confortables pour vous déplacer sur les pavés. Pour aller plus loin, vous pouvez prendre le métro : il existe 6 lignes* (www.metrodoporto.pt). *Porto compte de nombreuses lignes de bus, dont des bus de nuit (sigle « M »). On peut acheter le ticket directement dans le bus* (www.stcp.pt). *Le Douro River Taxi (3 €) assure la traversée entre les deux rives du fleuve. Vous pouvez également emprunter le tramway : la ligne 1 mène depuis l'église Sao Francisco jusqu'à Foz do Douro ; la ligne 18 de l'église do Carmo au bord du Douro ; la ligne 22 fait une boucle : départ en haut du funiculaire dos Guindais jusqu'à l'église du Carmo. Le téléphérique relie les Cais de Gaia au Jardim do Morro, en haut du pont Dom-Luis I* (www.gaiacablecar.com). *Le funiculaire permet de rejoindre en 3 à 5 minutes le quartier de la Ribeira, sur la rive du Douro, et celui de Batalha, dans la partie haute de la ville (5 €). Si le vieux Porto est impraticable en vélo, il est en revanche possible de longer le Douro : sur la rive sud, jusqu'à son embouchure, et sur la rive nord, depuis la rua de Monchique vers Foz do Douro et Matosinhos.*

Le pont Dom-Luis traversant le Douro

Porto (3 jours)

Classé au patrimoine mondial de l'Unesco, le vieux Porto, centre historique de la ville, se trouve sur la rive nord du Douro. L'esplanade de la cathédrale **(Terreiro da Sé)** offre une vue imprenable sur les toits et les monuments. Elle est dominée par la silhouette massive de l'église-forteresse, de style roman. Derrière la cathédrale, le **musée Guerra Junqueiro** possède une collection de meubles, orfèvrerie, argenterie, mobilier et faïence. Plus loin, l'**église de Sao Lourenço dos Grilos** a été construite par les jésuites au XVIIe siècle. Elle abrite un musée d'art sacré. Dans la petite **rua das Flores,** piétonne, les commerces traditionnels alternent avec des demeures baroques ornées de blasons. Le **musée da Misericordia do Porto** mérite une visite : il présente une riche collection d'art religieux dont un remarquable tableau de l'école flamande, *Fons Vitae*, offert par le roi Manuel Ier vers 1520. **Praça do Infante D. Henrique** se dresse la statue de bronze d'Henri le Navigateur, avec le globe terrestre à ses pieds. Sur la place, le **palais de la Bourse** *(https://palaciodabolsa.com)* est l'un des plus emblématiques de la ville : de style néoclassique, il a été construit en 1834 et la pièce la plus spectaculaire est le Salon arabe, inspiré de l'Alhambra

QUE VOIR, QUE FAIRE À PORTO ?

- Flâner au mercado do Bolhao pour son animation
- Monter en haut de la tour de l'église des Clercs pour le panorama
- Visiter un des chais de Vila Nova de Gaia
- Emprunter l'*electrico* de la ligne 1 jusqu'à Foz di Douro
- Expérimenter la vie nocturne de Porto du côté de la rua das Galerias do Paris
- Assister à un concert à la Casa da Musica, réputée pour son acoustique
- Faire un tour du côté d'Armazem, un ancien entrepôt de vin reconverti en brocante, bar et galerie d'art, situé presque au bord du Douro

LES CONSEILS GEO

• Les plus

Une ville vivante et dynamique, qui se découvre au fil de la promenade. Porto mérite qu'on s'y attarde pour en saisir les multiples visages.

• Les moins

Les pentes sont rudes à Porto. Il faut donc être en bonne forme physique.

• Les tendances

Il existe de très bons et célèbres restaurants à Porto.
L'art contemporain est également très en vogue : n'hésitez pas à pousser la porte d'une galerie.

de Grenade. En face de l'édifice, le **marché Ferreira Borges** est représentatif de l'architecture métallique du XIXe siècle. On peut s'y restaurer ou assister à des concerts. L'**église Sao Francisco,** l'une des plus belles de Porto, est accolée au palais de la Bourse. À l'intérieur, le baroque donne toute sa mesure.
En descendant vers le Douro, le **cais da Ribeira** est l'un des endroits les plus vivants de Porto. Les maison anciennes aux magnifiques balcons en fer forgé, ont été restaurées ces dernières années. De jour comme de nuit, le quai est toujours animé. Il est dominé par la majestueuse silhouette du **pont Dom-Luis** et ses deux tabliers métalliques permettant de desservir les quartiers haut et bas de chaque rive. D'une portée de 172 mètres, il a été érigé de 1880 à 1886. Gagnez le niveau supérieur pour bénéficier du panorama.
Au centre de Porto (Baixa), plus au nord, est la **praça da Liberdade**, un vaste espace ouvert bordé par l'hôtel de ville. On y admire les façades Art nouveau. Les rues commerçantes se trouvent plutôt dans ce quartier, dont la célébrissime **rua Santa Catarina**. Allez déguster un *pasteis de nata* au mythique café Majestic, dont l'intérieur Art nouveau attire l'œil. La **rua Formosa** compte des pâtisseries-confiseries renommées, comme la Confeitaria du Bolhao, fondée en 1896. Le **marché do Bolhão,** construit au début du XXe siècle, mérite une halte pour

CARNET DE VOYAGE

• **Les premiers contacts** Il n'y a plus d'office du tourisme du Portugal en France. Vous pouvez consulter le site internet : www.visitportugal.com.

• **Les formalités** Pour les ressortissants de l'UE, carte d'identité ou passeport en cours de validité.

• **La santé** Aucun problème. Pensez à vous munir de la carte européenne d'assurance maladie.

• **Le voyage, le décalage** Durée moyenne du vol Paris-Porto : 2 h 10. À Porto, il y a une heure de moins qu'à Paris, été comme hiver.

• **Les langues, la monnaie** Le portugais. **Monnaie :** l'euro.

• **La population** Porto compte environ 238 000 habitants et la population du Portugal s'élève à environ 10,3 millions d'habitants.

• **Les religions** Catholique, comme dans le reste du Portugal.

• **Les fêtes** **Semaine sainte en avril** est célébrée avec beaucoup de ferveur ; **25 avril :** fête de la Liberté, qui marque la chute du régime de Salazar et la révolution des Œillets ; **première semaine de mai :** Queima das Fitas, fête des étudiants ; **premier week-end de juin :** Serralves Festival, autour de l'art contemporain ; **23-24 juin :** Sao Joao (Saint-Jean) : la plus grande fête de Porto ; **septembre :** la Casa da Musica fête l'été.

• **Les achats** Du porto, bien entendu, mais aussi du vinho verde, un vin blanc pétillant. Conserves de sardines à l'huile. Azulejos. Huile d'olive. Chocolat. Café.

son atmosphère et la variété de ses produits. Au sud de la rua Santa Catarina, la **praça Batalha,** avec ses chaises disposées au centre, attire habitants du quartier et étudiants des Beaux-Arts. Poursuivez jusqu'à la **gare de São Bento** pour admirer les 20 000 azulejos de la salle des pas perdus peints en 1930 par Jorge Colaço.

Dirigez-vous ensuite vers l'**igreja e Torre dos Clerigos** (église et tour des Clercs). Cet édifice baroque, dominé par une tour haute de plus de 75 mètres, servait autrefois d'amer aux bateaux. Au terme de 225 marches, vous bénéficiez d'une vue étendue sur la ville. Gagnez ensuite le passeio dos Clerigos, piéton, bordé de boutiques et de bars. En reprenant la rua das Carmelitas, la **librairie Lello & Irmao** offre sa belle devanture néogothique aux regards. Son extraordinaire escalier à double volée est devenu si célèbre (on y a tourné des scènes d'*Harry Potter*) qu'il faut désormais emprunter la file d'attente et débourser 5 € (déductibles d'achats) pour y pénétrer...

Si vous remontez vers la praça de Gomes Teixeira, une des deux églises baroques, l'**igreja do Carmo**, possède une façade entièrement décorée d'azulejos. Tout près, ne manquez pas le **Museo nacional Soares dos Reis** installé dans un palais du XVIIIe siècle. Il présente une intéressante collection de peintures des XIXe et XXe siècles. Le **Centro Portugues de Fotografia** (*https://cpf.pt*), construit au XVIIIe siècle, revient de loin : c'était autrefois la cour d'appel et la prison de la ville. Son atmosphère unique, sa collection d'appareils photos et ses expositions temporaires en font un lieu digne d'intérêt.

L'ouest de Porto constitue la partie moderne de la ville. Une promenade côtière conduit jusqu'à l'océan. Il ne faut pas manquer la **Casa da Musica** (*www.casadamusica.com*), œuvre

Façade de l'égilise do Carmo, avec ses nombreux azulejos

de l'architecte néerlandais Rem Koolhaas. Inauguré en 2005, c'est l'un des emblèmes de Porto. La **Fundaçao de Serralves** (*www.serralves.pt*), conçue par Alvaro Siza Vieira, originaire de Porto, est un bâtiment dépouillé qui abrite le musée d'Art contemporain. Si vous poursuivez vers l'océan, le fleuve s'élargit pour vous mener jusqu'au front de mer à **Foz do Douro,** bordé de deux châteaux. Le long de la digue s'étendent les quartiers résidentiels. Plus au nord, **Matosinhos** est le quartier maritime, balnéaire et portuaire de Porto. On s'y baigne sur la grande plage du même nom.

On accède à **Vila Nova de Gaia** à pied par le pont Dom-Luis. Vous voici au cœur du centre mondial de production de porto. Le long des quais, les chais se succèdent, arborant le nom de leurs marques au-dessus de leurs toits rouges. Des visites guidées ont lieu tous les jours. Vous pourrez poursuivre ensuite, selon le temps qui vous reste, par un circuit, dans la vallée du Douro, du vignoble du porto.

Lisbonne

Depuis l'Antiquité, tous ceux qui ont fait escale à Lisbonne ont chanté ses beautés. Les Phéniciens la surnommaient Alis-Ubo, « la rade délicieuse ». Élevée à l'embouchure du Tage, entre monts et océan, la « ville aux sept collines » jouit d'un cadre idéal. Il faut la contempler en fin d'après-midi depuis l'un de ses nombreux belvédères, quand elle se pare d'une belle et douce lumière, se perdre au fil de ses rues escarpées, se laisser bercer par ses charmes surannés... Lisbonne ensorcelle.

Elle est la capitale la plus occidentale d'Europe. Bénéficiant d'une topographie unique, elle s'étend sur plusieurs collines qui forment autant de promontoires offrant de sublimes panoramas sur la cité. Ouverte sur le Tage et l'océan, elle possède un riche passé maritime et marchand dont elle conserve les traces et une certaine nostalgie. Le **quartier de Belém**, avec entre autres sa tour de défense élevée en 1521, son monument des Découvertes, son monastère des Hiéronymites et son musée de la Marine, est à lui seul un hommage aux grands navigateurs de la Renaissance. Le **quartier des docks**, en pleine mutation, accueille pour sa part deux musées consacrés à l'âge d'or du Portugal et aux relations qu'entretenait le pays avec ses colonies : le musée de l'Orient et le centre culturel de Macao. Depuis 1842, des artistes s'emploient à entretenir la ***calçada portuguesa*** (chaussée portugaise). Ses pavés noirs et blancs, qui recouvrent une grande partie des rues de la ville, dessinent par endroits des vagues, des ancres, des roses des vents, des poissons, des voiliers : illustrant les Grandes Découvertes, ils comptent parmi les nombreux témoignages du lien indéfectible unissant les Portugais à leur passé de navigateurs.

Se déplacer : *La voiture n'est pas recommandée vu la difficulté de circuler et l'étroitesse des rues dans certains quartiers. Lisbonne peut se visiter à pied, mais, la ville étant très escarpée, les transports en commun seront les bienvenus. Les 4 lignes de métro couvrent bien la ville et le réseau des bus est dense. Il existe 5 lignes de tramway (*eléctricos*) desservant de nombreux sites. Il ne faut pas manquer d'emprunter le mythique tram 28, qui sillonne les plus beaux quartiers et offre des vues spectaculaires sur la ville. Pour rejoindre les quar-*

Le quartier de Baixa avec le pont du 25-Avril en arrière-plan

tiers hauts, il est possible d'emprunter des funiculaires (ascensores) *et un ascenseur vertical* (elevador)*, qui mène au Chiado à partir du quartier de Baixa. La carte* 7 Colinas*, au prix de 0,50€, se recharge dans le métro et divers établissements. Elle permet d'emprunter pendant 24 heures tous les transports publics au prix de 6,45€. La* Lisboa Card *donne accès à tous les transports publics, l'entrée gratuite ou réduite à certains musées et monuments principaux et des réductions dans certaines boutiques. Elle s'achète à l'aéroport et dans les offices du tourisme (21€ pour 24heures, 35€ pour 48heures, 44€ pour 72heures).*

• Lisbonne (4 jours)

La visite peut débuter par la découverte du **quartier de Baixa**, la « ville basse », donnant sur le Tage. Intégralement détruit après le tremblement de terre qui ébranla Lisbonne en 1755, il fut rebâti selon les plans rationalistes du marquis de Pombal, qui dirigea les travaux de reconstruction de la ville. Ponctué de places reliant des rues en damier, il forme le cœur commerçant et grouillant de la cité. La majestueuse **Praça de Comércio**, dominée par un

QUE VOIR, QUE FAIRE À LISBONNE ?

- Contempler la ville du haut de ses nombreux belvédères
- Grimper au château de São Jorge
- Arpenter l'artistique « chaussée portugaise » à la Baixa
- Sillonner la ville à bord du légendaire tramway 28
- Se perdre dans les venelles de l'Alfama
- Visiter le musée des Azulejos
- Écouter du fado
- Déguster des pâtisseries à la Pasteleria Versailles, près du parc Edouardo-VII

Le légendaire tram 28

arc de triomphe et la statue équestre du roi José Ier, s'entoure de beaux édifices à arcades. Plus au nord, la **Praça Rossio** recense quelques perles architecturales. Elle est bondée en permanence. Reliant ces deux places, la **rua Augusta**, entièrement piétonnière, constitue l'artère la plus animée de Baixa et offre un bel exemple de l'architecture pombalienne. Églises, institutions culturelles, restaurants et pâtisseries de renom peuplent le quartier.

L'**ascenseur de Santa Justa**, conçu par un disciple de Gustave Eiffel, permet de rallier le **Chiado**, où l'on admire notamment l'**église do Carmo**, la plus grande de Lisbonne, associée à un musée archéologique, et le **palais Fronteira** orné d'une belle façade d'azulejos. Vers l'ouest, le **Bairro Alto** est devenu depuis les années 1980 le centre alternatif de Lisbonne et un temple de la vie nocturne. Il ne faut pas manquer l'extravagante **église de São Roque** ni le **belvédère de São Pedro de Alcântara**, qui promet de superbes vues sur le centre historique et le château São Jorge. Le « quartier haut » accueille un autre belvédère (*miradouro* en portugais) : celui de **Santa Catalina**, d'où l'on contemple le port, la tour de Belém et le pont du 25-Avril.

Direction l'**Alfama**, le quartier le plus populaire et le plus vieux de Lisbonne, le seul en l'occurrence à avoir survécu au séisme de 1755. C'était jadis le fief des pêcheurs. On se perd dans son dédale de rues tortueuses, d'impasses et de passages voûtés, bordés de maisons pittoresques et de minuscules patios fleuris. Ce quartier haut en couleur et débordant de vie dégage le soir une atmosphère presque orientale. Truffé de restaurants, il abrite aussi de nombreuses **maisons de fado**, et un musée passionnant consacré à ce chant mélancolique exprimant toute la *saudade* de l'âme portugaise... Au nord de l'Alfama, les ruelles typiques du **quartier de Santa Cruz**, aux façades colorées striées de balcons en fer forgé, invitent à la promenade. Non loin, le **château de São Jorge** dresse ses ruines sur la plus haute colline de Lisbonne. La citadelle servit de résidence royale du XIIIe au XVIe siècle. Du haut de ses remparts reconstitués, le visiteur profite des plus belles vues qui soient sur la cité.

On poursuit vers le nord pour partir à l'assaut du **miradouro de Graça**, agréablement ombragé de pins. De beaux escaliers en colimaçon descendent vers l'ancien quartier arabe de **la Mouraria**, qui rappelle l'Alfama. À proximité, la **Vila Sousa** déroule ses fières façades ornées d'azulejos tandis que la **Vila Berta** offre un exemple d'habitations ouvrières, flanquées de curieux balcons sur pilotis. Situé dans un cadre magnifique, le **musée des Azulejos** est l'une des perles de Lisbonne. Il occupe un couvent reconstruit au XVIIIe siècle, et raconte l'histoire des carreaux

d'inspiration mauresque si typiques de la ville. Une fresque remarquable figure Lisbonne avant le séisme.
Retour au centre de Lisbonne, à la **praça de Restauradores**, pour longer l'**avenida de Liberdade**. Bordée de platanes et de palmiers, de boutiques haut de gamme, cette majestueuse avenue n'est pas sans évoquer celle des Champs-Élysées. À mi-chemin, il faut bifurquer vers l'ouest pour aller se promener dans l'agréable **Jardin botanique** et dans le quartier de la **Praça das Flores**, qui évoque un paisible village. L'avenida de Liberdade mène au superbe **parc Edouardo-VII.** Agrémenté de jardins à la française, d'un lac et de talus offrant des vues dégagées sur la ville, il constitue le plus grand espace vert de Lisbonne. Au nord du parc, sont regroupés quelques immanquables de la ville, notamment la **fondation Calouste-Gulbenkian**, du nom d'un richissime collectionneur, le **musée d'Art moderne** et la **maison-musée Anastacio Gonçalves,** de style Art nouveau.
La visite peut se terminer au bord du Tage, par la visite du **musée national des Arts antiques** et par celle du **quartier de Belém**.

LES CONSEILS GEO

Les plus

Le cadre magique et le climat agréable toute l'année.
Une ville photogénique offrant en maints endroits de superbes panoramas.
Une cité pétrie d'histoire, riche en musées et monuments.
Une ville tout à la fois vivante et paisible.

Les moins

Les rues qui grimpent, rendant la promenade quelque peu fatigante...

CARNET DE VOYAGE

- **Les premiers contacts** L'office du tourisme du Portugal n'a pas de bureaux en France, en revanche, vous pouvez contacter l'ambassade du Portugal à Paris au 01 47 27 35 29. Site Internet : www.visitportugal.com. Séminaires, expositions et cours de portugais sont organisés au Centre culturel portugais de Paris. 6, passage Dombasle, 75015 Paris.
- **Les formalités** Pour les ressortissants de l'UE, carte nationale d'identité ou passeport en cours de validité.
- **La santé** Aucun problème.
- **Le voyage, le décalage** Temps de vol depuis Paris : 2 heures 30.Vous pouvez aussi partir de Lyon, Nice, Marseille, Toulouse, Nantes... Route : Paris-Lisbonne, 1 740 km environ dont 1 700 sur autoroute. Compter 18 heures de trajet. Décalage horaire : 1 heure. Quand il est midi en France, il est 11 h au Portugal.
- **Les langues, la monnaie** Le portugais est la langue officielle. La langue des signes portugaise et le mirandais, parlé dans le nord-est du pays, sont reconnus officiellement. Le français et l'anglais sont assez répandus. **Monnaie :** l'euro.
- **La population** Le Portugal compte 10 350 000 habitants. Lisbonne recense 530 000 habitants intra-muros et l'agglomération près de 3 millions.
- **Les religions** Les Portugais sont catholiques à 85 %. Parmi ceux-ci, 50 % se déclarent pratiquants. Les évangéliques et témoins de Jéhovah sont bien représentés.
- **Les fêtes** **Juin :** Fêtes de Lisbonne ; **10 juin :** fête nationale ; **juillet :** Festival de l'océan.
- **Les achats** Des azulejos, des faïences, de la broderie. Côté douceurs : de la ginjha, une liqueur de cerise symbole de Lisbonne, des conserves de sardine et de morue, de l'huile d'olive.

Budapest, Vienne et Prague

Budapest, son atmosphère magyare et ses bains Art nouveau, Vienne, sa Sachertorte et son nouveau Museumsquartier, Prague, son pont Charles et son musée Kafka : découvrez les trois capitales les plus fascinantes d'Europe de l'Est, entre les palais des Habsbourg et les plages du Danube, sur les traces de grands écrivains.

La visite de ces trois capitales constitue l'occasion unique de se plonger dans l'atmosphère d'une Europe impériale où se sont souvent croisés l'Orient et l'Occident. Marquée tant par l'empreinte royale que par les traces de la domination soviétique (1949-1989), dénoncée dans la **maison de la Terreur**, ancien siège de la police secrète des nazis puis des communistes *(Andrássy út 60, www.terrorhaza.hu, mar.-dim. 10 h-18 h)*, **Budapest** est connue dans le monde entier pour ses thermes. De l'époque romaine à aujourd'hui, en passant par l'occupation turque, sous laquelle la ville s'est dotée, à partir du XVIe siècle, de nombreux bains monumentaux, les effets bénéfiques des eaux ont toujours accompagné la vie quotidienne des Budapestois. La capitale hongroise compte 15 grands établissements thermaux, dont certains fondés par les Ottomans eux-mêmes *(www.spasbudapest.com)*. **Vienne**, capitale des Habsbourg, peut, quant à elle, s'enorgueillir de ses 27 palais, dont l'impériale **Hofburg**, le château de **Schönbrunn**, visité en moyenne par 5 millions de touristes chaque année et le complexe du **Belvédère**. Autre haut lieu de Vienne, son **Museumsquartier (quartier des musées)**, qui, avec ses 60000 m², est considéré comme l'un des plus grands ensembles culturels du monde. Emblème de **Prague**, le **pont Charles**, jeté sur la Vltava, est une passerelle de pierre de plus de 500 m de long et soutenue par 16 arches, qui relie **Staré Mesto**, la vieille ville, avec ses places animées et ses cafés historiques, au quartier baroque de **Malá Strana**. Quant au château qui s'élève sur la rive occidentale du fleuve, il témoigne des origines impériales d'une ville qui fut la capitale du Saint Empire romain germanique et la résidence des rois de Bohême.

Se déplacer : *L'avion est le moyen de transport le plus pratique, car les liaisons aériennes sont excellentes et les trajets rapides : moins d'une heure de Budapest à Vienne et cinquante-cinq minutes environ de Vienne à Prague. En voiture, il faut un peu moins de deux heures trente pour aller de Budapest à Vienne* (243 km, E60 et A4), *et à*

Le pont des Chaînes relie les deux parties de Budapest, Buda et Pest.

peu près trois heures trente de plus pour gagner Prague (334 km, E50). *En train, le TGV Europe* (sncf-connect.com) *relie Budapest à Vienne en un peu plus de deux heures trente, et la capitale autrichienne à Prague en un peu moins de cinq heures.*

Budapest (2 jours)

Thomas Mann, célèbre admirateur de Budapest, la considérait comme l'une des villes les plus élégantes d'Europe. À l'instar de nombreuses autres capitales traversées par un fleuve, la « perle du Danube », est coupée en deux : sur la rive occidentale, **Buda**, partie la plus ancienne avec ses élégants quartiers résidentiels perchés sur les collines et ses forêts qui pénètrent presque dans la ville; sur la rive orientale, **Pest**, la ville du début du XXe siècle, riche en hôtels, magasins et restaurants. Citons aussi les îles sur le Danube, et notamment celle de **Marguerite**, qui abrite le plus beau parc de la capitale. On ne peut explorer Budapest sans tenir compte de cette division géographique apparente, transcendée par les ponts, comme celui des **Chaînes**, édifié au milieu

QUE VOIR, QUE FAIRE À BUDAPEST ?

- Le funiculaire qui relie le pont des Chaînes au quartier du Château
- Le panorama depuis le bastion des Pêcheurs
- Une douceur de la pâtisserie Lukacs ou de la pâtisserie Ruszwurm
- Un après-midi de détente dans des thermes
- Une promenade dans le parc de Värosliget
- Le Parlement et les joyaux de la Couronne

Le Parlement de Budapest,
le long du Danube

du XIXe siècle et orné de statues de lions; le **pont Élisabeth**, reconstruit et prolongé en 1964; ou encore le **pont Marguerite**, du XIXe siècle, qui relie Buda et Pest à l'île du même nom. De pont en pont, on passe d'une rive à l'autre, bien que Pest concentre la plupart des monuments de la ville, notamment le **Parlement (Országház)**. Ce célèbre palais néogothique aux salles décorées de tableaux, de fresques et de tapisseries est aussi l'écrin des **joyaux de la Couronne**, dont un sceptre persan du XIVe siècle et une couronne du XIe siècle, dite de saint Étienne, premier roi chrétien du pays (*Kossuth tér 1-3, www.parlament.hu, 8 h-16 h*).

C'est également à lui qu'est dédiée la **basilique Saint-Étienne (Szent István)**, érigée entre 1851 et 1905 dans le style néo-Renaissance, avec son plan en forme de croix grecque, son intérieur revêtu de 55 sortes de marbre et un ascenseur qui conduit à la coupole *(Szent István tér 1, http://bazilika.biz, horaires variables pour les messes et les concerts)*. Sur la solennelle **place des Héros (Hosök Tere)**, des colonnades abritant les statues des rois hongrois composent le **monument du Millénaire**, construit en 1896 pour célébrer le millième anniversaire de la conquête de la Hongrie par les Magyars. La place est bordée par le **musée des Beaux-Arts (Szépmuvészeti Müzeum)**, qui possède une section consacrée à l'Égypte ancienne et d'importantes collections européennes de l'époque gréco-romaine jusqu'au XXe siècle, dont des œuvres de l'âge d'or flamand et de peintres italiens comme Giorgione, Raphaël, Titien ou Le Tintoret *(Dózsa György út 41, www.szepmuveszeti.hu, 10 h-18 h, fermé lun.)*. Ne manquez pas non plus l'élégante **avenue Andrássy**, longue de 2,5 km et inscrite au patrimoine mondial de l'Unesco, qui traverse la place des Héros et le **parc de Värosliget** (XXe siècle) pour déboucher près du Danube, en longeant l'**Opéra national** *(www.opera.hu)*, le **salon de thé Muvész**, fondé au XIXe siècle, et la **pâtisserie Lukacs**, réputée pour ses gâteaux et ses concerts de piano.

LES CONSEILS GEO BUDAPEST

• Les plus

L'attrait de la « perle du Danube », qui ravira les amateurs d'histoire et d'architecture.

• Les moins

Évitez l'été ou l'hiver quand les températures peuvent être extrêmes.

• Les tendances

La plupart des hôtels sont équipés de centres de remise en forme où le massage, ville de bains oblige, est la règle. En y mettant le prix, vous pouvez aussi dénicher un hôtel avec bains et vue sur le Danube.

CARNET DE VOYAGE BUDAPEST

• **Les premiers contacts** Office du tourisme de Hongrie, Paris, tél. : 01 53 70 67 17, www.visithungary.com, www.budapestinfo.hu.

• **Les formalités** Pour les ressortissants de l'UE, carte nationale d'identité ou passeport en cours de validité. Pour les Canadiens, passeport encore valide six mois après le retour.

• **La santé** Aucun problème.

• **Le voyage, le décalage** Durée moyenne du vol Paris-Budapest (1 257 km) : 2 heures. Pas de décalage horaire.

• **Les langues, la monnaie** Le hongrois a la particularité de ressembler au finnois, toutes deux langues finno-ougriennes. La langue tsigane concerne 2 % de la population. L'allemand est nettement plus repandu que l'anglais et le français. **Monnaie :** le forint. 1 € = 407 forints.

• **La population** La Hongrie compte 9,7 millions d'habitants environ, dont un sur six vit à Budapest, la capitale. Budapest : 1,7 million d'habitants environ.

• **Les religions** Deux habitants sur trois sont catholiques, un sur quatre est protestant calviniste.

• **Les fêtes** **Fév. :** divers carnavals ; **15 mars :** fête de la Révolution de 1848 ; **mars :** Festival de Printemps de Budapest.

• **Les achats** Broderies colorées à motifs floraux, objets en porcelaine, jouets en bois, poteries et vin.

Buda, juchée sur la colline de l'autre côté du fleuve, dispose de grands monuments comme le **bastion des Pêcheurs (Halászbástya)**, construction néoromane du début du XXe siècle qui offre le plus beau panorama sur la ville, et l'**église Mathias**, en hongrois **Mátyás Templom** (*Szentháromság tér 2, www.matyas-templom.hu, horaires variables*), principal édifice sacré de la capitale, qui mêle des éléments de différents styles et époques. Elle a accueilli de grands événements historiques comme le couronnement de Charles Robert d'Anjou (1309) et les deux mariages du roi Mathias. Les deux bâtiments se trouvent dans le **quartier du Château**, l'un des sites les plus imposants de Budapest : un circuit en funiculaire, à partir du pont des Chaînes, permet de découvrir des musées, des palais, des maisons, des monastères, les **Archives nationales** et la **pâtisserie Ruszwurm**, de la première moitié du XIXe siècle. Incontournable, le **Palais royal** abrite la **Galerie nationale hongroise** (*Magyar Nemzeti Galéria, www.mng.hu, mar.-dim. 10 h-18 h, fermé lun.*), véritable panorama de l'art hongrois du Moyen Âge au XXe siècle, tandis qu'un **labyrinthe** de cavernes s'étend juste en dessous du château.

Vienne (3 jours)

Dans le classement Mercer sur la qualité de la vie, Vienne arrive souvent en première position. Mais bien plus que des chiffres et des tableaux abstraits, les faits parlent d'eux-mêmes : sur 415 km² divisés en 23 quartiers, les monuments historiques côtoient des bâtiments contemporains et des musées extraordinaires, tandis que, depuis quelques années, la gastronomie viennoise connaît un beau renouveau, avec des restaurants très chics proposant des spécialités autrichiennes revisitées. Par ailleurs, le **canal du Danube**, autrefois seulement utilisé pour de mini-croisières, est devenu le rendez-vous favori de la jeunesse viennoise – les vieux bateaux de transport de sable ayant été reconvertis en restaurants et en clubs lounge, et les rives du fleuve pourvues d'établissements balnéaires propices à la détente et au bronzage en été. Vienne est également la seule capitale à pouvoir s'enorgueillir de posséder 700 ha de vignobles à l'intérieur de son périmètre urbain. Chaque année, elle accueille de

LES CONSEILS GEO VIENNE

Les plus

L'attrait de la capitale de l'empire des Habsbourg pendant près de sept siècles, ville historique par essence.

Les moins

La nécessité de prévoir un budget assez élevé : les visites et l'hébergement en particulier sont chers.

Les tendances

Vienne surprendra ceux qui pensent trouver une belle endormie. La ville est particulièrement animée l'été, notamment durant la fête de l'île du Danube, lorsqu'ont lieu de nombreux concerts, et en décembre, avec l'installation des marchés de Noël.

Les jardins du château de Schönbrunn, à Vienne, autrefois la résidence d'été impériale

grands festivals, comme le concert du Nouvel An ou le bal des Débutantes, ainsi que des expositions de haut niveau dans sa centaine de musées. C'est justement par là que vous commencerez la visite de la capitale habsbourgeoise. Dans la **Hofburg**, immense complexe impérial, on découvre les appartements de François-Joseph et d'Élisabeth (Sissi) et des collections d'argenterie et de porcelaines (*Michaelerkuppel, www.hofburg-wien.at, 9 h 30-17 h*). Le **château de Schönbrunn**, ancienne résidence d'été des Habsbourg, aujourd'hui situé en zone urbaine et inscrit au patrimoine mondial de l'Unesco, comprend les appartements impériaux et un parc agrémenté de fontaines, de statues, de labyrinthes et de serres, ainsi que le **musée des Voitures**, dont le fleuron est sans conteste le carrosse de 4 t vraisemblablement construit pour le couronnement de Joseph II en 1764 (*Schönbrunner Schlossstrasse 47, www.schoenbrunn.at, 9 h-17 h*). Le **palais du Belvédère**, quant à lui, est l'un des plus beaux édifices baroques du monde. Composé du Belvédère supérieur et du Belvédère inférieur, il abrite, outre des jardins impériaux et des salons, la plus grande collection de tableaux de Klimt (dont le célèbre *Baiser*) et d'autres œuvres des XIXe et XXe siècles signées Kokoschka, Monet, Renoir et Schiele (*Prinz Eugen-Strasse 27, www.belvedere.at, 10 h-18 h*). Vous pouvez voir un autre chef-d'œuvre de Klimt, *La Frise de Beethoven*, au **pavillon de la Sécession** (*Friedrichstrasse 12, www.secession.at, mar.-dim. 10 h-18 h*).

QUE VOIR, QUE FAIRE À VIENNE ?

- Un opéra ou un concert interprété par le mythique Philharmonique de Vienne
- Un après-midi de détente sur les rives du Danube en été
- Une dégustation de Sachertorte au mythique salon de thé de l'hôtel Sacher
- La vue sur la ville depuis la grande roue du Prater
- La Hofburg, sur les traces de Sissi
- Une exposition dans l'un des musées du Museumsquartier

Ce bâtiment de la fin du XIXe siècle est un véritable manifeste architectural du mouvement artistique qui lui donna son nom. Pour découvrir la plus grande collection au monde de tableaux d'Egon Schiele, rendez-vous dans le **Museumsquartier (quartier des musées)**, inauguré en 2001 dans les anciennes écuries impériales et composé de plusieurs édifices : le **musée Leopold** avec, justement, les œuvres de Schiele et de Klimt; le **Mumok**, plus grand musée d'art moderne et contemporain d'Europe centrale; la **Kunsthalle Wien** et ses expositions thématiques; et le **Zoom Kindermuseum**, dédié aux enfants *(www.mqw.at, horaires variables)*. Si vous n'êtes pas encore rassasié de culture, visitez aussi l'**Albertina**, ancienne résidence des Habsbourg devenue musée, avec ses salles de réceptions, ses chefs-d'œuvre de l'art européen et sa nouvelle entrée futuriste dessinée par Hans Hollein *(Albertinaplatz 1, www.albertina.at, 10 h-18 h, mer. et ven. jusqu'à 21 h)*, ou bien le **Kunsthistorisches Museum**, ou musée des Beaux-Arts, où vous pourrez admirer des œuvres allant de l'Égypte ancienne à Titien, ainsi que la plus vaste collection au monde de tableaux de Bruegel *(Maria Theresien-Platz, www.khm.at, 10 h-18 h, jeu. jusqu'à 21 h)*. Sinon, concentrez-vous sur les autres curiosités, comme la **cathédrale Saint-Étienne**, superbe exemple de style gothique autrichien *(Stephansplatz 3, www.stephanskirche.at, lun.-sam. 6 h-22 h, dim. 7 h-22 h)*, ou le **Prater**, avec le célèbre parc d'attractions dominé par la grande roue panoramique *(www.prater.at, horaires variables)*, sans oublier de faire une pause dans un café viennois. Récemment rouvert après sa

CARNET DE VOYAGE VIENNE

• **Les premiers contacts** Office de tourisme d'Autriche, Paris, tél. : 08 11 60 10 60, www.austria.info/fr, www.wien.info/fr.

• **Les formalités** Pour les ressortissants de l'UE, carte nationale d'identité ou passeport en cours de validité.

• **La santé** Aucun problème.

• **Le voyage, le décalage** Durée moyenne du vol Paris-Vienne (1 045 km) : 2 heures. Train : voyage de nuit Paris-Gare de l'Est-Vienne (15 heures). Pas de décalage horaire.

• **Les langues, la monnaie** Langue officielle : l'allemand. Langues étrangères : l'anglais est assez parlé, le français très peu. **Monnaie :** l'euro.

• **La population** L'Autriche compte 8,9 millions d'habitants environ. L'immigration est l'une des plus faibles des pays occidentaux.
Vienne : 1,8 million d'habitants environ.

• **Les religions** Catholicisme dominant (85 %). Petite minorité de luthériens.

• **Les fêtes** **Nuit du Nouvel An :** bal de l'Empereur et concert du philharmonique de Vienne ; **mi-janv. à mi-fév. :** saison des bals ; **juin :** fête de l'île du Danube ; **mi-sept. :** Journées européennes du patrimoine ; **déc. :** marchés de Noël.

• **Les achats** Chapeaux, tapis, broderies, cuirs et jouets en bois. Pour faire du lèche-vitrines, rendez-vous sur le **Graben**, rue piétonne bordée de boutiques de grandes marques. Dans Spiegelgasse, au n° 3, admirez les porcelaines impériales d'**Augarten**, l'une des plus anciennes manufactures d'Europe (www.augarten.at). **Naschmarkt**, dans le quartier du même nom, est depuis quelques années l'un des marchés les plus courus de la capitale (le samedi s'y tient un marché aux puces).
Dans la Schleifmühlgasse, nombreuses boutiques originales, comme **Babette's** (www.babettes.at), une librairie pour les gastronomes ou la boutique de mode d'époque d'**Ingrid Raab** (www.vintageflo.com).

restauration, le **Café Museum**, autrefois fréquenté par Klimt, Schiele, Otto Wagner et Adolf Loos (*Operngasse 7, www.cafemuseum.at*), fait déjà de la concurrence à deux autres adresses historiques au charme intemporel : **Demel**, l'ancienne pâtisserie de la cour impériale (*Kohlmarkt 14, www.demel.at*), et le salon de thé de l'**hôtel Sacher**, derrière l'**Opéra** (*Philharmoniker-strasse 4, www.sacher.com*), berceau du célèbre gâteau au chocolat et à la confiture devenu le symbole gourmand de la capitale, le *Sachertorte*.

• Prague (2/3 jours)

Comme Budapest, Prague est coupée en deux par un fleuve, la **Vltava** : sur la rive droite s'étend la Vieille Ville (Staré Mesto) et, un peu plus loin, le quartier du Château, tandis que la rive gauche accueille le Petit Côté (Malá Strana) et la Nouvelle Ville (Nové Mesto).

Pour relier les deux, l'empereur Charles IV commanda au XIVe siècle ce qui allait devenir l'une des plus belles passerelles de pierre du monde : le **pont Charles**, véritable emblème praguois, doté de tours fortifiées, de 16 arches et de 30 statues. On le traverse nonchalamment pour rejoindre **Malá Strana**, ses adorables places, ses petites rues et les anciennes résidences des Habsbourg, qui dominent **Malostranské námestí**, le cœur de cette partie de la capitale, où se dresse également la **Sv. Mikulás**, l'église baroque Saint-Nicolas.

L'église baroque Saint-Nicolas, à Prague

Le **musée Kafka** (*Cihelná 2b, www.kafkamuseum.cz, 10 h-18 h*) est installé dans la maison où le plus illustre citoyen de Prague naquit en 1883, tandis que le **musée Kampa** présente un panorama de l'art contemporain d'Europe centrale et orientale (*U Sovových mlýnu 2, www.museumkampa.cz, 10 h-18 h*). Sur la **colline de Petrín** se trouvent l'**observatoire astronomique Štefánik** (*Petrín 205, www.observatory.cz, horaires variables*) et le

LES CONSEILS GEO PRAGUE

Les plus
Un patrimoine architectural et artistique incomparable. Une ville à taille humaine, dont le centre historique se parcourt aisément à pied.

Les moins
Les difficultés d'hébergement dans la capitale en haute saison.

Les tendances
La musique tient une place de premier choix dans la capitale tchèque, où ont séjourné Mozart, Dvorák et Smetana. Pourquoi donc ne pas s'y rendre lors du Printemps de Prague (de mi-mai à début juin) afin d'écouter de grands orchestres venus du monde entier ?

belvédère, avec sa tour panoramique, réplique miniature de la tour Eiffel (*https://www.prague.fr/colline-petrin, horaires variables selon les jours et les mois de l'année*).

C'est dans la **Ville haute (Hradcany)** que siègent le **palais Sternberg**, qui abrite la **Národní galerie v Praze**, la plus ancienne galerie nationale après le Louvre (*Hradcanské námestí 15, www.ngprague.cz, 10 h-18 h, fermé lun.*), et le **Château** (*www.hrad.cz, horaires variables pour le château et les jardins*), un quartier fortifié dont les fleurons retracent 1200 ans d'histoire : le **Trésor** (avec la couronne de Venceslas), les **jardins royaux**, la **cathédrale** gothique dédiée à saint Guy, saint Venceslas et saint Adalbert (*www.katedralasvatehovita.cz/en*), la **pinacothèque** avec les collections de l'empereur Rodolphe II (plus de 100 tableaux de Titien à Rubens), la **basilique** et le **couvent Saint-Georges**, fondés en 920. Dans la maison des rois de Bohême, actuelle résidence officielle du président de la République, vous pourrez visiter la **Tour poudrière**, où les alchimistes cherchaient la formule permettant de transmuter le plomb en or, et la **ruelle d'Or**, bordée de pittoresques boutiques d'orfèvres et d'ateliers d'artisans.

Si Malá Strana s'élève sur la colline, Staré Mesto s'étend dans la plaine, sur l'autre rive de la Vltava. Dans cette partie de Prague, la plus ancienne de la capitale, le complexe architectural du

CARNET DE VOYAGE PRAGUE

- **Les premiers contacts** Office national tchèque du tourisme, 27, avenue de l'Opéra, 75001 Paris, tél. : 01 53 73 00 32, www.czechtourism.com, www.prague.eu/fr.
- **Les formalités** Pour les ressortissants de l'UE, carte nationale d'identité ou passeport en cours de validité.
- **La santé** Aucun problème.
- **Le voyage, le décalage** Durée moyenne du vol Paris-Prague (870 km) : 1 heure 40. Route : Paris-Prague via Nuremberg : 1 100 km. Pas de décalage horaire.
- **Les langues, la monnaie** Langue officielle : le tchèque. Langues étrangères : l'allemand est courant, l'anglais et le français beaucoup moins. **Monnaie :** la couronne tchèque ou koruna. 1 € = 24,3 couronnes tchèques.
- **La population** La République tchèque compte 10,7 millions d'habitants. Allemands, Polonais et Russes forment trois minorités aux côtés des Tchèques. Prague : 1,3 million d'habitants environ.
- **Les religions** Deux habitants sur trois sont catholiques, 4 % sont des fidèles de l'Église nationale tchèque.
- **Les fêtes** **30 avril :** fête préchrétienne Paleni Carodejnic (bûcher des sorcières) à Prague ; **mai :** Printemps de Prague (festival de musique) ; **oct. :** Festival des Lumières ; **17 nov. :** commémorations de la Révolution de velours ; **déc. :** marchés de Noël et marché aux carpes.
- **Les achats** Objets en cristal de Bohême, jouets en bois, marionnettes, poteries, bière, porcelaine.

RÉPUBLIQUE TCHÈQUE

Le pont Charles traverse la Vltava, à Prague.

Clementinum (*Križovnická 190, www.klementinum.com, horaires variables selon les jours et mois de l'année*), où se déroulent régulièrement des concerts, réunit la chapelle des Miroirs, la bibliothèque baroque et une tour astronomique de 68 m de haut. Staré Mesto possède des **places** extraordinaires, telles que celle de la Vieille-Ville (**Staromestské Námestí**), sur laquelle s'avance l'ancien hôtel de ville gothique et Renaissance, avec son horloge astronomique du XVe siècle et ses salons décorés, comme la salle des Mosaïques, de 1937 (*pour les salles et la tour, horaires variables selon les jours et les mois*). Sur la place de la Vieille-Ville se dressent également l'**église du Týn**, édifice gothique à trois nefs, avec ses deux tours de 80 m de haut, l'une achevée en 1469, l'autre en 1511 (*www.tyn.cz, horaires variables*), et le palais rococo **Goltz-Kinský**, de 1755-1765, qui fait partie de la Galerie nationale (*www.ngprague.cz, 10 h-18 h, fermé lun.*). Ne manquez pas non plus la **place Venceslas (Václavské námestí)** dans la **Nouvelle Ville (Nové Mesto)**, avec ses palais Art nouveau, la **statue** équestre de **saint Venceslas** et la façade néo-Renaissance du **Musée national** (*Národní Muzeum, www.nm.cz*).
Vous pouvez ensuite découvrir les synagogues et le vieux cimetière de **Josefov**, qui fut l'un des plus grands ghettos juifs d'Europe avant de devenir le quartier à la mode qu'il est aujourd'hui, ou bien retourner à Staré Mesto pour admirer les beaux vases en cristal de Bohême qui font la réputation de la boutique **Material** (*Tyn 1, www.i-material.com*).

QUE VOIR, QUE FAIRE À PRAGUE ?

- Une balade en bateau sur la Vltava pour admirer le pont Charles
- Le château royal et la cathédrale Saint-Guy dans la Ville haute
- La ruelle d'Or et ses boutiques d'orfèvres et d'artisans
- Une soirée dans le quartier juif, très à la mode
- Un dîner accompagné d'une bonne bière, dans une brasserie traditionnelle de la Vieille Ville

Berlin

Berlin est une ville passionnante. Si, meurtrie par la Seconde Guerre mondiale, elle ne possède certes pas les beautés d'autres capitales européennes, ses charmes sont à chercher ailleurs : dans son atmosphère pleine d'énergie, dans son esprit libre et contestataire, dans les stigmates, aussi, de la guerre et de la division qu'elle porte toujours et qui font d'elle une ville de mémoire. La nature est omniprésente, les lieux culturels y sont innombrables : de quoi là aussi ravir les visiteurs.

Berlin est une ville immense s'étalant sur environ 890 km². C'est plus de huit fois la superficie de Paris. Ses différents quartiers semblent former autant de villes à l'atmosphère bien typée ; ils sont globalement calmes et bourgeois à l'ouest, davantage bohèmes et animés vers l'est. Traversé par la Spree et maintes petites rivières, occupé par de vastes parcs et strié de larges avenues, Berlin est une ville où l'on respire. Sa richesse culturelle est légendaire – la cité abrite près de 170 musées et 60 théâtres – de même que son esprit alternatif et contestataire, dont Kreuzberg reste l'emblème.

Se déplacer : *Berlin est si étendu qu'il est impensable de visiter la ville à pied. La circulation étant assez fluide, la voiture peut être une solution. Les pistes cyclables couvrent toute la ville, ce qu'apprécieront les plus sportifs. Elle est par ailleurs bien desservie par les transports publics (train, bus, métro, et tramway dans l'est). La* Tageskarte *permet de circuler librement, quel que soit le moyen de transport utilisé, pendant toute une journée, à compter du compostage jusqu'à 3 h le lendemain matin (10 € pour les trois zones ABC).*

Berlin (5 jours)

La visite de Berlin peut débuter par **Charlottenburg**, un quartier élégant occupé par la bourgeoisie berlinoise. Dominé par le **Schloss Charlottenburg**, château élevé au début du XVIIIᵉ siècle, il est traversé par la célèbre « **Ku'damm** », le Kurfürstendamm. Bordée de boutiques chics et d'immeubles à l'architecture audacieuse, la plus longue avenue de la ville invite à

La tour de la télévision se détache sur la skyline de Berlin.

la flânerie et au lèche-vitrines. **Savignyplatz** forme l'une des plus jolies places de Berlin. Accueillant de paisibles jardins ornés de pergolas, elle s'entoure de cafés prisés par les artistes et les intellectuels. Charlottenburg abrite le plus vieux et le **plus grand zoo d'Allemagne**. Installé dans un parc de 35 ha, il constitue l'une des promenades favorites des familles berlinoises. Au nord-ouest du quartier, **Spandau**, avec sa **ville médiévale** et sa **citadelle**, conserve un charme particulier. La ravissante église **Nikolaikirche** s'entoure des plus vieilles maisons de la ville. Depuis la plate-forme supérieure de la **Funkturm**, qui imite la tour Eiffel, le panorama sur Berlin s'étend à perte de vue.

Au sud-ouest de Berlin se situent les quartiers de **Grunewald** et **Dahlem**. Jalonnés de parcs, petites rivières, lacs et castels, ils affichent un caractère rural et offrent un cadre particulièrement agréable pour la promenade. À Grunewald, le visiteur pourra marcher dans une **forêt de 3 000 ha**, se promener dans le parc romantique peuplé de paons, sur l'**île de Pfaueninsel** accessible en vedette, ou encore prendre un bain de soleil, l'été, sur la **Strandbad Wannsee**, la plus vaste plage intérieure d'Europe. Plusieurs monuments méritent une visite : le **Schloss Klein-Glienicke** est un joli palais édifié au XIXe siècle pour le prince Charles de Prusse ;

QUE VOIR, QUE FAIRE À BERLIN ?

- Arpenter les nombreux musées du Kulturforum et de l'Île aux musées
- Faire du vélo le long de la Spree
- Visiter le plus grand zoo d'Allemagne, en plein centre-ville
- Respirer le bon air de la forêt de Grunewald et du parc de Tiergarten
- Se recueillir dans les nombreux lieux de mémoire consacrés à la Seconde Guerre mondiale
- Contempler le Mur au niveau d'East Side Gallery
- Monter à la Fernsehturm
- Aller boire une bière à Kreuzberg

LES CONSEILS GEO

• Les plus

Les parcs et les cours d'eau font de Berlin une ville idéale pour la promenade à pied ou à vélo.
Le vent de la liberté souffle partout, ce qui se ressent dans l'architecture audacieuse et dans l'esprit de certains quartiers.
Une ville débordant de sites culturels et de lieux de mémoire.
Une ville cosmopolite et au dynamisme débridé.

• Les moins

La ville étant très vaste, on perd beaucoup de temps dans les transports.
Le climat n'est pas idéal : pluvieux en automne et au printemps, glacial en hiver...

le **Jagdschloss Grunewald**, construit à la Renaissance, s'impose comme le plus vieux château de la ville. C'est dans la villa néobaroque **Gedenkstätte Haus,** que s'écrivit une des pages les plus sombres de l'histoire : les nazis s'y réunirent en janvier 1942 pour planifier l'extermination systématique des juifs. Le quartier recense un complexe de trois musées passionnants dédiés aux cultures du monde (le **Musée ethnologique**, le **musée d'Art asiatique** et le **musée des Cultures européennes**) ainsi que de **superbes villas** élevées au début du XXe siècle et regroupées dans les rues proches de la station de S-Bahn Grunewald.
Couvrant plus de 200 ha, le **Tiergarten** est un gigantesque parc délimité au nord par la Spree, où les Berlinois aiment piqueniquer. Au sud du parc, le **Kulturforum** regroupe des espaces culturels majeurs. Immanquable avec ses murs déstructurés habillés de jaune, la **Philharmonie**, œuvre de Hans Sharoun, est l'une des salles de concert les plus réputées d'Europe. La **Gemäldegalerie** réunit l'une des plus riches collections de peintures d'Allemagne, tandis que la **Neue Nationalgalerie** renferme des chefs-d'œuvre de l'expressionnisme allemand. À l'est, le secteur de la **Potsdamer Platz** est l'un des pôles les plus dynamiques de Berlin. Truffé de bâtiments conçus par d'éminents architectes,

CARNET DE VOYAGE

• **Les premiers contacts** Le site officiel de l'Office national allemand du tourisme, www.germany.travel/fr/index.html, est riche d'informations et des brochures sont téléchargeables. Ambassade d'Allemagne : 13-15 avenue Franklin-D.-Roosevelt, 75008 Paris. Tél : 01 53 83 45 00.

• **Les formalités** Pour les ressortissants de l'UE, carte nationale d'identité ou passeport en cours de validité.

• **La santé** Aucun problème.

• **Le voyage, le décalage** Durée moyenne du vol Paris-Berlin : 1 heure 45. Voiture : le trajet à partir de Paris est de 1 100 km environ. Compter 10 heures en moyenne. Train : le train de nuit de la Deutsche Bahn, City Night Line, part tous les jours de Paris vers Berlin. L'autocar est une solution économique. Eurolines propose des liaisons quotidiennes Paris-Berlin. Pas de décalage horaire.

• **Les langues, la monnaie** L'allemand est bien entendu la langue officielle, mais l'anglais y est parlé couramment. **Monnaie :** l'euro.

• **La population** L'Allemagne compte plus de 83 millions d'habitants, ce qui en fait le pays le plus peuplé d'Europe. Avec 3 600 000 habitants, Berlin est la première ville d'Allemagne en termes de population.

• **Les religions** Plus de 60 % des Berlinois ne se reconnaissent dans aucune religion. 30 % sont chrétiens, 8 % sont musulmans.

• **Les fêtes** **mi-fév. :** La Berlinale, festival du cinéma ; **Pentecôte :** carnaval des Cultures ; **juil. :** Christopher Street Day ; **août :** longue nuit des musées ; **sept. :** marathon de Berlin et Art Forum ; **déc. :** marchés de Noël.

• **Les achats** Des objets rétro, un ours en peluche (emblème de la ville), du pain noir, une chope de bière.

tel Renzo Piano, il abrite entre autres un **musée du Cinéma** ainsi que l'incontournable **Sony Center**, symbole du nouveau Berlin, réunissant des salles de cinéma, des cafés et des restaurants.

Le parcours se poursuit vers le sud-est, en direction de **Kreuzberg**, le quartier alternatif et l'un des plus prisés de la jeunesse berlinoise. La communauté turque y est bien représentée. On y accède par **Checkpoint Charlie**, célèbre point de passage entre les secteurs américain et soviétique durant la guerre froide. À proximité, deux sites rappellent la tragédie de l'holocauste : **Topographie des Terrors**, illustrant les aspects les plus noirs du régime nazi, et le **Jüdisches Museum**, en forme d'étoile de David brisée.

Pour prendre le pouls de ce quartier typique et coloré, le mieux est de longer **Oranienstrasse**, bordée de boutiques alternatives, de bars, d'épiceries turques et de vendeurs de kebab. La visite continue dans l'ancien Berlin-Est, à **Mitte**, au niveau de la **Brandenburger Tor**, qui formait la frontière entre les deux Berlin. Ce célèbre monument berlinois ouvre sur **Unter den Linden**, « sous les tilleuls », une longue avenue le long de laquelle s'élèvent de majestueux édifices, tel l'**opéra néoclassique** et la **Zeughaus**, construit en 1706 et accueillant un musée de l'histoire de

La porte de Brandebourg, ancienne frontière entre Berlin-Ouest et Berlin-Est

l'Allemagne. Au sud, s'étend le charmant secteur de **Gendarmenmarkt**. Après la révocation de l'Édit de Nantes, il devint le refuge des huguenots. En témoignent un petit musée consacré à leur histoire et l'**Église française** coiffée d'une tour baroque. Au nord, s'étend **Museumsinsel**. Cette île inscrite au patrimoine de l'Unesco réunit un ensemble de musées, dont le **Pergamonmuseum**, consacré aux arts antiques, et l'**Alte National Galerie**, dédiée à la peinture des XIXe et XXe siècles.

À l'est, **Scheunenviertel** était avant guerre un quartier très pauvre occupé par les juifs qui s'est embourgeoisé. La **Neue Synagogue** y compte parmi les nombreux témoignages de la présence juive. **Alexanderplatz** constitue l'emblème de l'ancien Berlin-Est. Cernée de tristes édifices gris, cette place se situe à proximité de la **Fernsehturm**, la tour de la télévision élevée en 1969 par les autorités de Berlin-Est pour montrer leur modernité. Non loin, **Nikolaiviertel** forme une charmante enclave au bord de la Spree. La visite pourra se terminer à **Prenzlauer Berg**, situé au nord de Mitte, empreint d'une atmosphère bohème et du souvenir de la guerre froide.

Munich et la Bavière

Découvrez la capitale de la bière et la patrie du roi Louis II, la Romantische Strasse (366 km entre Füssen et Würzburg) et les sommets enneigés qui bordent la Deutsche Alpenstrasse : un itinéraire entre édifices anciens et bâtiments contemporains, petits villages médiévaux et jardins baroques, châteaux et pistes de ski, dans la plus célèbre des régions allemandes.

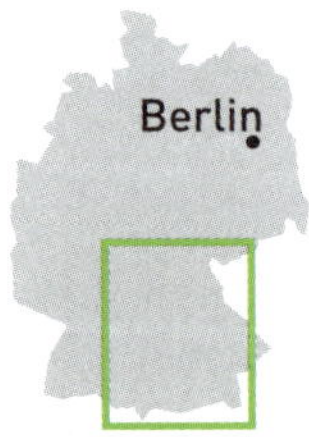

Berceau du roi Louis II, du pape Benoît XVI et de Richard Strauss, la Bavière collectionne les records, dont celui de la ville la plus visitée d'Allemagne (**Munich**) avec Berlin et celui du plus ancien parc national allemand, le **Naturpark Bayerischer Wald**, créé en 1970 à Zwiesel (*www.naturpark-bayer-wald.de*). Le plus connu des 16 États fédérés (Länder) compte également des routes touristiques de premier plan, comme la **Glasstrasse** ou route du Verre (*www.die-glasstrasse.de*), qui relie **Waldsassen** et **Passau** en 250 km et fut inaugurée en 1997 par le chancelier Kohl pour promouvoir les verreries allemandes, dignes de rivaliser avec celles de Murano. La **Romantische Strasse** (Route romantique) et la **Deutsche Alpenstrasse** (route allemande des Alpes) constituent deux magnifiques itinéraires qui méritent un détour avant ou après les visites de Munich, de Nuremberg et de Ratisbonne.

Se déplacer : *Munich est desservie par un excellent réseau de transports publics, dont un métro qui relie le centre à la périphérie de la ville* (www.mvv-muenchen.de). *En 125 km, on arrive à Ratisbonne* (E45 et A93) *et en 166 km, à Nuremberg* (E45). *Une voiture est indispensable pour emprunter les itinéraires bavarois de la Romantische Strasse et de la Deutsche Alpenstrasse, bien que l'on puisse également parcourir la première à vélo ou à bord de l'Europabus pour des excursions à la journée* (www.romantischestrasse.de).

• Munich (2 jours)

Une métropole modèle qui conjugue à merveille passé et présent, développement et stabilité : la troisième ville d'Allemagne en nombre d'habitants après Berlin et Hambourg offre une excellente qualité de vie. Munich bénéficie en effet de l'un des meilleurs aéroports d'Europe en termes de services, ainsi que de transports en commun très performants (grâce, notamment,

Marienplatz, dans le centre historique de Munich

au métro inauguré pour les jeux Olympiques de 1972), de nombreux jardins publics et d'une abondante offre d'hôtels, de restaurants et de cafés (qui riment surtout ici avec brasseries...). Quant aux attractions touristiques, il y en a énormément, et pour tous les goûts. Si vous cherchez à vous amuser, visitez Munich pendant l'**Oktoberfest**, la fête de la bière la plus populaire d'Europe. Chaque année, entre septembre et octobre, le quartier de Theresienwiese reçoit pendant deux semaines quelque 6 millions de visiteurs venus du monde entier, tandis que de nombreux concerts et défilés en costumes bavarois animent la ville. Les amoureux d'histoire seront séduits par le centre historique blotti autour de la très animée **Marienplatz**, sur laquelle s'élève le **Neues Rathaus** (nouvel hôtel de ville) néogothique du XIXe siècle. Dans sa tour, les 43 cloches et 32 automates du fameux **Glocken-spiel** (carillon) s'animent trois fois par jour. Non loin de là, l'imposante **Frauenkirche**, cathédrale gothique du XVe siècle, possède de beaux vitraux et deux tours jumelles; les services religieux y attirent jusqu'à 20000 fidèles (*www.muenchner-dom.de, horaires variables*). Après une pause à

QUE VOIR, QUE FAIRE
À MUNICH ?

- La fastueuse demeure royale de la Residenz
- Les automates du carillon du Neues Rathaus
- Une pause dans l'une des brasseries de la ville (à l'Hofbräuhaus, par exemple)
- Une visite de l'un des musées de la Kunstareal
- Une promenade dans le parc du palais Nymphenburg
- Les collections d'art contemporain de la Pinakothek der Moderne

L'Allianz Arena est le stade de football futuriste de Munich.

l'**Hofbräuhaus**, la plus ancienne brasserie de la ville, où on sert de la bière blonde depuis le XVIe siècle (*Platzl 9, www.hofbraeuhaus.de, ouverte 7 j./7*), découvrez deux chefs-d'œuvre historiques : l'église **Saint-Jean-Népomucène**, joyau rococo du XVIIIe siècle orné de stucs polychromes (*Sendlinger Strasse, www.munich.fr/eglise-asam, horaires variables*) et le grand complexe de la **Residenz**. Cette fastueuse résidence royale commencée au XVIe siècle se compose notamment du **Schatzkammer** (Trésor royal), de l'église **Allerheiligen**, transformée en auditorium moderne, et du **Residenzmuseum**, une mosaïque de cours et de salons richement décorés comme la **salle du trône**, l'**Antiquarium** de 1568-1571 (c'est la plus ancienne pièce du palais) et la **galerie des antiquités**, avec une belle collection de porcelaines asiatiques et allemandes du XIXe siècle (*Residenzstrasse 1, www.residenzmuenchen.de, horaires variables*).

Il ne faut pas manquer **Nymphenburg**, un autre palais entouré d'un grand parc, édifié au XVIIe siècle comme résidence d'été, mais réaménagé à plusieurs reprises. De nombreux Bavarois viennent y admirer la **chambre à coucher** où est né Louis II; la **salle de pierre**, dans le style rococo; le **cabinet des laques de Chine**; l'**antichambre** des audiences, aux murs tendus de damas rouge; la **galerie des Beautés**, avec des portraits de princesses et de roturières; et le **musée des Carrosses** (*parc de Nymphenburg, www.schloss-nymphenburg.de, avril-15 oct. : 9 h-18 h, 16 oct.-mars : 9 h-16 h*).

Mais les attraits de Munich ne se cantonnent pas aux traces de son passé royal. La métropole modèle s'est en effet dotée de nouvelles constructions telles quel'**Allianz Arena**, stade de football futuriste imaginé par Herzog & de Meuron (*www.allianz-arena.de*), ou le **BMW Welt**, sur le site de l'Olympiapark, qui, outre le

LES CONSEILS GEO

• Les plus

La dimension artistique et culturelle très importante des villes qui méritent la visite.
Une tradition de fêtes hautes en couleur (carnavals, fêtes de la bière, marchés de Noël).

• Les moins

Des frais de voyages assez élevés.

• Les tendances

La remise en forme dans des établissements dernier cri entre deux visites des châteaux oniriques de Louis II de Bavière.
Venir en Bavière à Noël pour faire ses cadeaux dans l'un des nombreux marchés et déguster les spécialités (amandes grillées, vin chaud, figurines en massepain).

musée de la grande marque automobile (*www.bmw-museum.com, 10 h-18 h, fermé lun.*), regroupe un auditorium, des boutiques et des restaurants, sans oublier le **musée Brandhorst** (*Theresienstrasse 35, www.museum-brandhorst.de, 10 h-18 h, mar. jusqu'à 20 h, fermé lun.*). Ce bâtiment en technicolor, qui conserve des œuvres classiques et contemporaines de Mario Merz à Andy Warhol, est le dernier-né des espaces muséaux de la **Kunstareal (quartier des Musées)**. Cette citadelle artistique rassemble de grandes collections telles que la **Glyptothek** (*Königsplatz 3, www.antike-am-koenigsplatz.mwn.de, mar.-dim. 10 h-17 h, jeu. jusqu'à 20 h, fermé lun.*), avec des statues de l'Antiquité grecque et romaine; l'**Alte Pinakothek**, ou Ancienne Pinacothèque (*Barer Strasse 27, www.pinakothek.de/alte-pinakothek, 10 h-18 h, mar. et merc. jusqu'à 20 h 30, fermé lun.*), pour les passionnés de peinture européenne du XIVe au XVIIIe siècle, qui pourront y admirer l'*Autoportrait* de Dürer et *La Sainte Famille* de Raphaël; et la **Neue Pinakothek**, ou Nouvelle Pinacothèque, toujours dans

Barer Strasse (*www.pinakothek.de/neue-pinakothek, actuellement fermé pour travaux*), qui conserve des chefs-d'œuvre de l'art européen des XVIIIe et XIXe siècles, dont des œuvres de Monet, Van Gogh et des natures mortes de Cézanne. Ce panorama des musées se termine par la **Pinakothek der Moderne** (*Barer Strasse 40, www.pinakothek.de/pinakothek-der-moderne, 10 h-18 h, jeu. jusqu'à 20 h, fermé lun.*) et ses collections de peinture, sculpture, arts graphiques, architecture et design des XXe et XXIe siècles.

• Nuremberg et Ratisbonne (2 jours)

ITINÉRAIRE 1 (BLEU)

Nuremberg constitue une excursion agréable à partir de Munich : la deuxième ville de Bavière, qui accueillit à la fin de la Seconde Guerre mondiale le célèbre **procès des officiers nazis**, s'enorgueillit de près de 1000 ans d'histoire. Citée pour la première fois en 1050, elle a vu naître **Albrecht Dürer**, le plus célèbre des peintres bavarois, dont l'autoportrait est aujourd'hui exposé à l'Alte Pinakothek de Munich et dont la maison est devenue un **musée** (*Albrecht-Dürer-Strasse 39, www.museen.nuernberg.de/duererhaus/index.html, horaires variables*). La ville distille son charme dans le dédale de ses rues, ceintes de 5 km de murailles et serrées autour de la **Hauptmarkt**, avec au centre une **fontaine** du XIVe siècle en forme de pinacle. Sur cette place se tient chaque année le célèbre **marché de Noël** de Nuremberg, fondé au XVIe siècle – le plus grand de Bavière. De fin novembre à la veille de Noël, il accueille une exposition de crèches qui côtoie les stands de vin chaud, de saucisses et d'amandes grillées et les étals de décorations. Autre site emblématique, le **Burg**, forteresse édifiée à partir de 1039 comme résidence impériale, surplombe la ville et abrite depuis 1999 un **musée d'Armes et d'Armures** (*www.nuernberg.de/internet/portal/kultur/ctz_2302.html et www.schloesser-bayern.de/deutsch/schloss/objekte/nbg_burg.htm, hiver : 10 h-16 h, été : 9 h-18 h*). Parmi les églises, citons l'édifice de style roman tardif de **Saint-Sébald**, avec des vitraux des XIVe et XVIe siècles et le tombeau du saint auquel elle est consacrée, sculpté par Peter Vischer l'Ancien; la **Frauenkirche**, dont le carillon du XVIe siècle sonne chaque jour à midi pile; et l'église **Saint-Lorenz** (*Lorenzkirche, www.lorenzkirche.de,*

Cette petite église présente une architecture typiquement bavaroise.

9 h-17 h 30, dim. 13 h-15 h 30), chef-d'œuvre du gothique tardif avec son double portail de statues et de reliefs, ses vitraux du XVe siècle, le chœur et l'**Engelsgruss** (l'Annonciation à Marie par l'ange Gabriel), sculpté entre 1517 et 1519 par Veit Stoss l'Ancien. Dernière étape, le **Germanisches Nationalmuseum**, l'un des plus grands musées d'Europe, détient plus d'un million d'œuvres d'art : pièces archéologiques, objets sacrés du Moyen Âge, chefs-d'œuvre des écoles allemandes, dont des toiles de Dürer et une exceptionnelle collection d'instruments de musique du XVIe au XVIIIe siècle (*Kartäusergasse 1, www.gnm.de, mar.-dim. 10 h-18 h, fermé le lundi*).

De Nuremberg, il vous faudra un peu plus d'une heure de voiture par l'A3 pour rejoindre **Ratisbonne**, qui vaut vraiment le détour. Le temps semble s'y être arrêté à la Renaissance, lorsque les grandes routes commerciales contournèrent la ville, supplantée par sa rivale, Nuremberg. Ses principaux monuments sont la **cathédrale Saint-Pierre**, construite à partir de 1270, au portail orné de statues et dont l'intérieur à trois nefs, illuminé par des vitraux du XIVe siècle, rappelle les cathédrales françaises,

QUE VOIR, QUE FAIRE EN BAVIÈRE ?

- La maison-musée d'Albrecht Dürer, à Nuremberg
- Les châteaux de Louis II de Bavière (Hohenschwangau, Neuschwanstein et Linderhof)
- L'Engelsgruss dans l'église Saint-Lorenz, à Nuremberg
- Une promenade dans le centre historique de Ratisbonne
- Les étals du marché de Noël de Nuremberg
- La Residenz et la cathédrale de Saint-Kilian, à Würzburg
- Les fresques sur les façades des maisons d'Oberammergau
- La cité médiévale de Rothenburg

Juché sur son éperon rocheux, le château
de Neuschwanstein a été rêvé par Louis II de Bavière.

et l'abbaye bénédictine **Saint-Emmeran**, dans le quartier du même nom, érigée en l'honneur de l'évêque Emmeran (*www.wn.com/Emmeram_of_Regensburg, horaires variables*). Inscrit en 2006 au patrimoine mondial de l'Unesco, le centre historique offre une promenade agréable dans une ambiance d'autrefois, avec ses vieilles maisons en pierre et son **hôtel de ville**, édifié en partie au XIVe siècle, en partie dans le style baroque. Au no 5 de la **Keplerstrasse**, vous pourrez visiter la maison où vécut l'astronome **Kepler**.

Romantische Strasse (4 jours)

ITINÉRAIRE 2 (JAUNE)

Cette route de 366 km, qui porte merveilleusement bien son nom, s'étire de Füssen (à 132 km au sud-ouest de Munich) à Würzburg. S'il faut du temps pour explorer dans sa totalité cette succession ininterrompue de villes, de villages, de châteaux et d'églises, quelques jours suffisent pour en découvrir les principales localités. Il faut commencer par **Füssen** *(office du tourisme, Kaiser-Maximilian-Platz 1, tél. : 004983.629385-0, www.tourismus-fuessen.de)*, avec les maisons médiévales de son centre historique serti dans un écrin de lacs et de collines, le **Hohes Schloss**, château de style gothique tardif, et l'abbaye bénédictine baroque de **Saint-Magnus**, qui abrite une *Danse macabre* peinte par Jakob Hiebeler. Le charme du cœur historique de Füssen préfigure les sites les plus connus de l'itinéraire, les deux châteaux de Louis II de Bavière situés à **Schwangau**, à quelques kilomètres seulement. C'est dans l'édifice médiéval de **Hohenschwangau** que le roi passa une partie de sa jeunesse, avant de faire construire le visionnaire **Neuschwanstein** *(les billets pour les deux châteaux sont en vente à la caisse de Hohenschwangau, www.neuschwanstein.de, horaires variables)*, juché sur un éperon rocheux qui, comme il le confiait lui-même à son ami Richard Wagner, « est l'un des plus beaux que l'on puisse trouver, sacré et inaccessible ». Inspiré par le grand compositeur, Louis II décora le château de fresques évoquant ses œuvres. Le site – le plus visité de toute la Bavière – attire 1,4 million de

CARNET DE VOYAGE

- **Les premiers contacts** Office national allemand du tourisme, Paris, tél. : 01 40 20 01 88, www.germany.travel/fr.
- **Les formalités** Pour les ressortissants de l'UE, carte nationale d'identité ou passeport en cours de validité.
- **La santé** Aucun problème.
- **Le voyage, le décalage** Durée moyenne du vol Paris-Munich (840 km) : 1 heure 30. Route : Paris-Munich : environ 7 heures 30. Pas de décalage horaire.
- **Les langues, la monnaie** Langue officielle : l'allemand. Langues étrangères : l'anglais est assez courant (même s'il est moins utilisé qu'on ne le pense), alors que le français est peu pratiqué. **Monnaie :** l'euro.
- **La population** Avec ses 83,3 millions d'habitants environ, l'Allemagne est le pays le plus peuplé d'Europe. Munich : 1,47 million d'habitants environ. Nuremberg : 518 000 habitants environ. Ratisbonne : 152 000 habitants environ.
- **Les religions** La Réforme (Luther) est venue d'Allemagne, aussi les protestants sont-ils en bon nombre, surtout dans le Nord (40 % environ). 45 % de la population de l'ex-RFA est catholique romaine, proportion bien plus importante à l'Est.
- **Les fêtes** **Fév. :** carnaval de Munich ; **1er Mai :** arbre de mai (Maibaum) en Bavière ; **juin :** Festival Mozart à Würzburg ; **sept.-oct. :** Oktoberfest, à Munich ; **déc. :** marchés de Noël.
- **Les achats** Nuremberg est la capitale du jouet. Le lin et le loden sont des spécialités de Bavière. À Munich, la **Maximilianstrasse** est l'avenue des grandes marques. Ne manquez pas le **Viktualienmarkt** (www.viktualienmarkt.de), marché alimentaire, la manufacture de porcelaine **Nymphenburg** (www.nymphenburg.com) et le **Vier Werkstätten**, un atelier tenu par de jeunes designers (www.werkstatt-muenchen.com).

touristes chaque année. À 100 km de Schwangau, on arrive à **Augsburg**, dont la **Maximilianstrasse** est bordée de palais Renaissance et baroques comme, au n° 46, le **Schaezlerpalais** du XVIIIe siècle, avec son salon rococo et sa **Staatsgalerie**, riche en chefs-d'œuvre, dont des tableaux de Tiepolo et le *Portrait de Jakob Fugger le Riche* par Dürer (*www.kunstsammlungen-museen.augsburg.de, 10 h-17 h, fermé le lundi*). Parmi les autres sites célèbres d'Augsburg, citons la **maison** natale de **Leopold Mozart**, père de Wolfgang (*Frauentorstrasse 30, www.mozartstadt.de et www.augsburg-tourismus.de, 10 h-17 h, fermé le lundi*) ; la **cathédrale** de l'an 900, dont les vitraux au plomb sont les plus anciens d'Allemagne (1130) ; la **Fuggerei**, premier exemple au monde de cité sociale ; et le **théâtre de marionnettes** (Puppenkiste), avec un musée et un café (*Spitalgasse 15, www.augsburger-puppenkiste.de, horaires variables*). À 180 km au nord d'Augsburg, vous rejoindrez **Rothenburg**, cité médiévale aux maisons à colombages, puis **Würzburg**, au bout de la Romantische Strasse. Son centre historique, restauré après les bombardements de 1945, arbore dans Haugerpfarrgasse l'**église de Stift Haug** avec une œuvre du Tintoret, et non loin, la **cathédrale** romane de **Saint-Kilian**. Ne manquez pas la **forteresse Marienberg** (*www.schloesser.bayern.de/deutsch/schloss/objekte/wu_fest.htm, horaires variables*), résidence épiscopale jusqu'à l'inauguration de la **Residenz**, joyau incontesté de Würzburg inscrit au patrimoine mondial de l'Unesco. Ce complexe du XVIIIe siècle regorge de trésors, comme l'**escalier d'honneur**, dont la voûte de 600 m² est ornée d'une fresque de Tiepolo, ou la **Staatsgalerie**, avec des tableaux du baroque vénitien (*Residenzplatz 2, www.residenz-wuerzburg.de, nov.-mars : 10 h-16 h 30, avril-oct. : 9 h-18 h*).

Deutsche Alpenstrasse (2/3 jours)

ITINÉRAIRE 3 (ROUGE)

De Munich, après 90 km sur l'E533, vous arriverez à Oberammergau, point de départ de l'itinéraire sur la Deutsche Alpenstrasse, une route d'environ 450 km percée il y a un siècle pour relier les localités des Alpes allemandes, du **lac de Constance** au **parc national du Königssee**, jusqu'à la frontière avec l'Autriche. Dans le village d'**Oberammergau**, blotti dans le cadre magnifique des Alpes bavaroises et entouré de forêts, le travail du bois est depuis 500 ans une véritable tradition, comme en témoignent les meubles et les personnages des crèches de l'**Oberammergau Museum** (*www.oberammergaumuseum.de/, 10 h-17 h, fermé le lundi*), ouvert en 1905, ainsi que l'atelier de sculpture de la **Pilatushaus**. La plus belle maison du village arbore le fruit d'une autre tradition séculaire de ces montagnes : le Lüftlmalerei, une technique de fresques décorant les façades de motifs religieux ou féeriques inspirés des contes des frères Grimm. C'est également à Oberammergau que font étape les touristes venus visiter un autre château célèbre du roi Louis II, celui de **Linderhof** (*à 13 km, www.linderhof.de, hiver : 9 h 30-16 h, été : 8 h 30-17 h 30*), qui tire son nom d'un grand tilleul (*Linde* en allemand) pluriséculaire du parc où fut édifié le manoir. Contrairement à Neusch-wanstein, incarnation des rêves de grandeur du monarque, Linderhof, achevé en 1879, est – toutes proportions gardées – un refuge intime, inspiré du Petit Trianon de Versailles, avec la **grotte de Vénus**, qui rappelle la grotte d'Azur de Capri, et la chambre à coucher décorée sur le modèle de la Residenz de Munich. Le château est splendide et les jardins enchanteurs avec leurs fontaines, leurs statues et leurs pavillons orientaux comme

La Zugspitze est le plus haut sommet d'Allemagne (2 964 m).

le **kiosque mauresque**, au trône orné de paons, et la **maison marocaine**. Si vous n'avez pas assez de temps pour parcourir les 200 km qui vous séparent de **Berchtesgaden**, ultime étape de la Deutsche Alpenstrasse et petite ville au centre piétonnier et aux maisons décorées de fresques dans le style salzbourgeois, faites un détour par **Garmisch-Partenkirchen**, à seulement 11 km d'Oberammergau. Vous serez ébloui par les fresques des façades et l'atmosphère de contes de fées... mais avec une touche sportive : la ville a accueilli les **jeux Olympiques d'hiver** en 1936 et le **championnat du monde de ski alpin** en 2011. Vous pourrez aussi gravir les pentes escarpées de la **Zugspitze**, plus haut sommet d'Allemagne (2964 m), à bord d'un petit train à crémaillère. Tous les ans, entre juin et juillet, s'y déroule un grand **festival** de musique dédié à **Richard Strauss** (*www.richard-strauss-festival.de*). ●

Vérone et Venise

Outre ses gondoles et ses monuments brodés comme de la dentelle, Venise réserve au voyageur la surprise de ses nouveaux espaces d'exposition et de ses constructions modernes. Vérone quant à elle, la ville de Roméo et Juliette, vaut le détour pour ses superbes monuments et leur diversité.

De toutes les villes situées aux alentours de Venise, **Vérone** est certainement la plus fascinante : ses adorables places sont déjà le prélude de la ville bâtie sur l'eau. À **Venise** – où tant d'artistes et d'écrivains se sont égarés dans les brumes d'un monde qui n'existe plus, mais qui vit encore dans les pierres des monuments, des palais et des musées –, l'art s'est fait ville. Si les touristes se précipitent sur la **place Saint-Marc** ou au bord du **Grand Canal**, l'ancienne république maritime fourmille de quartiers (ou *sestieri*, comme on les appelle en italien) qui méritent d'être explorés.

Se déplacer : *Il faut un peu plus d'une heure d'autoroute* (125 km environ sur l'A4) *pour aller de Vérone à Venise. En train à grande vitesse, on met à peu près 1 heure 10 à bord de l'Eurostar Frecciabianca, au départ de la gare de Verona Porta Nuova, arrivée à Venezia Santa Lucia* (www.trenitalia.com ou www.sncf-connect.com).

• Vérone (1/2 jours)

Vérone entretient inlassablement le souvenir de Roméo et Juliette, les amants tragiques célébrés par Shakespeare. En l'honneur de leur célèbre histoire, la ville propose un itinéraire depuis la **maison de Juliette**, un palais médiéval situé au n° 23 de la via Cappello, jusqu'à sa **tombe**, via del Pontiere (*www.italietourisme.info/tombeau-juliette-verone*). Mais la ville a bien davantage à offrir : Vérone est un poème dont les vers et les rimes sont des rues et des places. Le centre historique, qui figure sur la liste du patrimoine mondial de l'Unesco, s'étend autour de l'**Arena**, l'amphithéâtre de la **piazza Bra'**, qui accueille un prestigieux festival d'art lyrique (*www.arena.it*), de la **piazza delle Erbe**, ancien forum romain où se tient aujourd'hui un marché quotidien, et de la **piazza dei Signori**, élégante et intime, sur laquelle s'élèvent le **Palazzo del Capitanio**, du XIVe siècle, le **Palazzo del Governo** (ou de la **Prefettura**), la **loggia del Consiglio** et, au centre, le **monument** à **Dante Alighieri**, érigé au XIXe siècle. Parmi les

Le ponte Pietra, à Vérone, enjambe l'Adige.

grandes réalisations de la Renaissance italienne, admirée par des écrivains tels que Goethe, le **jardin Giusti** est un petit bijou (*via Giardino Giusti 2, www.verona.net/it/monumenti/giardino_giusti.html, hiver : 9 h-17 h ; été : 9 h-20 h*). Le **ponte Pietra**, qui enjambe l'Adige, est un chef-d'œuvre de l'époque romaine. Vérone compte aussi de superbes édifices religieux, comme le **Duomo** de style roman, remanié à différentes époques, l'église **Sant'Anastasia**, célèbre pour son portail gothique en marbre polychrome, ou celle de **San Fermo Maggiore**, composée de deux éléments : l'édifice inférieur, datant des XIe et XIIe siècles, et l'édifice supérieur, de style gothique. Le fleuron religieux de Vérone est sans conteste **San Zeno Maggiore**, une basilique romane à la façade de marbre rose, avec son cloître, sa crypte du XIIIe siècle, un triptyque d'Andrea Mantegna au-dessus de l'autel et les 24 plaques de bronze du portail, gravées d'épisodes de l'Ancien et du Nouveau Testament (*www.basilicasanzeno.it, horaires variables*).

QUE VOIR, QUE FAIRE À VÉRONE ?

- Une promenade sur les traces des amants tragiques, Roméo et Juliette
- Le festival d'art lyrique, de mi-juin à mi-septembre
- La basilique romane San Zeno Maggiore
- Le ponte Pietra, emprunté par les passants depuis l'Antiquité romaine
- Une pause détente dans l'oasis de verdure du jardin Giusti

• Venise (3/4 jours)

Piazza San Marco, pont du Rialto, Palazzo Grassi : c'est souvent à ces étapes que se limite le parcours des touristes. Pourtant, la ville sur la lagune est un écrin débordant de bijoux, un puzzle à reconstituer, en partant de son cœur historique et artistique et en traversant les ponts et les canaux jusqu'aux *sestieri* plus éloignés. Ces quartiers invitent à des promenades et à des visites dans une Venise dont l'unité apparente cache une multiplicité pleine de richesses : Cannaregio n'est pas San Marco ; le Dorsoduro, avec ses nouveaux musées d'art contemporain, respire une autre atmosphère que le Lido, avec ses plages, ses pavillons des biennales d'Art et d'Architecture et les paillettes de la Mostra (*www.labiennale.org*). En arrivant par le train à la gare de Santa Lucia (une fois votre voiture garée dans l'un des parkings), commencez la visite par **Cannaregio**, au nord du Grand Canal, quartier peu touristique et typiquement vénitien. On y visite l'ancien **ghetto juif**, l'**église de la Madonna dell'Orto**, qui recèle des chefs-d'œuvre comme un retable de Cima da Conegliano et des œuvres du Tintoret, dont le célèbre *Jugement dernier* (*Campo de la Madonna dell'Orto, www.venise-tourisme.com/eglise-madonna-dell-orto.html, 10 h-17 h, fermé le dimanche*), et la **galerie Franchetti**, dont le fleuron est le *Saint Sébastien* de Mantegna. Ce musée se trouve à l'intérieur de la **Ca' d'Oro** (*Cannaregio 3932, www.cadoro.org, 10 h-19 h, fermé le lundi*), palais de dentelle gothique en marbre polychrome qui se reflète dans le **Grand Canal**. Presque en face, dans le quartier de **Santa Croce**, la **Ca' Pesaro** abrite la **galerie d'Art moderne**, incontournable pour les admirateurs de Klimt, Klee,

ITALIE

Le pont du Rialto est l'un des symboles de Venise.

Kandinsky ou Matisse *(Santa Croce 2076, www.capesaro.visitmuve.it, 10 h-17 h, fermé le lundi).*
Le quartier limitrophe de **San Polo** compte de grands monuments comme la **Scuola Grande di S. Rocco**, dont les murs et les plafonds sont recouverts de toiles grandioses du Tintoret *(San Polo 3052, www.scuolagrandesanrocco.it, 9 h 30-17 h 30)*, et l'**église Santa Maria Gloriosa dei Frari**, qui recèle des tableaux de Bellini, Palma le Jeune ou Titien et accueille souvent des concerts *(San Polo 3072, www.basilicadeifrari.it, horaires variables)*. Vous passez de San Polo à **San Marco** en franchissant le **pont du Rialto**, la plus connue des quatre passerelles de pierre qui enjambent le Grand Canal. Construit à la fin du XVIe siècle pour remplacer le précédent pont permettant le passage des bateaux, le Rialto conduit majestueusement vers le *sestiere* le plus central et le plus monumental de tous, écrin de trésors et de monuments uniques au monde. On y trouve le **pont des Soupirs**, ouvrage baroque en pierre d'Istrie ; le **musée Correr**, avec des sculptures de Canova, des petits bronzes vénitiens et des œuvres gothiques et flamandes comme *L'Adoration des Mages* de Bruegel le Jeune *(San Marco 52, www.correr.visitmuve.it, 10 h-17 h)* ; le **théâtre de la Fenice**, de la

◂◂ Le Grand Canal de Venise, bordé de somptueux édifices, avec la cathédrale Santa Maria della Salute à l'arrière-plan

CARNET DE VOYAGE

• **Les premiers contacts** Office national italien de tourisme (ENIT), 23, rue de la Paix, 75002 Paris, tél. : 01 42 66 03 96, www.enit-it, www.tourism.verona.it, www.turismo.venezia.it.

• **Les formalités** Pour les ressortissants de l'UE, carte nationale d'identité ou passeport en cours de validité.

• **La santé** Pas de recommandation particulière.

• **Le voyage, le décalage** Vols Paris-Vérone (1 001 km) : 1 heure 40 ; Paris-Venise (1 176 km) : 1 heure 35. Train : Paris-Gare de Lyon-Venise, entre 9 heures et 15 heures environ de trajet. Pas de décalage horaire.

• **Les langues, la monnaie** L'italien, mais il est possible de communiquer en anglais ou en français. **Monnaie :** l'euro.

• **La population** L'Italie compte plus de 59 millions d'habitants. Le pays connaît une forte immigration après avoir longtemps été une terre d'émigration. Vérone : 257 000 habitants environ. Venise : 262 000 habitants environ.

• **Les religions** Le catholicisme est la tradition, mais 15 % des habitants sont sans obédience.

• **Les fêtes** **Janv. :** Épiphanie ; **fév. :** carnaval de Venise ; **mi-juin à mi-sept. :** Festival classique à Vérone ; **juil. :** fête du Rédempteur à Venise (bateaux décorés sur le canal de Giudecca et le bassin Saint-Marc) ; **fin août à début sept. :** Mostra de Venise ; **sept. :** régates de Venise.

• **Les achats** Vérone est célèbre pour ses antiquaires, comme la vénérable boutique **Antichità Negrini** (corso Santa Anastasia 18, tél. : 045.8030398) ou la **Galleria Antiquaria Valbusa** (corso Sant'Anastasia 21, tél. : 045.8006030). De Venise, il faut rapporter des verreries de Murano, à acheter dans les magasins de la ville ou chez les artisans de l'île qui leur a donné son nom. Rendez-vous également chez **Venini**, pour des vases et des plats conçus par les plus grands designers (www.venini.com).

La place Saint-Marc est le cœur touristique de Venise.

QUE VOIR, QUE FAIRE À VENISE ?

- Le palais des Doges
- La place Saint-Marc et sa basilique
- Un dîner dans le quartier du Dorsoduro ou du Rialto
- La collection Peggy Guggenheim
- Une balade en gondole ou en vaporetto sur le Grand Canal
- L'ambiance du carnaval de Venise, en février
- Les chefs-d'œuvre de la galerie Franchetti, dans la Ca' d'Oro
- La visite d'un atelier de masques
- Une promenade au calme dans l'ancien ghetto juif
- Les constructions contemporaines de l'île de la Giudecca
- Le pont des Soupirs

fin du XVIIIe siècle *(campo San Fantin, www.teatrolafenice.it)* ; et le **palais Grassi,** sur le campo San Samuele, dont François Pinault a fait l'un des grands pôles mondiaux de l'art contemporain avec le site de **Punta della Dogana**, dans le Dorsoduro *(www.palazzo-grassi.it, 10 h-19 h, fermé le mardi)*.
Cette dernière, avec sa forme triangulaire évoquant la proue d'un navire, borde l'extrémité du Grand Canal. On l'aperçoit aussi depuis la **place Saint-Marc**, l'une des plus célèbres du monde (et seule *piazza* de Venise, toutes les autres étant des *campi* et *campielli*), qu'encadrent d'imposants monuments tels que la **basilique** orientalisante du même nom de style romano-byzantin *(www.basilicasanmarco.it, horaires variables)*, avec ses cinq coupoles et ses chevaux de bronze ; la **tour de l'Horloge** avec son cadran astronomique, au sommet de laquelle se détachent les statues des deux Maures frappant une cloche *(www.torreorologio.visitmuve.it, sur réservation)* ; le **campanile** du XVIe siècle et la façade gothique du **palais des Doges (Palazzo Ducale)**, ancienne résidence des chefs de la Sérénissime République, qui abrite les **appartements des Doges**, le **musée de l'Opéra** et des œuvres de Tiepolo, de Véronèse et du Tintoret *(www.palazzoducale.visitmuve.it, 9 h-19 h)*. Le **pont de l'Académie** relie San Marco au **Dorsoduro**, où se trouvent la Punta della Dogana, citée plus haut, ainsi que

d'autres musées incontournables comme les **galeries de l'Académie**, rassemblant la plus riche collection de tableaux vénitiens du XIVe au XVIIIe siècle (*campo della Carità, www.gallerieaccademia.it/fr, 8 h 15-19 h 15, lun. 8 h 15-14 h*); la **collection Peggy Guggenheim**, au patrimoine artistique signé Picasso, Mondrian, Boccioni, Calder... réuni par la célèbre mécène américaine dans un palais du XVIIIe siècle (*palazzo Venier dei Leoni, Dorsoduro 701, www.guggenheim-venice.it, 10 h-18 h, fermé le mardi*) ; ou les **entrepôts de sel** transformés par Renzo Piano pour accueillir les œuvres du peintre Emilio Vedova (*Dorsoduro 266, www.fondazionevedova.org, horaires variables*). Vous pouvez aussi quitter San Marco dans la direction opposée et aller découvrir, dans le *sestiere* **Castello**, l'ameublement d'époque, les scènes de Pietro Longhi et les œuvres de Bellini, Giordano et Tiepolo présentées dans le palais de la **fondation Querini Stampalia** (*Castello 5252, www.querinistampalia.it, 10 h-18 h, fermé le lundi*), où ont également lieu des concerts de musique classique. Enfin, s'il vous reste un peu de temps, même si les plages du **Lido** constituent une destination estivale tentante, ne manquez pas la **Giudecca**, qui n'est pas un *sestiere* mais une île en face du Dorsoduro. D'anciens entrepôts et sites industriels y ont récemment été reconvertis, donnant par exemple naissance à l'hôtel de luxe **Molino Stucky**, installé dans un bâtiment en brique qui abritait l'usine de pâtes du même nom (*www.molinostuckyhilton.com*), au centre culturel **CZ95 des Zitelle** et au **Spazio Giudecca 795**, une galerie d'art aménagée dans le **palais Foscari**, du XVIe siècle (*www.giudecca795.com*).

LES CONSEILS GEO

Les plus

Une ville enchanteresse, à nulle autre pareille.
Un pouvoir d'attraction exceptionnel pour un pays qui mêle sans cesse histoire et modernité.
Un patrimoine artistique et culturel inestimable, qui fait de l'Italie l'une des premières destinations touristiques au monde.
La proximité, qui permet d'organiser des week-ends assez facilement.

Les moins

La forte affluence lors de la Semaine sainte et durant les mois d'été.
Pour éviter le trop grand nombre de touristes, préférez les périodes creuses.

Les tendances

Si vous souhaitez assister au carnaval de Venise, pensez à réserver des mois, voire un an à l'avance.

Le palais des Doges fait face à la lagune de Venise.

Gênes
et les Cinque Terre

C'est l'une des plus grandes villes italiennes et l'un des principaux ports. Cité dynamique et gourmande, Gênes renferme de véritables trésors culturels derrière des palais austères mais cossus. Elle est construite sur des collines, et cette particularité se traduit par un lacis de ruelles escarpées qu'on ne peut parcourir qu'à pied. Mélange d'ancien et de moderne, de grands noms de l'architecture contemporaine y ont toute leur place. Gênes est aussi la porte d'entrée vers les Cinque Terre, paradis très apprécié des randonneurs.

Si Gênes s'étend sur 240 km², ses principaux centres d'intérêt se situent dans le centre historique, où ses palais spectaculaires témoignent de la richesse de puissantes familles, quand la ville rivalisait avec Venise et qu'elle tirait sa fortune de ses activités portuaires. Ses églises, ses musées ne laissent pas de surprendre par leur magnificence, et ses boutiques aux vitrines alléchantes donnent envie de faire du shopping. Le **Castelletto,** quartier résidentiel à flanc de colline, est l'endroit idéal pour prendre de la hauteur. Du côté du **Porto Antico,** les activités se conjuguent aux promenades pour offrir le meilleur...

Se déplacer : *Il est conseillé de visiter le centre de Gênes à pied, les ruelles étroites et pentues du centre étant impraticables en voiture. Pour des déplacements plus longs, une ligne de métro traverse la ville du nord à l'est et on peut également prendre le bus. Les billets, que l'on achète à l'unité ou journaliers, sont communs au bus et au métro* (www.amt.genova.it). *Gérés aussi par l'AMT, des ascenseurs publics et trois funiculaires relient la ville basse aux hauteurs de Gênes. Le bateau est un bon moyen de visiter le port* (www.liguriaviamare.it). *Pour explorer les villages des Cinque Terre, prenez le train :* www.trenitalia.com, *la meilleure solution car les villages des Cinque Terre sont interdits en voiture. D'avril à septembre, un bateau relie Monterosso, Vernazza, Manarola et Riomaggiore en journée* (www.navigazionegolfodeipoeti.it).

• Gênes (3 jours)

La visite de la ville commence, dans le centre historique, par la **via Garibaldi,** percée au XVIe siècle par la puissante république de Gênes. S'y élevèrent bientôt des palais Renaissance et baroques. Les façades austères dissimulent des intérieurs somptueux et des jardins suspendus. Trois de ces palais, **Rosso, Bian-**

Le port de Gênes

co et Tursi, forment les **Musei di Strada Nuova** qui abritent de sublimes collections d'art *(www.museidigenova.it)* des Vénitiens Tintoret, Véronèse et Titien aux peintres flamands en passant par Dürer (*Portrait de jeune homme*) et Van Dyck.

La **via San Lorenzo** mène à la **cattedrale di San Lorenzo,** à la façade ornée de marqueterie de marbre : à l'intérieur le Museo del Tesoro, musée souterrain à la scénographie contemporaine. Ne manquez pas le **Museo Diocesano** (*www.museidigenova.it)* et sa série de *blu di Genova,* 14 toiles de lin teintes à l'indigo au XVIe siècle, puis pénétrez dans la cour du **Palazzo Ducale,** autrefois résidence du doge et siège du palais du gouverneur de Gênes. La **Chiesa del Gesu** étonne par la splendeur de sa décoration baroque : sol revêtu de marqueteries de marbre, fresques à la voûte. N'hésitez pas à pousser la porte de la **Chiesa di San Donato** (XIe siècle), qui renferme le tryptique de l'*Adoration des mages* de Joos Van Cleve, peintre anversois du XVIe siècle.

Au hasard des ruelles médiévales bordées de petites boutiques, se croisent livreurs et passants. Vous voici au nord du

QUE VOIR, QUE FAIRE À GÊNES ET DANS LES CINQUE TERRE ?

- Admirer la splendide façade gothique de la cattedrale di San Lorenzo
- Contempler les chefs-d'œuvre des Musei di Strada Nuova
- Se laisser gagner par le spectacle des animaux marins à l'Acquario
- Prendre un apéritif dans un des bars de la ville
- Admirer le coucher sur les toits de Gênes au Belvedère Montaldo dans le quartier de Castelletto
- Faire le plein de spécialités locales au Mercato Orientale
- Randonner dans les Cinque Terre hors saison

centre historique, appelé ici « rive droite ». La richesse de la **Basilica di San Siro,** et notamment le maître-autel en marbre noir de Pierre Puget, est éblouissante ... La **Galleria Nazionale di Palazzo Spinola** (*www.museidigenova.it*) est sans doute le « must » de Gênes : ce palais élevé est un condensé des goûts de l'aristocratie génoise aux XVII-XVIIIe siècles. Les Spinola y ont rassemblé une impressionnante collection de tableaux de maîtres italiens et flamands. Plus loin, la **Basilica Santa Maria delle Vigne** est coiffée d'un campanile roman : l'intérieur est couvert de fresques du XVIIe siècle. Pour le shopping, la **via Luccoli** est idéale. La visite de ce quartier s'achève par la **Piazza San Matteo,** bordée de beaux édifices Renaissance et de boutiques centenaires.

Partez ensuite à la découverte de la Gênes moderne, très animée en journée, et faites une halte **Piazza De Ferrari,** où s'élève un fontaine toute ronde. Pour le lèche-vitrine, empruntez l'élégante **via Roma** afin de contempler les devantures de style Liberty, ou la **via XX Settembre,** sous les arcades, où s'alignent les façades Renaissance ou baroques. Les amateurs de peinture génoise se rendront au **Museo dell'Accademia Ligustica di Belle Arte.** Faites ensuite un tour au Mercato Orientale, le marché central.

ITALIE

Gênes et sa riche architecture

Du Castelletto, quartier résidentiel que l'on atteint par un ascenseur, vous bénéficierez de larges points de vue sur la ville, depuis les **belvédères Montaldo** ou **Don Ga.** Seule condition : ne pas craindre la marche à pied !

Partons à la découverte du **Cimitero Monumentale di Staglieno** (*http://www.staglieno.comune.genova.it*). Situé au nord de Gênes, ce cimetière où sont enterrés des personnages illustres est un véritable musée de la sculpture des années 1850-1950. Avec ses 33 hectares, c'est l'un des plus vastes d'Europe. Inauguré en 1851, il renferme 7 000 monuments, souvent d'un réalisme incroyable. C'est aussi un havre de paix bienvenu.

Descendez ensuite vers le **Porto Antico,** ancien quartier portuaire reconverti en lieu de promenade. Passez devant le **Palazzo San Giorgio** (*www.palazzosangiorgio.org*) à la façade ornée de fresques en trompe-l'œil, qui abrita l'une des premières banques du monde. C'est aujourd'hui le siège des autorités portuaires. Flânez le long de **La Ripa,** une ancienne rue médiévale à arcades de 1 km de long, et régalez-vous de fritures de poissons et de calamars dans l'une des échoppes ouvertes sur la rue, l'un des grands plaisirs des Génois ! Puis prenez le

LES CONSEILS GEO

• Les plus

Grâce aux ascenseurs et aux funiculaires, on peut prendre de la hauteur pour bénéficier de vues panoramiques impressionnantes, notamment sur le port en contrebas.

• Les moins

Vous pourrez être surpris, dans le cœur historique, par la densité des monuments, l'étroitesse des ruelles, et l'agitation qui caractérise cette partie de la ville.

• Les tendances

Pris sur l'une des places au milieu du lacis des ruelles, l'*aperitivo*, et sa version dînatoire, l'*apericena*, sont des moments incontournables de la vie génoise.
L'été, l'animation se déplace vers le port.

Bigo, l'ascenseur imaginé par Renzo Piano : il vous transporte à 40 mètres de hauteur pour offrir une vue à 360 °C. Poursuivez par l'**Acquario** (*www.acquariodigenova.it*), qui accueille plus d'un million de visiteurs par an : y sont dévoilés les divers écosystèmes, l'aire marine des Cinque Terre, les récifs coraliens… Perchée sur l'eau, la **Biosfera,** une bulle de verre signée Renzo Piano, renferme 150 espèces végétales destinées à recréer un écosystème tropical. La visite du **Galata-Museo del Mare** s'impose ensuite.

• Les Cinque Terre (2/3 jours)

Le Parc national des Cinque Terre, classé au patrimoine mondial par l'Unesco, est le plus bel endroit de Ligurie. Ces « cinq terres », ce sont cinq villages aux maisons colorées serrées les unes contre les autres sur les collines. Ils sont devenus au fil des ans l'une des destinations favorites des randonneurs, à tel point qu'en été, sortir de la gare est une gageure ! Pour passer d'un bourg à l'autre, on emprunte des sentiers qui serpentent

CARNET DE VOYAGE

• Les premiers contacts L'office du tourisme italien à Paris ne reçoit plus de public. Consulter le site internet : www.enit.it. Vous pouvez aussi consulter le portail touristique de la Ligurie (https://lamialiguria.it), le site officiel du parc des Cinque Terre (http://www.parconazionale5terre.it) et celui des prestations touristiques des Cinque Terre (www.cinqueterre.it).

• Les formalités Pour les ressortissants de l'UE, carte d'identité ou passeport en cours de validité.

• La santé Aucun problème. Pensez à emporter la carte européenne d'assurance maladie.

• Le voyage, le décalage Durée moyenne du vol Paris-Gênes : 1 h 35.

• Les langues, la monnaie Langue officielle : l'italien. **Monnaie :** l'euro.

• La population Gênes compte environ 570 000 habitants, et la région des Cinque Terre environ 3 500.

• Les religions Catholique, comme dans le reste de l'Italie.

• Les fêtes **25 avril :** fête de la Libération de 1945 ; **avril et septembre, les Rolli days :** deux fois par an, durant un week-end au printemps et à l'automne, l'aristocratie génoise ouvre ses palais au public. Au programme, concerts et visites guidées (www.visitgenoa.it/fr/evento/rolli-days), **en juin, Notte di San Giovanni :** le 23 juin au soir, veille de la Saint-Jean-Baptiste, retraite aux flambeaux puis allumage du bûcher piazza Matteoti ; **le 24 juin :** procession depuis la cathédrale jusqu'au port où se déroule la bénédiction de la mer ; **en juillet et septembre :** Goa-Boa Festival, spécialisé dans le rock et le hip-hop, à Porto Antico (www.goaboa.it) ; **fin septembre :** Salone Nautico, salon international de la voile (https://salonenautico.com) ; **8 décembre :** Immacolata. Concezione (fête de l'Immaculée Conception).

• Les achats Pesto, huile d'olive, chocolat, vins, pâtisseries, nougats.

le long des murs de pierre sèche, délimitant des champs de vignes centenaires.

Monterosso al Mare est la porte d'entrée des Cinque Terre. Il présente deux visages. Côté gare, **Fegina,** station balnéaire du XIXe siècle, s'étend le long d'une belle plage de sable. **Monterosso Vecchio,** le bourg historique, s'atteint une fois passé le tunnel. Les ruelles sont bordées de hautes maisons décorées de heurtoirs. L'église San Giovanni Battista, du XIIIe siècle, est un bel exemple du gothique génois ligure avec ses parements alternés de marbre blanc et de serpentine vert foncé. Grimpez jusqu'au **Santuario Madonna di Soviore,** le plus ancien sanctuaire des Cinque Terre, niché à 464 mètres d'altitude.

Faisant corps avec le rocher, **Vernazza** offre au regard ses façades roses, orange et jaunes. La via Roma mène à la piazza Marconi, idéale pour prendre un verre. Dans les eaux se reflète le clocher octogonal de l'église Santa Margherita di Antiochia (XIVe siècle). Du château (Castello Doria), on jouit d'une belle vue sur la petite baie. De Vernazza, vous monterez au **Santuario della Madonna di Reggio** (2 km, accès par le sentier 508), qui renferme *L'Africana,* une Vierge noire miraculeuse.

Le village de Vernazza

Des bourgs des Cinque Terre, **Corniglia** est le seul à ne pas être au bord de la mer. Accessible de la gare par 350 marches, il se dresse sur un piton rocheux. Jetez un œil à la modeste église San Pietro, et prenez la via Fieschi jusqu'au belvédère de Santa Maria qui ménage des vues sublimes sur le large, les terrasses cultivées et les vignes.

Niché au fond d'une calanque nantie d'un port miniature, **Manarola** est un joyau de couleur pastel très photogénique. Du belvédère de la Punta Bonfiglio, vous aurez le meilleur panorama. Tout en hauteur, **Riomaggiore** étage ses maisons en paliers sur les flancs de la colline. La via Colombo mène à l'église San Giovanni Battista et au castello (XVe siècle) où se réfugiaient les habitants en cas d'attaque des pirates. La visite se termine dans son port adorable, qui tient dans un mouchoir de poche...

Florence, Sienne et la Toscane

Florence et Sienne, villes d'art par excellence, ont entre autres accueilli Giotto, Donatello, Simone Martini, Brunelleschi, Masaccio, Botticelli, Léonard de Vinci ou Michel-Ange. Elles sont aussi les gardiennes de traditions ancestrales – à commencer par le calcio storico (sorte de football) et le Palio (course de chevaux dans Sienne) – et de fêtes populaires hautes en couleur, qui se perpétuent depuis des siècles. Une beauté singulière émane de la campagne environnante, appréciée pour ses collines ondoyantes et ses petits villages médiévaux, ses établissements thermaux réputés dans le monde entier et son artisanat de qualité.

La visite de Florence commence au **piazzale Michelangelo**, esplanade du XIXe siècle située au sommet de la colline qui domine la ville *(accessible en bus avec les lignes 12 ou 13)* : malgré l'afflux de touristes, on y découvre une vue splendide sur le centre historique. Non loin de là s'élève la **basilique San Miniato al Monte**, pur exemple du style roman toscan (1018-1207), avec sa façade de marbre blanc et vert et sa grande mosaïque sur fond doré, dont le soleil couchant fait scintiller les reflets dans toute la ville *(via delle Porte Sante 34, www.sanminiatoalmonte.it, horaires variables)*. Anciens fiefs des Médicis, les quartiers de **San Lorenzo** et de la **piazza della Signoria** sont limitrophes de celui de **Santa Croce**, où se dresse la grande **basilique** gothique, Panthéon pour des hommes illustres (s'y trouvent notamment les tombeaux de Michel-Ange, Ghiberti et Galilée) et qui abrite une *Annonciation* de Donatello et de superbes fresques de Giotto *(www.florence.fr/santa-croce, lun.-sam. 9h30-17h30, dim. et jours fériés 12 h 30-17 h 45)*.
Rivale de Florence, **Sienne** est la plus belle ville gothique de Toscane, mais aussi de toute l'Italie. Son centre historique, classé au patrimoine mondial de l'Unesco – le plus vaste d'Europe en proportion de ses habitants –, est entièrement piéton. Durant son âge d'or, aux XIIIe et XIVe siècles, la ville s'est dotée d'églises, de palais, de monuments et de remparts que l'on retrouve également dans les petits bourgs éparpillés dans les collines environnantes, riches de joyaux artistiques, de vignobles, de paysages épurés et de sources thermales.

Se déplacer : *Quel que soit le mode de transport utilisé pour arriver à Florence et à Sienne, l'idéal est de les visiter à pied. À Florence, on peut aussi louer un vélo dans l'une des nombreuses stations en libre-service de la ville* (www.milleunabici.it). *Par la route, la distance entre Florence et Sienne est de 70 km, majoritairement sur autoroute* (RA3). *Le trajet en train dure une heure trente. L'itinéraire dans la région siennoise, de 120 km environ, s'effectue en voiture.*

ITALIE

La ville de Florence, aux toits d'une couleur caractéristique

Florence (3 jours)

Voyageur, attention : à **Florence**, vous risquez d'être victime du « syndrome de Stendhal ». Vous serez alors bouleversé par le passé glorieux de la ville et par ses innombrables musées, rues, places et palais, rassemblés sur un périmètre d'à peine 1 km^2 où se déploient les fastes de l'époque communale et du grand-duché médicéen et lorrain. À deux pas de la **gare ferroviaire**, édifice rationaliste de Giovanni Michelucci, l'âge d'or de la Renaissance florentine se matérialise dans l'élégante façade de marbre blanc et vert de l'**église Santa Maria Novella**, dessinée en 1458 par Leon Battista Alberti. À l'intérieur, la grande nef gothique, illuminée par des vitraux polychromes, arbore des œuvres de grands maîtres des XIVe et XVe siècles : *La Trinité* de Masaccio, les crucifix de Giotto et Brunelleschi, les fresques de Filippino Lippi dans la chapelle Strozzi et celles de Ghirlandaio dans la chapelle Tornabuoni, auxquelles travailla probablement le jeune Michel-Ange (*piazza S. Maria Novella, ven.-sam. et lun. 10 h-17 h, dim. 13 h-17 h*). À la sortie, passage obligé dans la plus ancienne pharmacie du monde : l'**Officina Profumo-Farmaceutica di**

QUE VOIR, QUE FAIRE À FLORENCE ?

- La vue sur l'Arno depuis le ponte Vecchio
- La cathédrale Santa Maria del Fiore, avec sa coupole et le campanile de Giotto
- Les collections des Médicis dans la galerie des Offices
- La piazza della Signoria avec l'ensemble architectural du Palazzo Vecchio et la copie du *David* de Michel-Ange
- Une balade dans les jardins de Bòboli
- Les fresques de Fra Angelico dans le couvent San Marco
- Le lèche-vitrines de luxe dans le quartier de Santa Trinità

Santa Maria Novella, lieu magique et intemporel où sont présentés des alambics et des vases en céramique remplis d'essences, de baumes, de savons et de parfums élaborés selon des recettes monastiques centenaires *(via della Scala 16, lun.-dim. 10 h-19 h).* Le mécénat éclairé des Médicis révèle toute sa splendeur dans le quartier de **San Lorenzo**, envahi par les étals du marché du XIXe siècle où touristes et Florentins viennent s'approvisionner en produits régionaux et en artisanat local : cuirs, broderies, vêtements... Sur la place du même nom se dresse la **basilique San Lorenzo** *(piazza S. Lorenzo, 10 h 30-16 h)*, fruit de la collaboration entre Donatello et Michel-Ange, qui abrite dans ses **chapelles Médicis** les mausolées des grands-ducs ornés de sculptures de Michel-Ange *(piazza Madonna degli Aldobrandini 6, horaires variables)*. Non loin de là, l'austère **palais Medici Riccardi**, commandé à Michelozzo par Côme l'Ancien, s'ouvre sur une belle cour Renaissance délimitée par une colonnade. Le palais possède notamment une grande fresque de Benozzo Gozzoli mettant en scène la famille Médicis dans le *Cortège des Rois mages* de la chapelle homonyme *(via Cavour 3, www.palazzo-medici.it, 9 h-19 h, fermé le mercredi)*. L'**Opificio delle Pietre Dure**, ancienne manufacture de la cour médicéenne, vous dévoilera les secrets de la taille des pierres dures *(via degli Alfani 78, lun.-sam. 8 h 15-14 h)*, tandis que dans le **couvent dominicain San Marco**, fondé au XIIIe siècle et réaménagé par Michelozzo en 1437 avec les florins de Côme l'Ancien, les fresques de Fra Angelico invitent à la prière et à la contemplation *(piazza S. Marco 3, www.florence-museum.com/fr/billets-musee-san-marco, 8 h 15-13 h 50)*.

Porte-drapeau de la Renaissance florentine, le gigantesque dôme dessiné par Brunelleschi pour la **cathédrale Santa Maria del Fiore** est par ses dimensions la troisième coupole au monde après celles de Saint-Pierre à Rome et de Saint-Paul à Londres. Commencée en 1296

par Arnolfo di Cambio, l'église fut entre autres achevée par Giotto et Francesco Talenti. Parmi ses trésors, citons le vitrail réalisé au XVe siècle par Lorenzo Ghiberti et le *Portrait équestre de Giovanni d'Acuto*, peint en 1436 par Paolo Uccello (*piazza del Duomo, www.operaduomo.firenze.it, cathédrale 10 h 15-16 h 45 ; coupole 8 h 15-19 h 30*).
À côté du Duomo s'élève le **campanile** dessiné par Giotto en 1334 et achevé après sa mort par Andrea Pisano. Armez-vous de courage pour gravir les 414 marches conduisant au sommet de l'édifice, vous serez récompensé par un panorama magnifique sur la ville. Allez également admirer les précieuses mosaïques dorées qui recouvrent la voûte du **baptistère**, édifice du XIe siècle où étaient baptisés les Florentins illustres, dont Dante lui-même (*piazza di S. Giovanni, www. operaduomo.firenze.it, 10 h 15-16 h 45*). Ses trois imposantes portes de bronze sont l'œuvre d'Andrea Pisano et Lorenzo Ghiberti (celles que l'on voit sur le site sont des copies, les originaux se trouvent au musée du Duomo).

Le Duomo de Florence est une prouesse technique de Brunelleschi.

La visite se poursuit dans le quartier de **Santa Trinità**, vitrine du luxe et des mondanités florentines, avec ses bijouteries élégantes et ses boutiques de haute couture. Au n° 5 de la piazza della Trinità, l'adresse historique de **Salvatore Ferragamo** accueille, au rez-de-chaussée du palais Spini-Feroni, un **musée** dédié au « cordonnier » le plus créatif d'Italie, qui a chaussé les plus grandes stars du cinéma hollywoodien entre 1927 et 1960 (*www.ferragamo.com/museo, 10 h 30-19 h 30*). Autre parenthèse agréable à l'art de la Renaissance, le **musée Marino Marini** (1901-1980), installé dans une église désacralisée qui portait le nom de San Pancrazio, présente des sculptures, tableaux, dessins et gravures de ce célèbre artiste contemporain (*piazza S. Pancrazio, www.museomarinomarini.it, sam.-lun. 10 h-19 h*). Si vous êtes dans le quartier à l'heure du thé ou de l'apéritif, vous pouvez faire une pause au café littéraire **Giubbe Rosse** (*piazza della*

Repubblica 13-14), du début du XXe siècle, où les serveurs portent une veste rouge, selon l'usage en vigueur à Vienne.

Sur la liste des lieux incontournables de la ville figure ensuite la spectaculaire **piazza della Signoria**, galerie de sculptures en plein air encadrée par les arcades de la **loggia della Signoria**, avec le *Persée* de Benvenuto Cellini (1554) et *L'Enlèvement d'une Sabine* de Jean Bologne (1585), et par l'austère forteresse médiévale du **Palazzo Vecchio**, dont l'intérieur est orné de fresques du XVIe siècle célébrant la gloire et les rêves de grandeur de Côme Ier. La visite, de préférence accompagnée par les guides du **Museo dei Ragazzi**, vous permettra de découvrir la vie de cour au temps des Médicis, au fil des salons, cabinets de travail, chambres des merveilles et parcours secrets *(piazza della Signoria 1, www.musefirenze.it/fr/musei/museo-di-palazzo-vecchio, lun.-mer. et ven.-dim. 9 h-19 h, jeu. 9 h-14 h)*.

Il faut encore admirer l'inépuisable collection de chefs-d'œuvre des **Offices**, le plus ancien musée de l'Europe moderne, fondé à la fin du XVIe siècle et actuellement en cours d'agrandissement et de transformation avec la contribution de l'architecte japonais Arata Isozaki. À l'intérieur, d'innombrables merveilles de la peinture italienne et florentine du XIIe au XVIIIe siècle, comme *La Madone d'Ognissanti* de Giotto, *Le Printemps* et *La Naissance de Vénus* de Botticelli, le *Tondo Doni* de Michel-Ange ou encore *L'Adoration des Mages* de Léonard de Vinci *(Piazzale degli Uffizi, www.galeriedesoffices.*

CARNET DE VOYAGE

• **Les premiers contacts** Office national italien de tourisme (ENIT), 23, rue de la Paix, 75002 Paris, tél. : 01 42 66 03 96, www.enit-it, www.firenzeturismo.it, www.terresiena.it.

• **Les formalités** Pour les ressortissants de l'UE, carte nationale d'identité ou passeport en cours de validité.

• **La santé** Aucun problème.

• **Le voyage, le décalage** Durée moyenne du vol Paris-Florence (1 142 km) : 1 heure 40. Train : Paris-Gare de Lyon-Florence, 11 heures environ de trajet. Pas de décalage horaire.

• **Les langues, la monnaie** L'italien, mais il est possible de communiquer en anglais ou en français. **Monnaie :** l'euro.

• **La population** L'Italie compte plus de 59 millions d'habitants. Le pays connaît une forte immigration après avoir longtemps été une terre d'émigration. Florence : 382 000 habitants environ. Sienne : 53 000 habitants environ.

• **Les religions** Le catholicisme est la tradition, mais 15 % des habitants sont sans obédience.

• **Les fêtes** **Janv. :** Épiphanie ; **juin :** Saint-Jean, à Florence ; **2 juil. et 16 août :** Palio de Sienne (course de chevaux) ; **fin juil. à début août :** festival international du théâtre, à Montalcino ; **août :** fête de la Saint-Laurent, patron du quartier du même nom, à Florence.

• **Les achats** À Florence, **Lorenzo Villoresi** crée des parfums « sur mesure » (via de' Bardi 12, www.lorenzovilloresi.it). Pour des tissus de qualité, rendez-vous à la Casa dei Tessuti (via de' Pecori 20-24/r, www.casadeitessuti.com) ou à l'**Antico Setificio Fiorentino** (via L. Bartolini 4, www.anticosetificiofiorentino.com). Pour des bijoux anciens, passage obligé chez **Carlo Piccini**, sur le Ponte Vecchio.
À Sienne, le pan forte (gâteau aux fruits secs et aux épices) est une spécialité de l'**Antica Drogheria Manganelli** (via di Città 71, www.drogheriamanganelli.it/). L'atelier des **Ceramiche San Bernardino** (via Ficareto 2, www.ceramichesanbernardino.com) vend des céramiques traditionnelles.

Les jardins de Bóboli, célèbre parc à l'italienne sur les hauteurs de Florence

com, mar.-dim. 8 h 15-18 h, fermé le lundi. Pour éviter les files d'attente, il est conseillé de réserver ses billets à l'avance sur ce même site). Une fois la visite terminée, le vieux Corridoio Vasariano vous conduit au bord de l'Arno, où vous pourrez prendre la traditionnelle photo sur le **Ponte Vecchio**, envahi par une foule cosmopolite de touristes affairés devant les minuscules échoppes d'orfèvres qui datent du XVIe siècle. De l'autre côté du fleuve vous attend la dernière étape de cet itinéraire florentin : le **Palazzo Pitti** entouré des **jardins de Bòboli**. Construit en 1458 par Luca Facinelli sur des plans de Brunelleschi pour le banquier Luca Pitti, ce palais fut la résidence des Médicis, des Habsbourg-Lorraine (qui le dotèrent d'ailes latérales) et enfin des Savoie, lorsque Florence était la capitale de l'Italie. S'y trouvent la **galerie Palatine**, installée dans les somptueux appartements ducaux aux murs ornés de fresques de Pietro da Cortona (œuvres de Titien, Raphaël, du Caravage, de Botticelli et Véronèse), la **galerie d'Art moderne** et le **musée de l'Argenterie**, superbe

LES CONSEILS GEO

• Les plus

Un patrimoine artistique et architectural exceptionnel – peu d'endroits au monde concentrent autant de chefs-d'œuvre que la Toscane.
Une région dont le nom seul fait rêver : bosquets de cyprès, collines harmonieuses, villages médiévaux, soleil clément... Ce cadre enchanteur et magique est un véritable appel à la découverte et à la détente.

• Les moins

Le très grand nombre de touristes lors de la Semaine sainte et en été.
Des tarifs très élevés, la Toscane est la région la plus chère d'Italie, surtout en haute saison (printemps et automne).

écrin aux collections d'objets médicéens précieux. Aménagés d'abord par Nicolò Tribolo en 1550 pour accueillir les fêtes de la cour, puis par Bernardo Buontalenti, les **jardins de Bòboli** sont le plus célèbre exemple de parc à l'italienne, avec leurs terrasses, leurs jeux de perspective, leurs fontaines, leurs petites îles, leurs grottes et leurs statues géantes de personnages mythologiques et allégoriques (*piazza Pitti 1, www.florence-museum.com/fr/billets-jardins-boboli.php, horaires variables, fermé le premier et le dernier lun. du mois*).

• Sienne (2 jours)

Cœur battant de la ville, la **piazza del Campo**, en forme d'immense coquillage rose et blanc, est divisée en neuf secteurs symbolisant le conseil des Neuf, qui la fit construire entre 1327 et 1349. Elle accueillait les assemblées communales et la fête du **Palio**. Tradition millénaire, cette course hippique effrénée ne dure que quelques minutes mais sa préparation est aujourd'hui encore un véritable rite qui occupe les Siennois tout au long de l'année (la course a lieu le 2 juillet et le 16 août).
Sur cet hémicycle se dressent la **Torre del Mangia** (1348), construction élancée de 102 m de haut (dont le nom rappelle la propension au gaspillage de son premier sonneur, le « mange-gains »), et la silhouette crénelée du **Palais public**, percé de 21 fenêtres trilobées, dont le plan, de la fin du XIIIe siècle aurait été exécuté par un enlumineur et calligraphe appelé Giovanni. En partie occupé par les bureaux de la mairie de Sienne, ce palais abrite un merveilleux **Musée municipal** dédié à la vie et à l'histoire de la ville, célébrées par des artistes siennois comme Simone Martini, auteur des fresques de la salle de la Mappemonde (la célèbre *Maestà* et la fresque représentant Guidoriccio di Fogliano se rendant au siège de Montemassi), ou Ambrogio Lorenzetti, dont *Les Effets du bon et du mauvais gouvernement à la ville et à la campagne* (1338-1340) orne la salle des Neuf : le fond de cette fresque, qui représente la campagne siennoise ponctuée de tours et de châteaux, est considéré comme le premier paysage moderne de l'histoire de la peinture occidentale (*www.toscane-toscana.org/sienne-museo-civico.php, 10 h-19 h sauf 1er nov-15 mars fermeture à 18 h*).

C'est sur la piazza del Campo, à Sienne, qu'a lieu la célèbre course hippique du Palio.

Dans la partie supérieure de la place, la **Fonte Gaia**, décorée de panneaux de Jacopo della Quercia, rappelle les réjouissances célébrant la fin de l'épidémie de peste en 1348. À quelques pas de la piazza del Campo, il faut visiter, au n° 52 via Banchi di Sotto, **Piccolomini** (1469), le plus prestigieux palais privé de Sienne. Dans cet édifice en pierre au délicat bossage, le **musée des Biccherne** conserve une précieuse collection de 103 tablettes de bois peintes par les artistes de l'époque, qui servaient de couvertures aux registres publics (*Via Banchi di Sotto, 52, sam. 9 h-13 h*). Pilier de la vie religieuse siennoise, le **Duomo**, dédié à Notre-Dame-de-l'Assomption, est un monument gothique aux réminiscences romanes. Sa construction impliqua largement les habitants, qui transportèrent les blocs de pierre noire et blanche depuis les carrières environnantes. La partie inférieure, romane avec d'évidentes échappées gothiques, est signée Giovanni Pisano, tandis que la partie supérieure, de style gothique fleuri, est due à Giovanni di Cecco. À l'intérieur, le splendide pavement de marbre, divisé en 56 carrés, fut réalisé entre 1369 et le XIXe siècle (soit plus de 400 ans !) sur les plans de grands

QUE VOIR, QUE FAIRE À SIENNE ?

- La piazza del Campo et son tracé unique en forme de coquillage
- Les chefs-d'œuvre de la Pinacothèque nationale
- Le Duomo et la très belle bibliothèque Piccolomini
- La fête du Palio, course où chevaux et cavaliers arborent les couleurs de leur paroisse

L'abbaye romane de Sant'Antimo, dans la campagne siennoise

QUE VOIR, QUE FAIRE EN TOSCANE ?

- Les paysages arides des *Crete Senesi* au lever du jour
- Les thermes dell'Antica Querciolaia
- Une dégustation de brunello à Montalcino
- Les sculptures de l'abbaye Sant'Antimo, située dans un cadre enchanteur
- Les sources d'eau chaude de Bagno Vignoni
- Les saveurs authentiques et simples de la cuisine toscane

artistes siennois. Le transept de gauche, où l'on admire une splendide chaire (1266-1268) de marbre blanc, sculptée par Nicola Pisano avec l'aide de son fils, conduit au portail donnant accès à la **bibliothèque Piccolomini**, ornée de fresques de Pinturicchio (*www.operaduomo.siena.it, horaires variables*).

Parmi toutes ses merveilles, Sienne compte aussi l'**hôpital Santa Maria della Scala** (*piazza del Duomo 2, 10 h-19 h*), refuge médiéval des pèlerins de la via Francigena, qui abrite aujourd'hui le **musée des Enfants**, créé pour faire découvrir aux plus jeunes les langages de l'art, et le **centre d'Art contemporain**. La visite s'achève avec une profusion d'œuvres de Duccio da Buoninsegna, Simone Martini, Pietro et Ambrogio Lorenzetti, Pinturicchio et Jacopo della Quercia dans les salles de la **Pinacothèque nationale**, installée dans le palais Buonsignori, du XVe siècle (*via S. Pietro 29, www.pinacotecanazionale.siena.it, mar.-sam. 9 h-19 h, lun., dim. et jours fériés 9 h-13 h 30*).

ITALIE

Les paysages de la campagne siennoise (2 jours)

Depuis les terres arides et argileuses des *Crete Senesi*, au sud de Sienne, jusqu'aux localités du Val d'Orcia, où, dans la lueur diffuse de l'aube, les cyprès juchés au sommet des collines ressemblent à des pointes de pinceaux colorant l'horizon, cet itinéraire de 120 km environ traverse des paysages paisibles parsemés d'oliviers et de fermes, de villes ourlées de tours et d'abbayes médiévales isolées, que l'on retrouve dans les tableaux des peintres toscans des XIVe et XVe siècles.

Au sud de Sienne, sur la route d'Asciano *(31 km qui se font en grande partie sur la nationale 438)*, gardez votre appareil photo à portée de main pour immortaliser les paysages arides des ***Crete Senesi***, dos argileux creusés de *calanchi* (fosses d'érosion), spectaculaires sous les premières lueurs de l'aube, avant de prendre à gauche en direction de **Rapolano Terme** *(9 km)*, qui abritait au Moyen Âge la **Grancia de Serra** (ferme fortifiée), l'une des plus importantes de la région, devenue un musée *(www.museisenesi.org/museo/museo-dellantica-grancia-e-dellolio, horaires variables)*. Dans le centre ancien de la ville, il faut visiter l'**église San Lorenzo**, mais surtout les deux établissements thermaux, dont l'un, les **thermes dell'Antica Querciolaia**, date du milieu du XIXe siècle *(via Trieste 22, www.termeaq.it)*. À 8 km au sud d'Asciano, l'**abbaye** bénédictine de **Monte Oliveto Maggiore**, du XIVe siècle, isolée sur une colline verdoyante entourée de précipices, ressemble à une île posée sur une mer d'argile. Elle recèle plusieurs joyaux, dont les fresques de la *Vie de saint Benoît*, réalisées en 1497-1498 par Luca Signorelli dans le grand cloître, et le chœur de l'église, en bois marqueté, chef-d'œuvre de fra Giovanni da Verona *(9 h 15-12 h, 15 h 15-18 h)*. **Montalcino**, à 29 km vers le sud, capitale du brunello (vin à base de sangiovese rouge connu dans le monde entier), mérite un détour, non seulement pour la **visite guidée des caves** *(www.consorziobrunellodimontalcino.it)*, mais aussi pour découvrir ce bourg aux nombreuses tours qui a conservé intacte son allure médiévale. Sa **Rocca** fut au XVIe siècle le dernier rempart des Siennois contre l'hégémonie des Médicis. Installé dans l'ancien **monastère Saint-Augustin**, du XVe siècle, le **musée municipal et diocésain d'Art sacré** possède des œuvres des plus grands peintres toscans des XIIIe, XIVe et XVe siècles *(via Ricasoli 31, 10 h 30-18 h)*.

Édifice charmant et isolé entouré d'oliviers et de coquelicots, l'**abbaye romane de Sant'Antimo** *(10 km au sud)*, qui aurait été fondée par Charlemagne en 781, est ornée de bas-reliefs et de sculptures. Les moines augustins y entonnent encore des chants grégoriens au cours des offices *(www.antimo.it, horaires variables)*. L'itinéraire se termine dans le petit bourg thermal de **Bagno Vignoni** *(à 20 km de Montalcino)*, blotti autour de l'ancien bassin d'eau chaude sulfureuse qui attira au fil des siècles d'illustres personnages comme le pape Pie II ou Laurent le Magnifique. C'est une vision magique, surtout l'hiver, lorsque les vapeurs d'eau plongent le village dans l'atmosphère surnaturelle qui incita Tarkovsky à en faire le décor de son film *Nostalghia (on peut prendre un bain thermal à la piscine Val di Sole, à côté de l'hôtel homonyme)*.

Rome et Ostie

Ville éternelle, Rome fut la capitale d'un empire auquel elle donna son nom. Considérée comme l'une des plus belles villes du monde, elle conserve de son passé prestigieux de somptueux témoignages. Du Forum romain aux musées du Capitole, de la chapelle Sixtine à la fontaine de Trevi, ses trésors antiques ou Renaissance ont forgé l'histoire de l'Occident.

Si les lieux et les époques se côtoient dans toutes les grandes capitales, aucune ne peut rivaliser avec les innombrables témoignages historiques et artistiques de Rome. Au côté de sites millénaires, tels que le **Colisée**, la **basilique Saint-Pierre**, l'**escalier de l'église de la Sainte-Trinité-des-Monts** ou bien encore la **piazza Navona**, la ville compte aussi des musées dessinés par les plus grands architectes contemporains, comme le **MAXXI** de Zaha Hadid ou des projets expérimentaux comme l'**EUR**, la cité créée pour l'Exposition universelle par les architectes rationalistes italiens des années 1930. L'art de vivre et de la bonne chère, à l'honneur dans les *trattorie* du **Trastevere**, cohabite avec les restaurants étoilés qui se sont ouverts depuis quelques années sur les terrasses des grands hôtels (comme **La Pergola** de l'**hôtel Rome Cavalieri**, sous la houlette du chef Heinz Beck, *www.romecavalieri.com/fr/la-pergola-fr*).

Les parcs romains sont une véritable institution : citons la **villa Borghese**, poumon vert de 80 ha en plein centre de la ville, qui abrite aussi la collection du cardinal Scipione Borghese, avec des œuvres d'Antonello de Messine, Raphaël, Titien, Corrège, du Caravage, du Bernin et de Canova (*Piazzale Scipione Borghese 5, www.galleriaborghese.it, mar.-dim. 9h-19h*); et les jardins à l'anglaise et à l'italienne de la **villa Pamphilj**, une oasis urbaine de plus de 180 ha créée au XVIIe siècle par le prince Camillo Pamphilj. C'est à la même dynastie que l'on doit le **palais Doria Pamphilj**, en plein cœur de la capitale, une visite à ne pas manquer si vous appréciez le Caravage, Titien, Raphaël et les maîtres flamands, et voulez assister, le samedi matin, aux rencontres d'art avec concerts de musique baroque (*via del Corso 305, www.dopart.it/roma, 9 h-19 h*).

Les amoureux du 7e art pourront suivre un itinéraire sur les traces du cinéma, des studios de **Cinecittà**, le Hollywood italien (*via Tuscolana 1055, www.cinecittastudios.it, visites sur réservation*), aux lieux de la capitale qui ont servi de décor à de grands films, comme la **fontaine de Trevi** (dessinée par Nicola Salvi au XVIIIe siècle), où s'est baignée Anita Ekberg dans *La Dolce Vita*

Le forum est, avec le Colisée, un vestige de la Rome antique.

de Fellini, le Colisée de *Gladiator*, la **place d'Espagne**, où Audrey Hepburn rencontre Gregory Peck dans *Vacances romaines*, le **château Saint-Ange** (*Lungotevere Castello 50, www.castelsantangelo.com, lun.-dim. 9 h-19 h 30*) et le **Panthéon**, dans le film *Anges et Démons* – temple devenu le plus grand mausolée de l'Antiquité, édifié sous l'empereur Adrien, au IIe siècle, avec sa gigantesque coupole percée en son centre (*piazza della Rotonda, www.rome-museum.com/fr/agrippa-pantheon-rome.php, lun.-sam. 9 h-19 h, dim. 9 h-18 h*). Si vous êtes vraiment passionné, ne manquez pas la **fête du Cinéma**, qui se déroule chaque année au mois d'octobre à l'**Auditorium Parc de la Musique** de l'architecte Renzo Piano (*www.romacinemafest.it, www.auditorium.com*).

Se déplacer : *Si le réseau du métro romain n'est pas très étendu (deux lignes seulement), il permet d'éviter les embouteillages. Les taxis sont abordables, mais vous pouvez aussi prendre les bus, les cars touristiques et l'Archeobus dans le centre historique* (www.atac.roma.it). *Pour rejoindre Ostie, à 24 km au sud-ouest de Rome, empruntez la S8 ou l'A12 (direction aéroport de Fiumicino).*

QUE VOIR, QUE FAIRE À ROME ?

- Le Forum romain et la via Sacra
- Le panorama depuis la colline du Palatin
- Les chefs-d'œuvre des musées du Capitole
- Un dîner dans le quartier populaire du Trastevere
- Un hommage à La Dolce Vita devant la fontaine de Trevi
- Le Vatican, avec la basilique Saint-Pierre et la chapelle Sixtine
- Le parc de la villa Borghese
- Une exposition d'art contemporain au MAXXI
- La fontaine des Fleuves sur la piazza Navona
- Les ruines du site d'Ostia Antica

Rome (4 jours)

Parcours antique ou contemporain, une chose est certaine : il faut beaucoup marcher pour découvrir Rome en quelques jours. Pour optimiser votre temps et votre énergie, vous pouvez partir du centre historique, qui regroupe les grands monuments de l'Antiquité. Le plus célèbre d'entre eux, le **Colisée**, appelé à l'origine amphithéâtre Flavien, était la plus grande arène du monde et pouvait accueillir plus de 70000 spectateurs (*www.colosseum-rome-tickets.com/fr/colosseum/, horaires variables*). Tout à côté se dresse l'**arc de Constantin**, puis vous rejoindrez les principaux sites archéologiques de la capitale : le **Forum romain** et le **Palatin**, avec les vestiges des **basiliques émilienne** et **julienne**, la **Domus Flavia**, le **temple de Vénus et Rome**, la **via Sacra** et le monumental **arc de Titus**.

Juché sur la colline, tournant le dos au Forum romain, le **Capitole**, occupé par les services de la mairie de Rome, s'élève sur la **piazza del Campidoglio**, dessinée par Michel-Ange, et abrite également les **Musées capitolins**, riches de chefs-d'œuvre tels que la statue de *La Vénus du Capitole*, du IVe siècle av. J.-C., ou

Le Tibre, avec la basilique Saint-Pierre et le Vatican à l'arrière-plan

le buste de la *Méduse* du Bernin (*Piazza del Campidoglio 1, www.museicapitolini.org, mar.-dim. 9 h 30-20 h 30*), et, un peu plus haut, l'**église Santa Maria in Aracœli**, réputée pour ses fresques de Pinturicchio sur la vie de saint Bernardin et ses œuvres de Donatello (*www.sanmarcoevangelista.it, horaires variables*). À côté de l'église, le **Vittoriano**, monument à Victor-Emmanuel II, domine la **piazza Venezia**, avec le tombeau du soldat inconnu et le **musée du Risorgimento** (*www.risorgimento.it, 9h30-18h45*). Le **Quirinal**, résidence du président de la République italienne depuis 1946, se visite en partie (*piazza del Quirinale, www.quirinale.it, ven.-dim. et mar.-mer. 9h30-16 h*), tandis que le **palais Barberini**, siège de la **Galerie nationale d'art antique,** séduira les amoureux du Caravage, du Greco, de Titien, de Filippo Lippi et de Raphaël (*via delle Quattro Fontane 13, www.galleriaborghese.it, mar.-dim. 9 h-19 h*). Il faut ensuite aller admirer la **fontaine de Trevi**, **la Trinité-des-Monts** et la **place d'Espagne**, à l'architecture digne d'un décor de théâtre – l'un des endroits les plus connus et fréquentés de la capitale. En quittant la piazza Venezia par la **via del Corso**, vous arriverez devant l'**Ara Pacis** – le célèbre autel construit par Auguste en l'an 9 apr. J.-C. pour célébrer la paix romaine –, abrité dans la structure en verre et travertin conçue par Richard Meier (*Lungotevere in Augusta, www.arapacis.it, 9 h 30-18 h 30*), puis sur la **piazza del Popolo** avec ses trois églises (consacrées à la Vierge Marie) : **Santa Maria del Popolo**, érigée sur le lieu où mourut Néron, et les jumelles **Santa Maria in Montesanto** et **Santa Maria dei Miracoli**. Si vous vous éloignez de la piazza Venezia par le **corso Vittorio Emanuele**,

LES CONSEILS GEO

• Les plus

Une richesse architecturale et artistique hors du commun, Rome est un véritable musée à ciel ouvert ! Un écrin de nature quasi intacte (mer et campagne) aux portes de la ville. La proximité, qui permet de se rendre à Rome pour quelques jours.

• Les moins

Il est difficile de ne pas se perdre lors d'une première visite à Rome, comptez au moins une journée pour commencer à vous repérer.
Des tarifs assez élevés pour l'hébergement en haute saison et pour les visites.

• Les précautions

Attention aux pickpockets et aux vendeurs de contrefaçons aux abords des grands sites touristiques.

vous trouverez sur votre droite la **piazza Navona**, l'un des lieux de rendez-vous les plus célèbres du monde. Véritable hymne au baroque, la place accueille l'**église Santa Agnese in Agone**, construite au XVIIe siècle par Borromini, l'**église Notre-Dame-du-Sacré-Cœur** et, au centre, la célèbre **fontaine des Quatre Fleuves** de Gian Lorenzo Bernini, avec les quatre statues allégoriques du Nil, du Gange, du Danube et du Rio de la Plata. De la piazza Navona, rejoignez le **Lungotevere**, puis passez la frontière de l'État pontifical pour découvrir la capitale monumentale et spirituelle du catholicisme mondial.

La visite du **Vatican** implique souvent de longues files d'attente, mais quelle récompense de pouvoir contempler la **basilique** à la coupole la plus grande du monde, dessinée par Michel-Ange et complétée par Giacomo Della Porta et Domenico Fontana, avec le **baldaquin** en bronze du Bernin et la *Pietà* de Michel-Ange ! Les **grottes vaticanes** abritent les tombeaux des souverains pontifes, dont celui de Jean-Paul II. La **colonnade** à deux hémicycles du Bernin, qui s'ouvre juste devant la basilique, est une merveille d'architecture, de perspective et de symétrie. Derrière la place, les **musées du Vatican**, véritable ville dans la ville, regroupent la **chapelle Sixtine** avec *Le Jugement dernier* de Michel-Ange, les **chambres de Raphaël**, les galeries des **cartes géographiques** et des **tapisseries** et la **Pinacothèque** avec les chefs-d'œuvre de Giotto, Raphaël et Léonard de Vinci *(www.vatican.va, www.museivaticani.va, horaires variables. Pour éviter les files d'attente, il est conseillé d'acheter les billets sur le site Internet).*

Rome, ville d'art et d'histoire, accorde aussi une place à l'art contemporain : elle a donc consacré des sites exceptionnels, qui valent à eux seuls le voyage, aux œuvres du nouveau millénaire. Citons le **MAXXI**, **musée national des Arts du XXIe siècle**, dessiné par l'architecte britannique d'origine irakienne Zaha Hadid dans le quartier **Flaminio**, avec des expositions thématiques et une collection permanente d'œuvres d'art et de photographies *(via Guido Reni 4A, www.fondazionemaxxi.it, mar.-dim. 11 h-19 h, fermé le lundi)*; le **Macro**, **musée d'Art contemporain**, installé dans l'ancienne usine des bières Peroni réaménagée par l'architecte Odile Decq, dont la collection est conçue comme un catalogue d'œuvres en développement et en transformation continus *(www.museomacro.it, deux sites : via Nizza 138 et Via Reggio Emilia, 54, mar.-ven. 12 h-19 h, sam.-dim. 10 h-19 h)* ; la

L'imposant baldaquin du Bernin, à l'intérieur de la basilique Saint-Pierre

Centrale Montemartini, le nouveau pôle d'expositions des Musées capitolins, située dans une ancienne centrale thermoélectrique, où les sculptures classiques côtoient désormais de belles machines industrielles (*via Ostiense 106, www.centrale-montemartini.org, mar.-dim. 9 h-19 h*).

• Ostie (1 jour)

Située à l'embouchure du Tibre sur la mer Tyrrhénienne, la **cité antique d'Ostie** (ou Ostia Antica) fut une installation militaire romaine et un grand port commercial très prospère au IIe siècle (*viale dei Romagnoli 717, www.ostiaantica.beniculturali.it, horaires variables*). La ville comptait alors plus de 100000 habitants. Elle se couvrit progressivement de basiliques, de forums et de portiques.

Commencez votre visite par la **porta Romana**, où débute le *decumanus maximus*, l'ancienne artère principale est-ouest, autrefois bordée de magasins et de thermes. Cette rue était le prolongement de la via Ostiensis, qui reliait Rome à Ostie. Sur votre gauche, vous admirerez la statue de Minerva Vittoria, qui ornait

CARNET DE VOYAGE

• Les premiers contacts
Office national italien de tourisme (ENIT), 23, rue de la Paix, 75002 Paris, tél. : 01 42 66 03 96, www.enit-it, www.turismoroma.it.

• Les formalités
Pour les ressortissants de l'UE, carte nationale d'identité ou passeport en cours de validité.

• La santé
Aucun problème.

• Le voyage, le décalage
Durée moyenne du vol Paris-Rome (1 495 km) : 2 heures. Rome dispose de deux aéroports, Fiumicino (à 30 km au sud-ouest de la ville) et Ciampino (à 15 km au sud-est), principalement pour les vols low cost. Train : Paris-Gare de Lyon/Rome-Termini, 12 heures environ de trajet. Pas de décalage horaire.

• Les langues, la monnaie L'italien, mais il est possible de communiquer en anglais ou en français. **Monnaie :** l'euro.

• La population L'Italie compte plus de 59 millions d'habitants. Rome : 2,8 millions d'habitants environ.

• Les religions Le catholicisme est la tradition, mais 15 % des habitants sont sans obédience.

• Les fêtes **6 janv. :** Épiphanie sur la piazza Navona ; **fév. :** carnaval ; **avr. :** chemin de croix du Vatican au Colisée pour le Vendredi saint ; **21 avr. :** commémoration de la fondation de Rome ; **25 déc. :** bénédiction du pape au Vatican.

• Les achats Les grandes marques de mode s'exposent dans les vitrines des **via del Corso, via Condotti** et **via del Babuino**. Les antiquaires sont installés via dei Coro-nari : parmi les meilleurs, **Annamaria Hannau** (www.hannauroma.com) est spécialisée dans les meubles des années 1940.

probablement le sommet de la porte. Le chemin mène ensuite aux **Terme dei Cisiari** (thermes des Charretiers), puis à l'**Osteria di Fortunato** (taverne de Fortunatus). Continuez jusqu'au **théâtre** construit par Agrippa, qui pouvait accueillir jusqu'à 3000 personnes. Le centre de la ville se situait sur le **piazzale delle Corporazioni**, juste derrière le théâtre, où corporations locales et étrangères avaient à l'époque leurs bureaux. Quittez le *decumanus maximus* par la via dei Molini, à droite, et prenez à gauche la via di Diana. Vous y découvrirez la **Casa di Diana**, une vaste demeure qui était composée de boutiques, au rez-de-chaussée, et d'appartements aux premier et deuxième étages. Juste à côté, le **Thermopolium** – une buvette – semble très proche des cafés que l'on rencontre aujourd'hui avec son comptoir en L et ses sièges en pierre. Au carrefour suivant, sur la droite, vous arriverez au **Museo Ostiense**, qui expose les œuvres trouvées lors des fouilles (*fhoraires variables*).

La fontaine de Trevi, à Rome, est notamment le cadre d'une scène mythique de *La Dolce Vita* de Fellini.

Le **Capitolium**, dédié à Jupiter, Junon et Minerve, était le plus grand temple d'Ostie. Il se trouve à l'une des extrémités du Forum, à l'intersection du *cardo* et du *decumanus maximus*. De l'autre côté de la place, le **Tempio di Roma e Augusto** était dédié à Rome et à Auguste. Sur le **Forum** avaient également été élevés la basilique, la curie et les thermes de la ville.

En poursuivant sur le *decumanus maximus*, vous quittez la ville fortifiée et entrez dans la partie la plus récente d'Ostie. Vous y verrez principalement de belles demeures richement décorées de mosaïques comme la **Domus di Amore e Psiche**, l'**insula degli Aurighi** ou la **Domus di Giove Fulminatore**.

Après la visite du site antique, sachez que vous pouvez vous accorder une escapade en rejoignant les plages de **Lido di Ostia**, à environ 25 km à l'ouest d'Ostie, une destination privilégiée pour les adeptes du soleil et de la mer.

Capri
et la côte amalfitaine

Au cœur d'un décor verdoyant planté de bougainvilliers, de cyprès et de vignes, cette côte est tout ce qu'il y a de plus romantique : une semaine pour découvrir des falaises sauvages qui s'enfoncent dans la mer, de petits villages colorés perchés sur des rochers, la mer Tyrrhénienne, des stations balnéaires à la mode, le tout agrémenté d'un enivrant parfum d'agrumes.

La côte amalfitaine, à la beauté affirmée, fut considérée dès le XVIIIe siècle comme une étape incontournable par les voyageurs du Grand Tour. Quelques jours ne suffiront pas pour en percer tous les secrets, mais on peut les effleurer en visitant les petits bijoux d'architecture de **Ravello**, avec ses villas antiques et ses jardins surplombant la mer, les constructions arabisantes d'**Amalfi** et les maisons multicolores de **Positano**, la station balnéaire la plus branchée de la côte. L'itinéraire passe également par les vertigineuses falaises qui plongent dans les eaux turquoise de la mer Tyrrhénienne en créant des fjords et de superbes anfractuosités comme la **grotte de Smeraldo**, caverne féerique dotée de stalactites et des colonnes aux formes des plus étranges (*les bateaux conduisant à la grotte partent du quai Pennello d'Amalfi de 9 h 30 à 16 h ; on peut aussi s'approcher de la grotte en voiture, au km 26,4 de la route nationale 163 « Amalfitana », puis y accéder par un escalier ou en ascenseur, www.amalfitouristoffice.it*), et la **gorge de la Fureur,** qui descend à pic depuis le haut plateau d'Agerola. Enfin, l'île de **Capri**, mariage rêvé entre terre et mer, entre nature, art et mondanités, séduit depuis des siècles peintres, réalisateurs, poètes et même empereurs romains.

Se déplacer : *Un train relie Naples à Salerne en trente minutes environ (www.trenitalia.com), tandis qu'en voiture, le trajet de 55 km sur l'A3 prend 50 minutes. De Salerne, vous emprunterez la route nationale 163 (à partir de Vietri sul Mare), qui relie en 37 km tous les villages de la côte amalfitaine, puis parcourrez les 19 km entre Positano et Sorrente, d'où partent les hydroptères et les ferries pour Capri (aussi accessible depuis Naples, quais Beverello, Calata Porta Massa et Mergellina, www.snav.it). Pour découvrir les villages de la côte à partir de Salerne, le bus (www.sitabus.it/wps/portal/City) est pratique, Amalfi et Positano étant aussi desservies par hydroptère et ferry. Les ferries « Metro del Mare » assurent des liaisons entre Naples, Salerne, Amalfi et Positano (www.metrodelmare.net).*

Le village de Ravello domine la mer.

La côte amalfitaine (3 jours)

Parmi les étapes incontournables de la « divine côte », **Ravello** recèle des joyaux artistiques et des souvenirs musicaux. Au fil des siècles, la ville a charmé de nombreux artistes, de Richard Wagner à Arturo Toscanini, d'André Gide à David Lawrence ou de Miró à Turner, dont les vues touchantes de la côte amalfitaine sont conservées à la Tate Gallery de Londres. La **villa Rufolo** est un véritable jardin enchanté avec ses allées bordées de tilleuls et de cyprès, son mélange de flore méditerranéenne et exotique et son belvédère face à la mer infinie (Wagner s'en inspira pour le jardin de Klingsor dans *Parsifal*). La magnifique colonnade polychrome de son cloître témoigne de l'architecture rare et précieuse de la villa, édifiée au XIIIe siècle dans le style arabo-sicule (*piazza Duomo, www.villarufolo.it, lun.-dim.9 h-17 h*). Dans son jardin se déroule chaque été le **Festival international de Ravello**, rendez-vous des passionnés de musique classique, de danse, de jazz, de musiques du monde et contemporaine, qui se retrouvent en hiver dans le nouvel **auditorium** dessiné par Oscar Niemeyer. À quelques pas de la villa s'élève la **cathédrale** du XIe siècle dédiée à **saint Pantaléon**. Elle abrite des trésors tels qu'une porte divisée en 54 plaques de bronze, un ambon byzantin et une superbe chaire recouverte de bas-reliefs et de

QUE VOIR, QUE FAIRE SUR LA CÔTE AMALFITAINE ?

- La villa Rufolo et son splendide jardin, à Ravello
- La cathédrale Saint-André, à Amalfi
- La vallée des Moulins
- Le lèche-vitrine à l'italienne, à Positano
- Une promenade en barque vers la grotte de Smeraldo
- Une journée à la plage près de Positano
- Le plus ancien code maritime du monde à l'hôtel de ville d'Amalfi
- Une dégustation de limoncello, liqueur de citron produite dans la région

mosaïques (*9 h-12 h, 17 h 30-19 h*). Beaucoup plus récente, l'éclectique **villa Cimbrone** date du début du XXe siècle : singulier patchwork de styles et d'époques, elle a été reconvertie en hôtel de charme (*via S. Chiara 2, www.villacimbrone.com, de 9 h au coucher du soleil pour la visite des jardins*). À 7 km environ de Ravello, **Amalfi**, avec ses ruelles et escaliers accrochés entre les pentes des monts Lattari et la mer, témoigne du passé le plus ancien de la côte à laquelle elle a donné son nom. La première République maritime d'Italie, qui commerça activement avec l'Orient au Moyen Âge, révèle toute sa grandeur dans l'imposante **cathédrale Saint-André** (IXe siècle), ornée d'émaux et de mosaïques et précédée par un imposant escalier conduisant jusqu'à la place principale, où trône la fontaine du Peuple, du XVIIIe siècle. Avec ses arcs aigus entrecroisés, ses colonnes géminées et sa végétation luxuriante, le **cloître du Paradis**, édifié entre 1266 et 1268 comme cimetière pour les Amalfitains illustres, est un lieu enchanteur. L'aspect baroque de l'intérieur, auquel on accède par une belle porte de bronze de 1065 provenant de Constantinople, est le résultat des grands travaux de restructuration réalisés au début du XVIIIe siècle (*mars-déc. : 9 h-18 h 45*). La belle promenade du bord de mer est bordée d'établissements balnéaires qui donnent accès à la plage. Un peu en retrait, l'**hôtel de ville** accueille le **musée municipal**, où

◂◂ La cathédrale Saint-André à Amalfi, du nom du saint patron de la ville

CARNET DE VOYAGE

• **Les premiers contacts** Office national italien de tourisme (ENIT), 23, rue de la Paix, 75002 Paris, tél. : 01 42 66 03 96, www.enit-it, www.eptsalerno.it, www.capritourism.com.

• **Les formalités** Pour les ressortissants de l'UE, carte nationale d'identité ou passeport en cours de validité.

• **La santé** Aucun problème.

• **Le voyage, le décalage** Vol Paris-Naples (1 613 km) : 2 heures 10. Pas de décalage horaire.

• **Les langues, la monnaie** L'italien, mais il est possible de communiquer en anglais ou en français. **Monnaie :** l'euro.

• **La population** L'Italie compte plus de 59 millions d'habitants.
Capri : 7 000 habitants environ.
Salerne : 134 800 habitants environ.
Amalfi : 5 000 habitants environ.
Ravello : 2 500 habitants environ.

• **Les religions** Le catholicisme est la tradition, mais 15 % des habitants sont sans obédience.

• **Les fêtes** **Début juin :** régate historique à Amalfi ; **15 juin :** Saint-Guy, patron de Positano ; **fin juin à fin sept. :** Festival de Ravello ; **27 juil. :** Saint-Pantaléon, patron de Ravello ; **15 août :** débarquement des Sarrasins, à Positano ; **30 nov. :** Saint-André, patron d'Amalfi.

• **Les achats** Vêtements, sandales, limoncello, parfums.

LES CONSEILS GEO

• Les plus

Un environnement merveilleux et préservé où alternent villages de pêcheurs et stations balnéaires. Un climat particulièrement clément et une lumière somptueuse.

• Les moins

Une région très touristique qui peut vite être surpeuplée en haute saison. Des tarifs assez élevés, notamment à Capri.

• Les tendances

Assister à un festival de musique face à la mer, comme celui qui se déroule l'été dans la villa Rufolo à Ravello, est une expérience inoubliable.

sont exposées les *Tables amalfitaines*, plus ancien code maritime du monde, promulgué à l'époque de la République et adopté dans toute la Méditerranée (*www.comune.amalfi.sa.it, horaires variables*). En parcourant la médiévale **via dei Mercanti**, en partie couverte, puis la via Capuana, vous grimperez vers la **vallée des Moulins**, traversée par le torrent Canneto, dont les eaux faisaient autrefois tourner les aubes des moulins des anciennes fabriques de papier. Pour tout savoir de l'histoire de la vallée et son artisanat séculaire, ne manquez pas le **musée du Papier** (*horaires variables*), qui présente grâce à des démonstrations concrètes les différentes étapes de la production. À l'extrême ouest du golfe de Salerne, le petit village pittoresque de **Positano** est une ancienne bourgade de marins sertie entre les montagnes. Ses maisons aux couleurs pastel sont accrochées à une falaise hérissée qui plonge droit dans la mer. Dans les étroites ruelles qui traversent le village, la succession ininterrompue de boutiques présente les derniers modèles de la « mode de Positano », vêtements fleuris, maillots de bain, paréos et chapeaux. Sur la place principale scintillent les maïoliques colorées qui recouvrent la coupole de l'**église paroissiale Notre-Dame-de-l'Assomption**, construite au XIIe siècle. En quelques minutes, vous rejoindrez à pied les adorables plages de **Marina Grande, Fiumicello**, **Arienzo** et **Fornillo**, où se trouvaient les fours à pain de l'époque romaine.

• Capri (3 jours)

Que vous fassiez le tour de l'île par la terre ou par la mer, vous partirez toujours de **Marina Grande**, où abordent les hydrop-

ITALIE

Vue sur les Faraglioni (trois aiguilles de pierre détachées par l'érosion) de l'île de Capri

tères et les ferries et où se situe le funiculaire pour le village de **Capri**, également accessible à pied par la **via Colombo**, dans un décor enchanteur de villas et de jardins (*www.visitercapri.it*). Au cœur du bourg, la minuscule piazza Umberto I, la célèbre **« Piazzetta »** (placette), est bordée de bars où, depuis toujours, se donnent rendez-vous vedettes du spectacle, intellectuels et touristes venus du monde entier. Elle est dominée par l'**église Saint-Étienne**, de style baroque, avec des coupoles arabisantes et un superbe pavement romain en marbre marqueté retrouvé à la villa Jovis. Parmi les édifices religieux les plus remarquables de l'île, le complexe monumental de la **chartreuse Saint-Jacques**, construite au XIVe siècle et agrandie par les chartreux entre le XVIe et le XVIIe siècle, a conservé certains éléments d'origine, comme le portail ogival, qui donne accès à l'église, et le petit cloître du couvent (*10 h-16 h*). Le réfectoire abrite le **musée Diefenbach**, collection d'œuvres de ce peintre symboliste allemand qui vécut sur l'île au début du XXe siècle (*mar.-sam. 9 h-14 h, dim. 9 h-13 h*). Non loin de là, vous rejoindrez les **jardins d'Auguste**, une oasis de verdure sillonnée de sentiers et de chemins conduisant à un belvédère spectaculaire. En contrebas du parc se déroule la tortueuse **via Krupp**, du nom de l'héritier des célèbres aciéries allemandes : cette route en zigzag descend vers la splendide baie de **Marina Piccola** et vers cette portion de la côte joliment surnommée « chanson de la mer » par la population locale. L'île révèle aussi sa magie au détour des longs sentiers qui partent de la Piazzetta pour rejoindre les points de vue ou les sites naturels les plus connus : le **belvédère Cannone**, poste de défense dans la partie est de l'île, et l'**Arco Naturale**, grandiose arcade calcaire taillée dans la roche par l'eau et le vent, non loin de la **grotte de Matermania**, vraisemblablement consacrée au culte de Cybèle à l'époque romaine. Enchâssée dans le promontoire rocheux et difficilement accessible de la pointe Masullo, l'étonnante **villa Malaparte**, dessinée dans le plus pur style rationaliste par Adalberto Libera pour l'écrivain Curzio Malaparte dans les années 1930, demeure aujourd'hui encore incroyablement moderne par son alliance harmonieuse entre architecture et nature. Par la rue Pizzolungo, vous arriverez ensuite au **belvédère de Tragara**, petite terrasse fraîche et isolée d'où l'on admire les trois célèbres **Faraglioni** (aiguilles de pierre détachées du littoral par l'érosion).

Depuis la Piazzetta, une autre promenade conduit vers la pointe nord-est de l'île, où l'empereur Tibère fit édifier sa résidence favorite, dans laquelle il passa les dix dernières années de sa vie. La **villa Jovis**, bel exemple de villa-palais de la première période impériale, est organisée sur plusieurs niveaux, avec différentes pièces (vestibule, thermes, quartiers des serviteurs, appartements privés, salons de fête et de réception) disposées autour d'un noyau central occupé par quatre grandes citernes de récupération des eaux pluviales. Ces ruines monumentales donnent sur le saut de Tibère, une falaise vertigineuse entourée de légendes macabres : c'est de là, dit-on, que l'empereur faisait jeter dans le vide les condamnés à mort *(horaires variables)*.

Deuxième commune de l'île, située sur la partie haute de Capri, **Anacapri** est une destination touristique intime et élégante avec ses maisons blanches dissimulées entre les oliviers et les vignes dont les cépages falanghina, biancolella, greco et piedirosso donnent les vins AOC de Capri. Il faut visiter l'**église Saint-Michel**, du XVIIIe siècle, dessinée par Domenico Antonio Vaccaro, avec un intérieur octogonal qui abrite des chefs-d'œuvre de maïoliques éclatants de couleurs, comme le pavement de

La grotte d'Azur, à la punta Carena

Leonardo Chiaiese représentant *Le Paradis terrestre et La Cacciata d'Adam et Ève (hiver : 9 h 30-15 h, été : 9 h-19 h)*. Anacapri compte une autre construction portant le nom de Saint-Michel, la villa ayant appartenu au Suédois Alex Munthe (1857-1949), médecin, écrivain, passionné d'art et de nature, homme à la culture éclectique, qui vécut pendant plus de cinquante ans à Capri et y planta le décor de son roman *Le Livre de San Michele*. La **villa Saint-Michel** possède une collection d'art composée de vestiges romains et de meubles anciens *(www.villasanmichele.eu, 9 h-15 h 30, déc.-fév fermé le lundi)*. Avec le **télésiège** qui part de la piazza della Vittoria ou en empruntant le sentier muletier *(une heure de marche environ)*, vous parviendrez au sommet du **mont Solaro** (589 m), qui conjugue une flore exceptionnelle et des panoramas à 360 degrés sur les îles parthénopéennes et le golfe de Naples. Autre excursion recommandée aux amateurs d'histoire, de nature et de parfums du maquis méditerranéen, le **sentier des Fortins**, qui relie sur 5,2 km la **punta dell'Arcera**, près de la **grotte d'Azur**, à la **punta Carena**. Ce parcours *(trois heures de marche environ)* permet de voir de près les anciens fortins édifiés sur les côtes de l'île pour contrer les incursions des pirates sarrasins, avant d'être utilisés par les Anglais et les Français durant les guerres napoléoniennes.

QUE VOIR, QUE FAIRE À CAPRI ?

- Un tour de l'île en bateau
- Le panorama depuis le sommet du mont Solaro
- Une promenade dans les jardins d'Auguste
- Un apéritif sur la Piazzetta, à Capri
- Les aiguilles rocheuses des Faraglioni
- La villa Saint-Michel, à Anacapri
- L'ambiance surnaturelle de la grotte d'Azur

Trogir, Split
et Dubrovnik

Places de marbre splendides, édifices en pierre claire, palais à fenêtres jumelées et arcades, églises et monastères médiévaux, ruelles étroites, tours, fontaines et musées, petits centres anciens qui abritent entre leurs murs des siècles d'histoire et d'innombrables beautés... C'est ce que vous découvrirez à Split, Trogir et Dubrovnik, fleurons de la Croatie et trésors de l'Adriatique, inscrits au patrimoine mondial de l'Unesco. Aux alentours, le panorama embrasse des côtes découpées, des forêts et une multitude d'îles, îlots et récifs tout droit sortis d'un paysage tropical.

La vieille ville de **Split**, première étape de l'itinéraire dans le centre sud de la Dalmatie, compte parmi les plus belles d'Europe. C'est une succession de styles et d'époques, tous rassemblés dans la zone autrefois occupée par l'ancien **palais impérial de Dioclétien** – imposant édifice à mi-chemin de la villa patricienne et du campement romain, désormais un haut lieu de l'animation nocturne. À 21 km de la côte, le site archéologique de **Salona**, la ville où est probablement né l'empereur, témoigne de la vie dans la région à l'époque romaine, avec les ruines de l'amphithéâtre, du forum et du théâtre et la nécropole de Manastirine. Sur la côte occidentale, le bourg médiéval de **Trogir** conserve une magnifique cathédrale romane et de nombreux palais de style vénitien. En descendant de Split vers le sud, **Omis** est un bon point de départ pour explorer, en rafting par exemple, les gorges de la Cetina, qui jaillit de roches découpées avant de se jeter dans l'Adriatique. Après une étape dans la station balnéaire de **Brela**, au début de la Riviera de Makarska, une petite ville gracieuse avec des maisons en pierre et une jolie plage de galets et de graviers, l'itinéraire se termine à **Dubrovnik**, couronnée d'îles, dont les remparts, inlassables protecteurs de son indépendance, préservent encore des trésors historiques.

Se déplacer : *De Split, il est facile d'explorer en voiture ou en bateau la côte centrale et méridionale de la Dalmatie, le long d'un itinéraire de 260 km environ. Si vous arrivez en avion, vous pouvez louer une voiture à l'aéroport de Split* (www.hertz.fr, www.easyterra.fr). *Trogir n'est qu'à 28 km à l'ouest et Salona à 21 km vers l'intérieur, tandis que Dubrovnik se situe à 212 km (quatre heures de route environ) en suivant la route du littoral qui conduit vers le sud. Le tracé est plutôt tortueux, aussi n'est-il pas possible de dépasser les 50 km/h sur une grande partie du trajet. Le ferry met environ onze heures pour relier Split à Dubrovnik. De courtes excursions par bateau à partir de Dubrovnik (trois départs par jour) permettent de rejoindre*

Le front de mer à Split, ville construite autour du palais de Dioclétien

les îles les plus proches de la ville : Lokrum, les îles Élaphites et Mljet (compagnie de navigation Jadrolinija, www.jadrolinija.hr).

La côte dalmate de Split à Dubrovnik (4 jours)

Deuxième ville de Croatie par sa population, **Split** mérite bien plus qu'une visite éclair. Fondée par les Grecs de Syracuse entre le IVe et le IIIe siècle avant notre ère, puis bâtie par l'empereur romain Dioclétien, elle révèle dans l'architecture composite de son centre ancien une vivacité artistique stupéfiante. Styles gothique et baroque, inspirations vénitienne et dalmate se mêlent aux palais de la période romaine pour composer une ville incomparable qui a en grande partie conservé son authenticité. Vous déambulerez dans la vieille ville, Stari Grad, interdite aux véhicules et à l'abri du soleil torride de l'été, entre les murs du **palais de Dioclétien** (293-305), grandiose résidence fortifiée de plan rectangulaire qui est, aujourd'hui encore, le cœur battant du centre historique. Il reste une bonne partie de ses murs, les portes, le péristyle à colonnes corinthiennes entouré d'édifices des époques

QUE VOIR, QUE FAIRE SUR LA CÔTE DALMATE ?

- La promenade des remparts, à Dubrovnik
- Le palais de Dioclétien, à Split
- La vue du sommet du mont Marjan
- Le marché du Pazar, à Split
- La cathédrale Saint-Laurent, à Trogir
- La place de la Loge, avec l'église baroque Saint-Blaise et le palais Sponza, à Dubrovnik
- Une projection de films en plein air dans la forteresse vénitienne de Kamerlengo
- La galerie du sculpteur Ivan Meštrović, à Split
- La grande fontaine d'Onofrio, à Dubrovnik

Vue sur les toits de Dubrovnik : les tuiles anciennes, endommagées lors de la guerre, ont été remplacées par des tuiles de Toulouse.

gothique et baroque, le prothyron, qui conduisait aux appartements royaux, et le vestibule à coupole où, pendant les mois d'été, les ***klapa***, groupes choraux dalmates, proposent leur répertoire entraînant de musique traditionnelle. Au-dessous du palais, les salles souterraines sont désormais occupées par des foires et des expositions d'art. Au VIIe siècle, le mausolée octogonal de l'empereur devint la **cathédrale Saint-Domnius** *(horaires variables)*, qui possède une porte d'entrée aux superbes vantaux de chêne,

LES CONSEILS GEO

• Les plus

L'ensemble côtes-monuments-paysages de loin le plus intéressant de l'ex-Yougoslavie.
Un tourisme favorisé par la rénovation des équipements et la mise en place de vols à bas coût.

• Les moins

La rareté des plages de sable le long de la côte Adriatique (galets).
Une augmentation sensible et récente du coût de la vie touristique.

• Les précautions

En voiture, éviter de s'écarter des routes principales et des chemins balisés (risques de mines).

• Les tendances

La location de bateau pour découvrir les îles dalmates est en plein essor dans la cinquantaine de marinas existantes.

CROATIE

de belles stalles en bois sculpté, une chaire en pierre marquetée du XIIIe siècle et un campanile roman, du sommet duquel on a une vue magnifique sur la ville et la mer. Devant la cathédrale, le **baptistère** médiéval, temple de Jupiter à l'époque romaine, présente un plafond à caissons sculptés de visages (ou masques) évoquant la personnalité polymorphe de Dioclétien. Il abrite également de splendides fonts baptismaux du XIe siècle, ornés d'un relief représentant un souverain médiéval sur son trône, probablement le roi croate Zvonimir. Quatre portes antiques permettent de sortir du palais : les **portes de Fer**, **d'Or**, **d'Argent** et **de Bronze**, la dernière débouchant sur la **Riva**, la promenade piétonne du bord de mer, animée de cafés et de restaurants avec terrasses donnant sur la Méditerranée et les îles. N'hésitez pas à aller flâner parmi les couleurs et les parfums du **Pazar**, le marché en plein air de fruits et légumes *(lun.-sam. 7 h-13 h, dim. 7 h-11 h)*, près de la porte d'Argent, ou, en sortant par la porte de Fer, sur la **place du Peuple**, toute blanche, que les Splitois appellent simplement ***Pjaca***, avec ses palais de style vénitien couverts de marbres brillants. La ville compte de beaux musées, dont le **Musée ethnographique** *(Severova 1, www.etnografski-muzej-split.hr, horaires variables)*, fondé en 1910, doté d'une riche collection de costumes traditionnels dalmates; le **Musée archéologique**, en partie consacré au passé médiéval de la région *(Zrinjsko-Francopanska 25, hiver : mar.-dim. 9 h-14 h, été : mar.-dim. 9 h-12 h, 17 h-20 h)*; et la **galerie Ivan Meštrović**, avec les œuvres et l'atelier du plus célèbre sculpteur croate, disparu en 1962 *(Setaliste Ivana Mestroviça 46, www.mestrovic.hr, mar.-dim. 9 h-17 h, fermé le lun.)*.

Les amoureux de la mer et de la navigation pourront pousser jusqu'à la **forteresse de Gripe**, édifiée au XVIIe siècle par les Vénitiens pour se défendre contre les invasions ottomanes, afin de visiter le **Musée maritime**, qui présente une série de maquettes de navires ayant sillonné les mers du Moyen Âge à l'époque des grands voiliers, ainsi qu'une véritable flotte de vaisseaux de la Marine militaire *(Glagoljaska 18, hpms.hr, horaires variables)*. Enfin, pour vous éloigner un peu du bruit de la ville, vous pourrez monter à pied, depuis l'ouest du centre-ville, vers le **mont Marjan**, réserve naturelle protégée couverte de pins, de chênes verts, de cyprès, de romarins et de genêts, du sommet duquel on découvre nettement, par beau temps, la silhouette des montagnes qui s'avancent vers la Bosnie et des merveilleuses îles de la côte dalmate.

À 28 km à l'ouest de Split, le centre ancien de **Trogir** respire une ambiance vénitienne. Cette petite ville, l'une des destinations touristiques les plus prisées de la Dalmatie, s'élève sur une île reliée à la terre ferme par un pont. Fondée par les Grecs de Syracuse au IIIe siècle av. J.-C., puis passée sous domination romaine, byzantine, barbare et hongroise, Trogir connut son apogée sous l'égide de la Sérénissime République (1420-1797), dont elle a gardé des traces et des échos. Le centre historique, piétonnier, est resté quasi intact depuis le Moyen Âge, avec ses édifices anciens en pierre blanche extraite de l'île de Brac. Il est entouré de murailles et blotti sur l'étroit îlot situé entre la terre ferme et l'île de Ciovo. Vous y accéderez par la porte septentrionale, dont le fronton porte la statue du saint patron, Jean de Trogir. Tout près se dresse le **palais Cipiko**, du XVe siècle, ancienne résidence d'une des familles les plus puissantes de la ville. À quelques pas de là, la place principale doit son allure romane à la **Loggia publique**, du XIVe siècle, à la petite **église Saint-Jean-Baptiste**, du XIIIe siècle, mais surtout à la **cathédrale Saint-Laurent**, chef-d'œuvre des XIIe et XIIIe siècles *(horaires variables)*. Citons parmi ses plus beaux éléments le campanile gothique, le portail de 1240, sculpté d'animaux fantastiques et d'allégories des mois de l'année, le baptistère Renaissance et, à l'intérieur, le monumental ciborium de l'autel, les stalles du chœur et la somptueuse chapelle de Jean de Trogir, dont les sculptures des murs et du plafond sont considérées comme le fleuron de l'architecture Renaissance dalmate. Après une visite au **couvent de bénédictines Saint-Nicolas**, surtout connu pour son splendide bas-relief du IIIe siècle immortalisant Kairos, dieu grec à l'aspect d'un jeune et beau garçon aux pieds ailés, la **Ribarska**, la promenade du front de mer, est l'endroit idéal pour déjeuner en terrasse ou boire un verre durant les soirées d'été, en regardant les bateaux amarrés dans le port (d'où partent les excursions en mer). Il est aussi possible d'assister à de nombreuses représentations théâtrales et des illuminations nocturnes dans la **forteresse vénitienne de Kamerlengo**, dont les puissants bastions surveillent les abords ouest de la ville depuis le XVe siècle.

De Split, il faut rouler quatre heures environ vers le sud (soient 212 km de virages et de montées sur la route de la côte) pour voir apparaître tout à coup à l'horizon **Dubrovnik**, l'ancienne république maritime de Raguse, que Byron surnommait la « perle de l'Adriatique ». Le centre ancien, enchâssé sur son promontoire telle une pierre précieuse, est entouré par d'épaisses **murailles** scandées par 12 tours carrées qui ont défendu pendant des siècles l'indépendance de la ville, d'abord menacée par les Turcs et les Vénitiens puis, plus récemment, par la terrible guerre avec les Serbo-Monténégrins dans les années 1990. La tour la plus impressionnante, la Minceta, fut

CARNET DE VOYAGE

- **Les premiers contacts** Office central du tourisme croate, 48, avenue Victor-Hugo, 75016 Paris, tél. : 01 45 00 99 55, www.ot-croatie.com.
- **Les formalités** Pour les ressortissants de l'UE, carte nationale d'identité ou passeport en cours de validité.
- **La santé** Aucun problème.
- **Le voyage, le décalage** Durée moyenne du vol Paris-Dubrovnik (1 923 km) : 2 heures 40 ; Paris-Split (1 668 km) : 2 heures 20. Route : via Milan et Trieste en venant du sud, via Munich et Ljubljana en venant du nord. Bateau : possibilité d'embarquer la voiture sur un ferry à partir de l'Italie (à Ancône ou Pescara).
Pas de décalage horaire.
- **Les langues, la monnaie** Langue officielle : le croate. Langues étrangères : l'allemand, loin devant l'italien ; l'anglais et le français sont peu connus. **Monnaie :** la kuna (mais l'euro est le bienvenu). 1 € = 7,54kunas.
- **La population** La Croatie compte 3,9 millions d'habitants environ. Les Serbes (12 % de la population avant la guerre) ne seraient plus que 150 000. Le pays compte de nombreux réfugiés bosniaques. Trogir : 13 000 habitants environ. Split : 210 000 habitants environ. Dubrovnik : 42 000 habitants environ.
- **Les religions** Au tournant du deuxième millénaire, l'Église croate a choisi le rite latin au détriment du rite slave et oriental, situation qui se vérifie aujourd'hui.
- **Les fêtes** **Fév. :** fête de la Saint-Blaise, à Dubrovnik ; **25 juin :** fête nationale ; **juil. :** Festival d'été, à Dubrovnik (musique classique, art dramatique) ; **5 août :** jour de la Renaissance nationale ; **8 oct. :** fête de l'indépendance.
- **Les achats** Broderies, objets en cristal, alcools de fruits (très réputés), ajvar (condiment à base de poivrons et d'aubergines), cravates.

Le Stradun structure la vieille ville en deux.

édifiée en 1461 du côté nord de la ville, d'après les plans de l'architecte italien Michelozzo Michelozzi, expert en fortifications; elle est demeurée quasi intacte. Il est recommandé de parcourir tout le périmètre des remparts, long de 2 km *(un escalier dans Poljana Paska Milicevica conduit au chemin de ronde, horaires variables)*, pour admirer les bastions, la vue exceptionnelle sur les toits rouges de la ville, les deux forts angulaires et les forteresses – le fort Saint-Jean, dans l'angle sud-ouest, abrite le **musée de la Mer** et l'**aquarium**, visites idéales par temps de pluie *(Damjana Jude 12, hiver : mar.-dim. 10 h-19 h, été : 9 h-14 h)*. La vieille ville se parcourt entièrement à pied à partir de la **porte Pile**, gardée par la sévère statue de saint Blaise, protecteur de la ville. Le flux continu des promeneurs vous entraîne sur le **Stradum**, pavé de pierres polies par le temps et bordé de maisons aux murs clairs. Non loin de la **grande fontaine d'Onofrio**, extrémité du long aqueduc édifié par le Napolitain Onofrio della Cava au XVe siècle, le paisible **couvent des franciscains** a conservé son cloître de style roman tardif et une vieille pharmacie encore en activité *(Placa 2, hiver : 9 h-14 h, été : 9 h-18 h)*. Encore plus fascinant, le **monastère dominicain**, fondé en 1315 mais reconstruit après le tremblement de terre de 1667, possède un très beau cloître gothique du Florentin Maso di Bartolomeo, un crucifix de Paolo Veneziano du XIVe siècle et une grande toile de Titien *(Sv. Dominika 4, hiver : 9 h-17 h, été : 9 h-18 h)*. Parmi les édifices religieux d'autres confessions se distingue la **synagogue** du XVe siècle, l'une des plus anciennes d'Europe, qui resta toujours ouverte, y compris durant la Seconde Guerre mondiale. La **place de la Loge** (Luza) est l'âme de Dubrovnik, avec l'**église baroque Saint-Blaise** et le **palais Sponza** (ancien hôtel de la Monnaie et des Douanes), élégant mélange d'architecture gothique et Renaissance. La même alliance de styles se retrouve dans le magnifique palais du Recteur, ancien siège du gouvernement qui abrite aujourd'hui le **musée d'Histoire** et ses collections d'art vénitien et dalmate, d'horloges et de meubles d'époque *(Pred Dvorom 3, hiver : 9 h-16 h, été : 9 h-18 h)*. Un peu plus loin, la **cathédrale baroque Sainte-Marie-Majeure**, dessinée par l'architecte romain

Andrea Buffalini, recèle le retable de l'***Assomption de la Vierge***, attribué à Titien, et de précieux reliquaires en or et argent. L'histoire se rappelle à vous avec la **War Photo Limited**, galerie de photographies bouleversantes sur les conséquences dévastatrices de conflits récents ou en cours, notamment en Afghanistan, en Irak, dans l'ex-Yougoslavie, en Israël et en Palestine *(Antuninska 6, www.warphotoltd.com, horaires variables).*

Pour vous détendre, rendez-vous dans le **vieux port**, à l'est du centre historique, qui offre des vues splendides sur la côte dalmate, ou dans l'un des nombreux cafés du centre, comme le très ancien **Gradska Kavana** *(Pred Dvorom 1)*, près du théâtre de la ville, avec vue imprenable sur Stradun.

Excursions en bateau : Lokrum, les îles Élaphites et Mljet (3 jours)

En s'éloignant à peine de la côte, on se sent déjà très loin de l'animation de Dubrovnik. Parmi les nombreuses îles qui entourent l'ancienne République maritime, la plus proche *(à seulement 700 m du vieux port, bateau toutes les demi-heures en été)* est **Lokrum**, aux dimensions très réduites (moins de 1 km²). C'est la destination idéale pour passer une journée au bord de la mer, dans un maquis méditerranéen exceptionnellement préservé. Son monument historique le plus précieux est le **monastère bénédictin** fondé en 1023 et acquis au XIXe siècle par l'archiduc Maximilien de Habsbourg, qui le rénova dans le style néogothique en y adjoignant une résidence d'été entourée d'un jardin botanique luxuriant, couvert de plantes tropicales et subtropicales et de 60 variétés d'eucalyptus. La plus belle plage de Lokrum, aujourd'hui située dans un parc naturel protégé, se trouve sur la péninsule de **Lapad**, près d'une **grotte** qui dépasse les 50 m de long et les 20 m de haut. Après une baignade tonifiante, vous pouvez remonter sur la crête de l'île en suivant le sentier menant à la **« mer Morte »**, un lac relié à la mer par un réseau de cavités sous-marines. Une montée abrupte conduit au **Fort royal**, en forme d'étoile, construit par les Français en 1806, d'où la vue sur la région et les collines du Konavle est à couper le souffle.

Une courte traversée à partir de Dubrovnik *(départs fréquents du port de Gruz)* permet de découvrir – à pied – un autre paradis croate, les minuscules îles de Kolocep, Lopud et Sipan, qui composent l'**archipel des Élaphites**. Ces trois jardins naturels sont traversés par de nombreux sentiers menant à des villages de pêcheurs ou à des vestiges de tours, de petites églises médiévales et d'anciennes résidences d'été de la noblesse ragusaine. **Kolocep**, la plus petite île de l'archipel (4 km²), recouverte d'une dense végétation subtropicale, de vignes, d'oliviers et de grenadiers, est appréciée pour sa **plage de sable**, plutôt calme, de **Donje Celo**. **Lopud** (4,6 km²) charme le visiteur par son **monastère franciscain** du XVe siècle, en partie abandonné aujourd'hui, et par l'ancien **palais du Recteur**, que ses fenêtres trilobées gothiques rendent élégant, bien qu'il n'ait plus de toit. La plage du port est charmante, mais celle de sable de **Sunj**, sur la côte opposée, est encore plus belle : vous y accéderez en quinze minutes de marche sur un sentier aux parfums de sauge et de romarin. **Sipan**, la plus grande île de l'archipel (15,5 km²), est aussi la plus sauvage. Elle possède de petites baies paisibles et des vallées plantées de vignes, d'oliviers, de figuiers, d'amandiers et d'agrumes. Dans le village de pêcheurs de **Sudurad**, sur la côte sud-est, où le temps semble s'écouler plus

Une crique de l'île de Mljet, parc national

lentement qu'ailleurs, s'élèvent deux **tours de garde** du XVIe siècle et l'**église du Saint-Esprit**, jadis édifiée pour protéger la population locale des incursions de pirates.

Le visiteur plonge en pleine nature en débarquant à **Mljet**, petite île verte posée sur l'Adriatique, en grande partie protégée par un parc national couvert de denses forêts de pins d'Alep et d'ormes *(une heure environ de traversée en catamaran à partir de Dubrovnik)*. Elle se parcourt à pied ou à vélo *(en location à l'Hotel Odisej à Pomena)* sur les sentiers qui longent sur quelque 9 km le pourtour de deux profondes criques, appelées ici lacs salés puisqu'elles communiquent étroitement avec la mer. Sur un îlot au centre du grand lac, on découvre le **monastère bénédictin** avec l'**église Sainte-Marie**, du XIIe siècle, tous les deux abandonnés à l'époque napoléonienne. Pour protéger les lacs, leur accès est interdit aux plaisanciers, mais il est possible de louer des kayaks et des canoës à Mali Most, le pont qui relie les deux bassins naturels. Le plus grand village de l'île, Babino Polje, compte seulement 55 habitants, mais il est connu pour la **grotte Odisejava Spilja**, où la nymphe Calypso aurait retenu Ulysse prisonnier.

QUE VOIR, QUE FAIRE DANS LES ÎLES ?

- Une journée au bord de la mer sur la petite île de Lokrum
- Le panorama depuis le Fort royal, sur l'île de Lokrum
- Le palais du Recteur, sur l'île de Lopud
- Le village de pêcheurs de Sudurad
- Une randonnée sur l'île boisée de Mljet
- La grotte Odisejava Spilja
- La plage de sable de Sunj

Athènes
et les Cyclades

De nombreuses îles de l'archipel des Cyclades sont accessibles en avion, mais cela vaut vraiment la peine de s'arrêter d'abord à Athènes. Stimulée par les Jeux olympiques de 2004, la capitale grecque est une ville moderne et foisonnante sur le plan culturel, avec des quartiers très dynamiques et de nouveaux musées à voir absolument.

Athènes symbolise l'union parfaite entre plusieurs époques et plusieurs styles. Elle évoque avant tout la Grèce antique avec ses nombreux vestiges archéologiques qui attirent chaque année des millions de visiteurs fascinés par l'**Acropole**, les trésors du **Musée archéologique national**, les œuvres grecques et d'Asie mineure du **musée Bénaki** (*Koumbari 1, www.benaki.gr, horaires variables*) et le **cimetière du Céramique**, avec son **musée**, derrière la rue Ermou, l'une des grandes artères du centre (*http://odysseus.culture.gr/h/3/eh351.jsp?obj_id=2392, horaires variables*). Mais Athènes est aussi une ville jeune et moderne, résolument ancrée dans le XXIe siècle et fière de ses quartiers branchés (**Psiri** et **Gazi**), de ses boutiques élégantes, de ses hôtels design et de son **musée de l'Acropole** (*www.theacropolismuseum.gr*), star incontestée de la capitale. Classique et contemporain : deux adjectifs qui définissent bien également l'archipel des **Cyclades,** composé de 220 îles et îlots, dont les trois destinations les plus connues sont **Mykonos**, capitale du divertissement estival; **Santorin**, avec ses villages blancs à coupoles bleues posés sur la caldeira et ses plages de sable noir; et **Folégandros**, authentique et raffinée. Citons aussi **Syros**, aux palais néoclassiques et aux églises blanches; **Sifnos**, rendez-vous favori de la jet-set hellénique; **Amorgos**, qui abrite le plus beau monastère de l'archipel (celui de **Chozoviotissa**); **Milos**, où les baies et les plages vont du blanc lunaire à l'ocre et au jaune abricot; et **Paros**, plus populaire que sophistiquée, avec son chapelet de rochers nommé si justement **Antiparos**.

Se déplacer : *À Athènes, vous pouvez utiliser le bus, le métro et le tramway* (www.ametro.gr). *Évitez en revanche d'y circuler en voiture. Les Cyclades sont desservies par de nombreux vols à bas coût, charters ou avions de la compagnie Olympic Airways* (www.olympicair.com). *Elles sont aussi accessibles en bateau à partir du Pirée (principal port d'Athènes), sur les ferries de Blue Star Ferries* (www.bluestarferries.gr), *Hellenic Seaways* (www.hellenicseaways.gr) et Alpha Lines (www.fastferries.com.gr) *pour Mykonos, et ceux d'Anek*

Vue panoramique d'Athènes, avec le Parthénon sur l'Acropole

Lines (www.anekitalia.com) *pour Santorin* (renseignements sur le site : www.directferries.fr). *Les horaires pour Folégandros sont indiqués sur le site* www.folegandros.com/informazioni.asp.

Athènes (3 jours)

Musées, statues, temples, Parthénon… Il faut du temps pour tout voir à Athènes, car le passé ne se livre pas facilement au visiteur pressé, en particulier dans la ville qui fut le berceau de la civilisation occidentale. La découverte de l'Athènes antique commence au pied de l'**Acropole**, plateau rocheux occupé dès le néolithique, où des habitations et des édifices religieux furent construits dès le XIVe siècle avant notre ère. Après la **porte Beulé**, qui tire son nom de l'archéologue français l'ayant découverte lors de fouilles au milieu du XIXe siècle, vous admirerez les **Propylées** (437-432 av. J.-C.), marches monumentales conduisant à la partie sacrée du site; le **temple** ionique **d'Athéna Niké**, édifié entre 448 et 427 av. J.-C.; et le **Parthénon**, temple de marbre pentélique, construit

QUE VOIR, QUE FAIRE À ATHÈNES ?

- Les monuments de l'Acropole
- Une promenade dans le quartier médiéval de la Plaka
- Le masque d'Agamemnon, au Musée archéologique national
- Le cimetière du Céramique
- Une soirée dans les quartiers branchés de Psiri et Gazi
- Les expositions du musée national d'Art contemporain
- Le panorama sur la mer et la ville d'Athènes depuis le sommet de la colline du Lycabette
- Un dîner face à la mer dans les quartiers chics de Mikrolimano et de Marina Zeas

Le port du Pirée est un des plus grands de la Méditerranée.

dans le style dorique entre 447 et 432 av. J.-C. sur les cendres d'un premier édifice détruit par les Perses. Notez les 46 colonnes du péristyle, les métopes de l'entablement et les deux frontons attribués à Phidias. La visite se poursuit avec l'**Érechthéion**, dédié à Athéna Poliás (421-406 av. J.-C.) et flanqué, sur le côté sud, du **portique des Korês**, ou **tribune des Cariatides**, l'un des monuments les plus admirés de l'archéologie classique (*www.acropolisofathens.gr*). L'enceinte sacrée abritait naguère un espace d'exposition, mais les quelque 4000 œuvres et sculptures mises au jour ont été transférées au **musée de l'Acropole**, dessiné par le Suisse Bernard Tschumi et inauguré en 2009 (*Dionysiou Areopagitou 15, www.theacropolismuseum.gr, horaires varaibles*). Elles sont désormais présentées dans les 14000 m² de verre, d'acier et de béton de ce bâtiment futuriste baigné par la lumière du jour, à 300 m du Parthénon (que l'on contemple à travers les baies vitrées). En contrebas s'étend la **Plaka**, quartier touristique dans le plus pur style hellénique, qui a conservé des endroits charmants comme la **place Lisikrati**. Le parcours archéologique continue avec l'**Agora**, ancien centre de la vie publique et administrative avec ses temples, ses **stoas** et son **musée** (*http://odysseus.culture.gr/h/3/eh351.jsp?obj_id=2485, horaires variables*), et le **Musée archéologique national**, l'un des plus importants musées du monde. Il détient de nombreux chefs-d'œuvre dont les vestiges retrouvés dans les tombes royales de **Mycènes**, notamment le **masque** en or **d'Agamemnon**; une collection d'idoles et de vases néolithiques; une collection cycladique (avec le ***Joueur de lyre*** et le ***Joueur de flûte***); ainsi que des sculptures archaïques et des vases attiques (*Patission 44, www.namuseum.gr, horaires variables*). Le **musée d'Art cycladique** dispose d'une collection permanente de 3000 objets, provenant tous

des îles des Cyclades et de Chypre (*Neophytou Douka 4, www.cycladic.gr, 10 h-17 h, jeu. 10 h-20 h, dim. 11 h-17 h, fermé mar.*), tandis que le **Musée national d'art contemporain**, parenthèse de modernité après tant d'exemples d'art classique, présente peintures, installations, vidéos, photographies, éléments d'architecture et objets de design industriel (*Kallirois & Amvrosiou Frantzi, Koukaki, 117 43, www.emst.gr, mar.-dim. 11 h-19 h, jeu. jusqu'à 22 h, fermé lun.*). Symbole de l'Athènes élégante, le quartier de **Kolonaki**, avec ses cafés, ses restaurants et ses boutiques de mode, s'étend au pied de la colline du **Lycabette** (accessible à pied ou en funiculaire), qui offre un beau point de vue sur la ville. La jeunesse branchée se retrouve dans les quartiers de **Psiri** et **Gazi**, deux creusets de la vie nocturne aux nombreux restaurants et boîtes de nuit. À Gazi, par exemple, les anciennes installations gazières de la ville ont été reconverties en un vaste espace culturel moderne regroupant cafés, restaurants, discothèques, bars de nuit et salles d'exposition. Quant au **Pirée** (*www.piraeus-greece.org*), le plus grand port de Grèce, qui n'était autrefois qu'un lieu de transit pour les touristes embarquant vers les îles, il compte depuis quelques années plus de yachts et de voiliers que de bateaux de pêche, ainsi que de nombreux bars lounge et des restaurants en bord de mer. Pour les trouver, direction **Mikrolimano** et **Marina Zeas**, les quartiers les plus chics du port.

LES CONSEILS GEO

• Les plus

Une richesse archéologique qui place la Grèce parmi les premiers pays touristiques du monde.
De nombreuses îles bien équipées (hôtels-clubs, campings…).
Le nombre et le prix abordable des vols, à partir d'Athènes, mais aussi d'autres villes grecques.

• Les moins

Il est difficile d'y organiser des vacances à la dernière minute en haute saison, hôtels et transports d'île en île sont à réserver longtemps à l'avance, car souvent complets.

• Les tendances

Si Mykonos rivalise avec Ibiza pour la fête, les autres îles sont largement en mesure d'offrir de quoi sortir des sentiers battus.

Les Cyclades (4/5 jours)

Santorin

Quand le soleil décline, les serveurs du **Franco's Bar** de **Thira** (*www.francosbar.gr*), chef-lieu de Santorin, font sauter les bouchons de champagne : c'est l'heure où l'on célèbre le coucher de soleil qui enflamme l'horizon par-delà la caldeira. Un spectacle à la fois romantique et apocalyptique, qui rappelle les origines de l'île, à l'époque où un volcan se dressait à la place des plages et des maisons d'un blanc laiteux, un titan disparu il y a plus de 3000 ans dont seul subsiste le cratère : l'actuelle **Santorin** à l'est, **Thirasia** à l'ouest, **Nea Kameni** et **Palea Kameni** au centre (où l'on se baigne dans une eau à 45 °C issue de sources chaudes). Santorin incarne le raffinement de la Grèce : hôtels-boutiques avec piscines à fleur de caldeira, tavernes, plages que le passé volcanique de l'île a couvertes de galets noirs, de sable gris ou rouge (celle de **Perivolos** est l'une des plus belles). Sur un fond de roche noire se détachent les villages de **Thira** et **Oia**.
À partir du port où arrivent les bateaux, vous gravirez, éventuellement à dos de mulet, un chemin raide et sinueux conduisant jusqu'à Thira, qui accroche au-dessus de la mer ses ruelles tortueuses, ses maisons d'un blanc immaculé, ses bougainvilliers, sa place centrale (**Plateia Theotokopoulou**) et ses sentiers au bord de la caldeira, avec des panoramas à couper le souffle.
Pour mieux comprendre les origines du lieu, ne manquez pas le **Musée préhistorique**, qui regroupe des peintures murales datant de 4000 ans, faisant penser aux fresques crétoises (*http://odysseus.culture.gr/h/1/eh151.jsp?obj_id=3325, horaires variables.*) et le **Musée archéologique** (*www.santorintourisme.com, horaires variables*), avec des statuettes cycladiques et hellénistiques et une belle collection d'amphores.
Dans un tout autre genre, le **musée du Vin de la famille Koutsoyannopoulos** propose un parcours souterrain entre outils et machines viticoles et la possibilité d'acheter des bouteilles après la dégustation (*www.volcanwines.gr, horaires variables*).
Oia, deuxième localité de l'île, est un village cramponné aux roches laviques surplombant la Méditerranée. Il abrite de petites églises aux coupoles bleues et, grâce à son exposition à l'ouest qui lui réserve des couchers de soleil incomparables, les meilleurs hôtels-boutiques de Santorin.
Depuis Oia, une route descend vers le petit port d'**Ammoudi**, où les plongeurs iront explorer les eaux transparentes de la caldeira avec leur masque et leurs palmes, tandis que les amateurs dégusteront du poisson frais à la table d'une taverne.

Mykonos

Qui dit Mykonos dit fête, plages bondées et musique techno. Découverte il y a cinquante ans par la communauté homosexuelle, la **Chora** (autre nom du chef-lieu) est ensuite devenue la destination des artistes, couturiers et célébrités comme les Onassis.
Dès le premier coup d'œil, Mykonos apparaît comme une île peuplée d'étrangers, certains ayant décidé de s'y installer, d'autres y arrivant chaque été par avion ou par bateau (*cinq heures de trajet à partir du Pirée*) pour y passer les plus folles vacances de la Méditerranée. Il y a bien le **Musée archéologique**, au nord du port (*tél. : 003022890.22325, mar.-dim. 8h30-15 h*), avec des vestiges de l'antique **Délos**, mais les rites propres à Mykonos – plage et vie nocturne – prennent vite le pas sur la culture.
Durant la journée, les touristes vont bronzer sur les plages de **Paradise** et **Superparadise**, les langues de sable les plus connues de l'île, d'**Elia**, la

Des églises orthodoxes typiques sur l'île de Santorin

plus belle, de **Paranga** ou de **Psarrou** (la préférée des célébrités). Le soir, c'est le moment des rituels hédonistes locaux : shopping dans les ruelles d'un blanc éclatant de la Chora, puis cocktail face au coucher du soleil dans l'un des bars du quartier de la **Petite Venise**, réplique miniature de la ville italienne : tous ou presque bénéficient d'une terrasse en bord de mer et d'une vue splendide sur les moulins à vent des environs du village.

Folégandros

Plages, falaises, apéritifs à base d'ouzo et charme un peu sauvage d'une île très connue, mais encore épargnée par le tourisme de masse. Il faut absolument visiter la **Chora**, chef-lieu raffiné, son **kastro** (bourg fortifié), succession de ruelles et d'arcades datant du XIIIe siècle, et **Panagía**, une église du XIXe siècle, blanche comme la neige, qui domine la ville et offre une vue magnifique sur le soleil couchant. L'île compte un grand nombre de cafés et de tavernes, comme **Kritikos**, qui sert une viande excellente (*tél. : 003022860.41219*). La nature n'est pas en reste, l'île est couverte de bougainvilliers et dispose de jolies plages. Celle d'**Aggali**, à quelques kilomètres de la Chora, est desservie

QUE VOIR, QUE FAIRE DANS LES CYCLADES ?

- Le sanctuaire d'Apollon, sur l'île de Délos
- Une soirée endiablée à Mykonos
- Une plongée dans les eaux transparentes de la caldeira, à Santorin
- Une dégustation de poisson frais dans le port d'Ammoudi
- Une journée de détente sur la plage d'Elia, à Mykonos
- La visite du kastro de Folégandros
- Une croisière entre les différentes îles

Les célèbres moulins à vent de Mykonos

par une route goudronnée et donc souvent envahie de touristes; il vaut mieux aller jusqu'à **Agios Nikolaos**, ombragée par des tamaris, **Livadaki**, avec ses cailloux blancs qui rehaussent la transparence de l'eau, ou **Katergo**, que beaucoup considèrent comme la plus belle. Le soir, rendez-vous sur le belvédère de la place (**Pounta**) ou dans le petit village d'**Ano Meria**, dans la partie nord de l'île, où les tavernes servent encore la ***matsata***, pâtes maison à base de viande de lapin et de poulet, de tomates et de fromage. Des traditions simples pour les amoureux de la Grèce traditionnelle, de plus en plus difficile à trouver.

Excursions archéologiques

Aux grandes étapes de cet itinéraire grec, il est possible d'ajouter quelques détours archéologiques, sur l'île de **Délos** par exemple, à une demi-heure de bateau de Mykonos, ou dans les sites impressionnants du Péloponnèse, facilement accessibles depuis Athènes.

Bande rocheuse aride, Délos abrite les ruines d'une surprenante cité inscrite au patrimoine mondial de l'Unesco (*http://whc.unesco.org/en/list/530 et http://odysseus.culture.gr/h/1/eh152.jsp?obj_id=3262, horaires variables*). Vous y verrez le **quartier du Théâtre**, où les habitants les plus riches avaient construit leurs maisons, le théâtre lui-même (300 av. J.-C.), le **sanctuaire d'Apollon** et la merveilleuse **terrasse des Lions**, avec des sculptures en marbre du VIIe siècle avant notre ère qui protègent symboliquement l'espace sacré.

À 117km d'Athènes, par-delà le **canal de Corinthe**, s'étend **Mycènes**, l'une des villes les plus importantes de l'Antiquité. Parmi ses monuments, datés de 1350-1200 av. J.-C., citons l'**enceinte cyclopéenne**, l'**acropole** entourée de murs, le **trésor d'Atrée** et la **porte des Lionnes**, emblème de la cité (*http://odysseus.culture.gr/h/3/eh351.jsp?obj_id=2573, horaires variables*). Mycènes n'est pas un cas isolé, puisque le Péloponnèse compte d'autres grands sites archéologiques, comme **Argos**, **Tirynthe**, **Nauplie** et **Épidaure**.

CARNET DE VOYAGE

- **Les premiers contacts** Office national hellénique du tourisme, 3, avenue de l'Opéra, 75001 Paris, tél. : 01 42 60 65 75, www.info-grece.com.
- **Les formalités** Pour les ressortissants de l'UE, carte nationale d'identité ou passeport en cours de validité. Penser à emporter la carte européenne d'assurance maladie.
- **La santé** Aucun problème, sauf quelques désagréments avec la forte pollution à Athènes en été.
- **Le voyage, le décalage** Durée moyenne du vol Paris-Athènes (2 096 km) : 3 heures. Bateau : départs d'Italie (Ancône, Bari, Brindisi, Trieste, Venise) à destination d'Igoumenitsa et Patras, avec possibilité d'embarquer une voiture. Route : Paris-Athènes (3 000 km) avec embarquement de la voiture en Italie. Lorsqu'il est midi en France, il est 13 h en Grèce.
- **Les langues, la monnaie** Langue officielle : le grec. Langue étrangère : l'anglais. **Monnaie :** l'euro.
- **La population** La Grèce compte près de 11 millions d'habitants, dont environ le tiers dans l'agglomération d'Athènes. Athènes : 3 millions d'habitants environ. Santorin : 15 500 habitants environ. Mykonos : 10 000 habitants environ. Folégandros : 650 habitants environ. **Capitale :** Athènes.
- **Les religions** Très forte majorité de chrétiens orthodoxes. Petite minorité de catholiques, de musulmans et de protestants.
- **Les fêtes** **6 janv. :** Épiphanie ; fév. ou mars : Lundi pur ; **25 mars :** fête nationale ; avr. ou mai : Pâques orthodoxe, très suivie ; **15 août :** fête de la Dormition ; **28 oct. :** jour du « ochi » (patriotique).
- **Les achats** Céramiques, poteries, tapis, bijoux en argent, cuir, ouzo, olives.

Héraklion et la Crète

La plus grande île de Grèce, où se sont succédé les civilisations minoenne, romaine, byzantine, vénitienne et ottomane, regorge de richesses culturelles et architecturales. Elle recèle aussi des beautés naturelles qui attirent les touristes, des côtes aménagées aux plages sauvages de sable blanc ou de galets, de célèbres gorges aux plateaux propices à la randonnée. Ses sites archéologiques comptent parmi les plus visités de Grèce. Il vous sera impossible de résister à la douceur de vivre qui règne sur cette île et, si le cœur vous en dit, vous pourrez vous initier au fameux régime crétois qui assure la longévité de ses habitants…

Découvrir la civilisation minoenne à **Cnossos** ou à **Phaistos,** plonger dans l'atmosphère des ports vénitiens de **Réthymnon** ou de **La Canée,** randonner sur le plateau de **Lassithi** ou dans les gorges du sud de l'île, se prélasser sur **la plage de Voulisma,** grimper jusqu'à un des monastères pour admirer les icônes, tout cela est possible en Crète, mini-continent posé en Méditerranée entre la Grèce et la Libye.

Se déplacer : *Le bus, l'un des meilleurs moyens de sillonner l'île, et, en plus, il est bon marché (e-ktel.com). Les villes les plus importantes sont bien reliées entre elles. Le bateau permet de circuler d'un village à l'autre dans le sud-est de la Crète* (https://anendyk.gr), *car ils ne sont pas reliés entre eux par la route. On peut également louer une voiture. Il est conseillé de le faire depuis la France ; cela revient moins cher et garantit la réservation du véhicule (sur place en haute saison, la réservation peut s'avérer problématique). Les routes principales sont en général en bon état, mais quelques villages du sud-est de l'île ne possèdent pas de routes asphaltées. Préférez les cartes papier au GPS qui vous entraînera parfois sur des itinéraires certes plus courts, mais parfois impraticables !*

• Agios Nikolaos à La Canée en passant par Héraklion (4 jours)

La découverte de l'île commence par **Héraklion,** capitale de la Crète. Ville jeune et dynamique, elle est entourée de remparts. Bordée de terrasses de cafés, la place Eleftherias en constitue le cœur. Le **Musée archéologique** (*www.heraklionmuseum.gr – billet combiné avec le site de Cnossos*) est l'un des plus riches de Grèce. Il expose les trésors mis au jour sur les sites minoens de l'île : vases, bijoux, dont un pendentif aux abeilles en or, le disque de Phaistos (en argile, orné de pictogrammes), vases

Le port d'Héraklion vue du fort de Koules

à libations, fresques provenant de Cnossos. Sur la place **Eleftheriou Venizelou,** où habitants et touristes se pressent aux terrasses des bars-restaurants, la fontaine Morosini rappelle la longue présence vénitienne, tout comme l'église Saint-Marc, du XIIIe siècle. Sur le port, les arsenaux abritaient autrefois des navires de guerre. Le **fort de Koules,** l'une des pièces maîtresses des fortifications, est marqué d'un lion de saint Marc. Le **musée historique de Crète** donne un aperçu de l'histoire de l'île, tandis qu'une salle rend hommage à l'écrivain Nikos Kazantzakis, natif de la Crète. Autour du marché, place de Kornarou, se dresse la jolie fontaine vénitienne Bembo. À côté de l'imposante cathédrale, l'église Agia Ekaterini abrite le **musée d'art chrétien Sainte Catherine du Sinaï,** remarquable panorama de l'art crétois entre le XVe et le XIXe siècle.
Depuis Héraklion, deux sites archéologiques majeurs vous attendent, **Cnossos** et **Malia.** Le premier est la plus ancienne cité de Grèce connue à ce jour. Les fouilles de son palais minoen eurent lieu à partir de 1900 ; menées par l'archéologue anglais Arthur Evans, il entreprit des reconstructions aujourd'hui très décriées. On visite en priorité les appartements royaux, dont

QUE VOIR, QUE FAIRE EN CRÈTE ?

- Visiter le Musée archéologique d'Héraklion pour s'initier aux mystères de la civilisation minoenne
- Découvrir le monastère d'Arkadi, haut lieu de la résistance crétoise contre les Ottomans
- Flâner dans La Canée à la recherche des strates du passé
- Randonner dans une des nombreuses gorges de l'île
- Faire une halte dans un des villages du plateau de Lassithi

la salle de la Reine, ornée de fresques. À 10 km, ne manquez pas le village typique d'Archanès. Une piste conduit au mont Jouchtas, d'où l'on jouit d'une vue magnifique.
Il faut gagner ensuite **Malia** et son immense palais minoen, qui s'étend sur 150 hectares. Une visite rythmée par le chant des cigales... Le site archéologique est un véritable labyrinthe, qui jouxte un quartier artisanal antique bien conservé ; les ateliers et les maisons ont conservé leurs murs enduits et les sols dallés. La belle plage de **Potamos** jouxte le site, l'occasion de se détendre avant de reprendre la route. Au sud de Malia, à 800 m d'altitude, s'étend le plateau de **Lassithi,** royaume des vergers et des potagers. Il fut occupé dès la préhistoire. L'hiver, la neige est au rendez-vous. Avec ses rues pentues et ses jolies églises, **Krassi** est l'exemple même du village de montagne. Il possède le plus vieux platane d'Europe, qui doit avoir 2 400 ans ! Sur le Lassithi, faites un tour au village d'**Agios Georgios** et son musée du Folklore, avant de vous rendre à la grotte du mont Dikti, en essayant d'éviter les touristes, qui sont nombreux... Perchée à près de 1 000 m d'altitude, on y accède par un escalier très raide qui mène à une grande salle et un minuscule lac souterrain. Dans cette grotte, selon la légende, Zeus bébé fut caché pour échapper à la fureur de son père, qui avait coutume de dévorer ses enfants. Après le village de Kera, arrêtez-vous au monastère de **Kera Kardiotissa,** haut lieu de l'orthodoxie, établi dans un site magnifique ; sa ravissante petite église du Xe siècle renferme des icônes anciennes.

Site archéologique de Malia

La route en corniche qui monte vers **Mochos** et sa place bordée de tavernes ménage des vues superbes sur la côte.

Niché au fond du golfe de Mirambello, le port d'**Agios Nikolaos,** établi autour d'un ancien lac ouvert sur la mer, étage ses maisons blanches sur les collines. Son emplacement exceptionnel a fait de cette petite ville une destination très prisée : en été, on se croirait à Saint-Tropez au mois d'août... Une promenade piétonne permet de faire en partie le tour du lac. Sur la rive droite du port, le quai Koundourou est bordé de bars-restaurants et de boutiques. Agios Nikolaos possède le musée archéologique le plus riche de Crète après celui d'Héraklion. Parmi les pièces maîtresses, ne manquez pas d'admirer la **déesse de Myrtos,** étonnant vase à libations en forme de corps de femme. Sur les hauteurs d'Agios Nikolaos, le village de **Kritsa** est l'un des plus anciens de Crète. Il est réputé pour son huile d'olive. En chemin, faites une halte à l'église de Panagia Kera, toute blanche, qui abrite des fresques des XIIIe et XIVe siècles. De Kritsa, une route mène à la cité dorienne de **Lato,** dont l'existence a été établie entre le VIIe et le IIIe siècle av. J.-C. : ses vestiges imposants dominent un site d'une beauté à couper le souffle. Prévoir de bonnes chaussures pour atteindre le site à pied. À l'est d'Agios Nikolaos, **Voulisma Beach** est l'une des plages les plus prisées de Grèce.

En remontant vers l'ouest, on atteint **Réthymnon,** où son passé vénitien puis ottoman a laissé des témoignages dignes d'intérêt. La vieille ville a conservé une atmosphère populaire authentique, et le port vénitien, avec ses barques colorées, incite à faire une halte en terrasse pour contempler le spectacle. **Rue Arkadiou,** arrêtez-vous devant la loggia vénitienne, magnifique édifice de la Renaissance. La **Fortezza,** citadelle vénitienne, vaut surtout pour la vue panoramique que l'on a depuis la colline Paleokastro, surtout au coucher du soleil. Au sommet, la mosquée du sultan Ibrahim Han possède une coupole immense... Installé dans une maison du XVIIe siècle, le **musée d'Histoire et d'Art populaire** expose textiles, broderies

LES CONSEILS GEO

• Les plus

La Crète offre une telle variété de sites et d'activités que chacun peut y trouver son compte.

• Les moins

Mieux vaut vous abstenir d'aller en Crète en plein été si vous craignez la chaleur et l'afflux de touristes.

• Les tendances

Les Crétois se sont lancés il y a quelques années dans le tourisme œnologique, avec des visites-dégustations proposées dans les domaines viticoles.

et tapis, ainsi que des reconstitutions d'ateliers. En cheminant dans la ville, vous verrez deux autres mosquées : Nerantzès et Kara Musa Pasha.

Dans l'arrière-pays, le **monastère d'Arkadi** (*https://arkadimonastery.gr*), fondée au XIe siècle, occupe une place mythique dans l'histoire grecque : plus d'un millier de révolutionnaires (dont 600 femmes et enfants) tinrent tête à 15 000 combattants ottomans en 1866. Plutôt que de se rendre, les Grecs firent sauter la poudrière. Du XVIe au XVIIIe siècle, Arkadi fut un centre religieux très prospère. L'église à deux nefs arbore une spectaculaire façade Renaissance et une riche décoration intérieure.

Plus à l'est, sur le site d'**Eleftherna,** fondé par les Minoens et développé par les Doriens, s'élève le dernier-né des musées archéologiques. Dans une scénographie spectaculaire, il expose les objets découverts sur place – bouclier en bronze, bijoux, armes, vases, sculptures – et évoque les rites funéraires.

Première capitale de la Grèce indépendante, **La Canée** est la plus belle ville de Crète : elle fut tour à tour byzantine, vénitienne et ottomane, ce qui explique la richesse de son patrimoine architectural. Bordé de hautes maisons pastel, dominé par son **phare égyptien** d'où l'on peut admirer le coucher du

CARNET DE VOYAGE

• Les premiers contacts Office national hellénique du tourisme, 3 avenue de l'Opéra, 75001 Paris. www.info-grece.com. À consulter aussi : www.visitgreece.fr ; www.cretanbeaches.com.

• Les formalités Pour les ressortissants de l'UE, carte d'identité ou passeport en cours de validité.

• La santé Aucun problème. Pensez à emporter la carte européenne d'assurance maladie.

• Le voyage, le décalage Durée moyenne du vol Paris-Héraklion : 3 h 30. Décalage horaire : 1 heure de plus.

• Les langues, la monnaie Langue officielle : le grec. Les Grecs travaillant dans le tourisme parlent l'anglais. **Monnaie :** l'euro

• La population La Crète compte 636 500 habitants, dont 174 000 à Héraklion.

• Les religions Très forte majorité d'orthodoxes, à 98 %. Les 2 % restants sont des catholiques et des musulmans.

• Les fêtes **Février :** carnaval de Réthymnon (www.rethymnocarnival.gr), le plus important de Crète ; **25 mars :** fête nationale (début de l'insurrection contre les Ottomans en 1821) ; **avril ou mai :** fêtes de Pâques durant 3 jours ; **23 avril :** fête de saint Georges dans les villages qui portent ce nom ; **début juillet :** festival du régime crétois à Réthymnon (www.rethymnowinefestival.gr) avec vente de produits gastronomiques, chants et danses ; **15 août :** fête de la Dormition de la Vierge ; **28 octobre :** jour du « non » (*ochi*), célébrant le rejet de l'ultimatum italien en 1940.

• Les achats Céramique, tapis, sacs et chaussures en cuir, sculptures en bois d'olivier, ouzo, huile d'olive, olives, vin, miel.

Le port de La Canée avec au premier plan, la mosquée Hasan Pasha

soleil, le port aligne ses terrasses propices à la détente. Couronnée par ses dômes roses, la **mosquée des Janissaires,** érigée en 1645, fut la première construite en Crète. Des chantiers navals installés dans les arsenaux vénitiens, à l'est du port, sortaient autrefois d'imposants navires. À l'arrière des docks, dans l'ancien quartier turc de **Splantzia,** encore populaire, les échoppes et les petites boutiques ont survécu à la fièvre touristique. La jeunesse étudiante y investit volontiers les bars et les restaurants. Dans le quartier de **Topanas,** siège de l'aristocratie vénitienne, qui a conservé de belles façades avec balcons en fer forgé, le fort Firkas abrite le musée maritime. À 2 km à l'est de la vieille ville, le **Musée archéologique** expose des collections variées – figurines, sarcophages, monnaies crétoises, mosaïques romaines – dans un bâtiment futuriste de forme triangulaire.

Au nord de La Canée, dans la péninsule d'Akrotiri, la visite du **monastère d'Aghia Triada** s'impose. Fondé au XVIIe siècle, il se dresse au milieu des oliviers et des cyprès. Le musée présente une intéressante collection d'icônes.

La côte sud de la Crète, face à la Libye, est le royaume des **gorges.** Les montagnes crétoises sont essentiellement composées de calcaire marin sédimentaire, une pierre très tendre dans laquelle l'eau des rivières a creusé des vallées profondes. Si les plus célèbres sont les **gorges de Samaria,** les plus sportives et les plus fréquentées de l'île, celles d'**Agia Irini,** d'**Aradena** ou d'**Imbros** donnent lieu à de superbes promenades.

Istanbul
et la Cappadoce

Explorez une ville magique, symbole de la civilisation, à la frontière entre l'Orient et l'Occident et baignée par les eaux du Bosphore, puis les incroyables paysages lunaires de la Cappadoce : un voyage en deux temps à la découverte de la Turquie, entre histoire, art et innovation.

En visitant Istanbul, vous traverserez des millénaires d'histoire en quelques heures, découvrirez les traces de trois empires (romain, byzantin et ottoman), puis vous réaliserez que cette ville, la plus fascinante d'Asie mineure cultive aussi, en parallèle de cette culture séculaire, une forte identité européenne qui se traduit entre autres par des gratte-ciel très modernes, des vitrines tendance et des hôtels-boutiques aux grandes baies vitrées donnant sur le **Bosphore**.
C'est de ce détroit navigable de 33 km qu'Istanbul, véritable ville sur l'eau, tire sa magie : reliant la mer de Marmara à la mer Noire, il coupe la ville en deux, avec la partie asiatique à l'est, la zone européenne à l'ouest, où une autre frontière naturelle, la ria de la **Corne d'Or**, sépare à son tour les quartiers les plus anciens, **Sultanahmet** et le **Sérail**, de ceux de **Beyoglu** et **Galata**, aujourd'hui très en vogue. Dans ce dernier, la **tour de Galata** (*www.muze.gen.tr/muze-detay/galatakulesi*) édifiée en 1348 par les Génois, permet d'observer toute la ville, puis vous pourrez aller prendre un verre au **Pera Palace** (*Mesrutiyet Caddesi 52, www.perapalace.com*), l'hôtel historique 5 étoiles d'Istanbul sur la rive de la Corne d'Or . C'était à la grande époque l'hôtel favori d'Agatha Christie, qui arrivait de Londres à bord des wagons luxueux de l'**Orient-Express** (*ce train mythique dessert toujours la gare de Sirkeci, www.tcdd.gov.tr*). Istanbul est reliée par avion à **Ankara**, la capitale turque, point de départ pour la **Cappadoce**, véritable monde de tuf, inscrit en 1985 au patrimoine mondial de l'Unesco, où les rochers portent le surnom poétique de « cheminées de fées ».

Se déplacer : *Istanbul se découvre en taxi (très bon marché), en tramway ou en métro* (www.tooistanbul.com/transports-en-commun-istanbul). *Pour la Cappadoce, en Anatolie centrale, il est possible de rejoindre Antalya (une heure dix de vol) ou, mieux encore, Ankara (moins d'une heure de vol) et Izmir (une heure quinze de vol) en avion à partir d'Istanbul.*

La cité d'Istanbul est établie sur la rive ouest du Bosphore.

Istanbul (3 jours)

Dès votre arrivée, vous aurez la très nette impression de vous retrouver au confluent de deux mondes, en particulier lorsque vous découvrirez Sainte-Sophie et la mosquée Bleue, monuments voisins qui rivalisent de beauté dans le quartier historique de **Sultanahmet**, cœur ancien de la ville. Symbole romain et chrétien inauguré en 537 par l'empereur Justinien, **Sainte-Sophie** fut d'abord une basilique, dont vous pourrez admirer les colonnes en porphyre rouge et vert et la loge où s'asseyait l'impératrice Théodora; elle fut transformée en mosquée au XVe siècle et dotée d'une coupole et de minarets qui ont retrouvé leur splendeur après dix-sept ans de restauration (*www.muze.gen.tr/muze-detay/ayasofya, mar.-dim. 9 h-19 h*). En 1935, elle fut finalement convertie en musée.

QUE VOIR, QUE FAIRE À ISTANBUL ?

- L'église Sainte-Sophie, transformée en mosquée, puis en musée
- Le pont de Galata, au-dessus de la Corne d'Or
- Le marchandage entre les étals du Grand Bazar
- Les céramiques d'Iznik de la mosquée Bleue
- Une croisière sur le détroit du Bosphore
- Le palais de Topkapi, ancienne résidence des sultans
- Le lèche-vitrines dans les quartiers de Beyoglu et Galata

La **mosquée Bleue** *(www.bluemosque.co, horaires variables)* a toujours été un lieu de culte musulman : construite au XVIIe siècle, elle est célèbre pour les 20000 céramiques d'Iznik qui la décorent. Si Sainte-Sophie et la mosquée Bleue sont éblouissantes de beauté, la **mosquée de Soliman le Magnifique**, dessinée au XVIe siècle par Sinan, le Michel-Ange turc, est la seule à être assez imposante pour rivaliser avec elles. On peut y admirer ses quatre minarets, son incontournable coupole et le **tombeau de Soliman** *(Profesör Siddik Sami Onar Caddesi 1, horaires variables)*. Vous pouvez remettre cette visite à plus tard (puisque la mosquée est située dans le quartier des Bazars, où se trouve également le plus grand marché de la ville, à voir en même temps) et rester à Sultanahmet pour découvrir l'immense **citerne byzantine** du IVe siècle *(Yerebatan Caddesi 13, www.yerebatan.com, 9 h-19 h)*, aux bassins entourés de 336 colonnes (en partie murées aujourd'hui), qui alimentait la ville avec les eaux de l'**aqueduc de Valens**, tout proche. Le **quartier du Sérail** possède de nombreux autres trésors, dont le **palais de Topkapi** *(www.topkapi-palace-tickets.com/fr/palais-de-topkapi, horaires variables)*. L'ancienne résidence des sultans, édifiée vers le milieu du XVe siècle après la conquête de Constantinople, est composée du **harem**, lieu clos aux fenêtres de nacre et murs recouverts de céramiques d'Iznik, de terrasses donnant sur la mer, de patios, de **pavillons** – dont celui **de Bagdad** –, de jardins et de la **salle des Audiences**, couverte de boiseries, avec le fameux trône du XVIe siècle. La visite comprend aussi la **salle des Circoncisions**

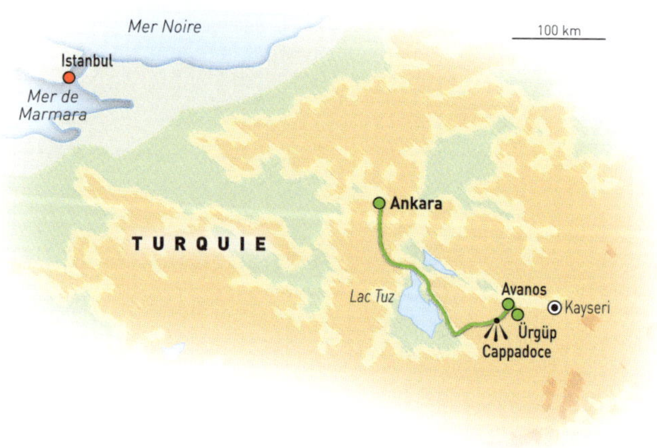

TURQUIE

Les arcades du Grand Bazar, l'un des plus vastes du monde

et le **Trésor**, dont les vitrines regorgent de poignards incrustés de pierres, d'objets précieux et de bijoux, sans oublier un diamant de 86 carats entouré de 49 brillants. À côté du palais, il ne faut pas manquer le **Musée archéologique**, l'un des dix plus grands du monde (*Alemdar Caddesi, www.muze.gen.tr/muze-detay/arkeoloji, horaires variables*). Regroupant le **musée de l'Archéologie classique**, le **musée de l'Ancien Orient** et le **pavillon des Céramiques**, il conserve des œuvres extraordinaires comme la **tablette de Qadesh** – le plus ancien traité de paix jamais retrouvé –, le **buste d'Alexandre le Grand** (IIe siècle) et le **sarcophage dit d'Alexandre** (c'est en réalité celui du roi Abdalonymus). Une courte promenade jusqu'au **pont de Galata** permet de rejoindre, sur l'autre rive de la Corne d'Or, les quartiers de **Beyoglu** et **Galata**. Vous flânerez devant les vitrines de créateurs, comme l'**Atelier 55** (*Serdari Ekrem Sok 55, www.atelier-55.com*), et plongerez dans la ville moderne avec ses cafés et ses clubs branchés, tels que **360Istanbul** (*Istiklal Caddesi, www.360istanbul.com*) ou **Sunset Grill&Bar** (*Adnan Saygun Caddesi, www.sunsetgrillbar.com*). Il vous reste encore à découvrir le **quar-**

◂◂ La mosquée du sultan Ahmet à Istanbul est plus connue sous le nom de Mosquée bleue.

CARNET DE VOYAGE

• **Les premiers contacts** Office turc de la culture et de l'information, 102, avenue des Champs-Élysées, 75008 Paris, tél. : 01 45 62 27 50, www.goturkey.com, www.turquietourisme.ktb.gov.tr

• **Les formalités** Pour les Français et les Suisses, carte nationale d'identité ou passeport. Pour les Canadiens, passeport et visa à l'arrivée.

• **La santé** Aucun problème.

• **Le voyage, le décalage** Durée moyenne du vol Paris-Istanbul (2 243 km) : 3 heures 30 ; Paris-Ankara (2 584 km) : 5 heures ; Paris-Antalya (2 651 km) : 4 heures. Nombreux vols à bas prix pour Istanbul et Antalya.
Lorsqu'il est midi en France, il est 13 h en Turquie.

• **Les langues, la monnaie** Langue officielle : le turc, qui appartient au groupe ouralo-altaïque et pour lequel les caractères arabes ont été utilisés jusqu'en 1928 ; la langue kurde, parlée par un habitant sur cinq et longtemps réprimée, est désormais enseignée. **Monnaie :** la nouvelle lire turque (YTL). 1 € = 19,23 nouvelles livres turques. Cartes de crédit utilisables et distributeurs de billets dans les villes.

• **La population** La Turquie compte un peu plus de 84 millions d'habitants. Les descendants des tribus nomades turques du début du millénaire forment l'essentiel de la population. La proportion des Arméniens et des Grecs est modeste, mais la minorité kurde représente 20 % de la population. Istanbul : 15 millions d'habitants environ. Antalya : 800 000 habitants environ. Ankara : 5,7 millions d'habitants environ. **Capitale :** Ankara.

• **Les religions** 98 % de la population est musulmane. Minorités catholique, juive et orthodoxe. La Turquie est un État laïc.

• **Les fêtes** **5-6 mai :** naissance du Printemps ; **sept. :** festival des vendanges à Ürgüp ; **29 oct. :** fête de la République.

• **Les achats** Tapis, bijoux, thé, loukoums. À Istanbul, rendez-vous dans le Grand Bazar où le marchandage est une institution.

La Cappadoce et ses étranges cheminées des fées

tier des Bazars, avec la mosquée de Soliman le Magnifique et les arcades du **Grand Bazar**, et le quartier d'**Eyüp**, toujours sur la Corne d'Or, pour faire une pause au **café Pierre Loti**, cher au grand écrivain et officier de la marine française, tombé amoureux d'Istanbul *(Gümüssuyu Balmumcu Sik 1, tél. : 0090212.4971313)*.

Cappadoce (2 jours)

La Cappadoce **(Kapadokya)**, en Anatolie centrale, est l'une des régions les plus fascinantes du Moyen-Orient. Elle doit sa réputation à son passé mouvementé (certains sites remontent au néolithique et elle a été successivement occupée par les Assyriens, les Hittites, les Perses, l'armée d'Alexandre le Grand et les

QUE VOIR, QUE FAIRE EN CAPPADOCE ?

- Les églises troglodytiques de la vallée de Göreme
- La forteresse de pierre d'Üçhisar
- Les poteries artisanales d'Avanos
- Une randonnée dans les vallées des cheminées de fées à partir de Zelve
- Les villes souterraines de Derinkuyu et Kaymakli
- Une excursion en montgolfière
- Le musée des Civilisations anatoliennes, à Ankara

Romains, avant de devenir une province byzantine) et à ses cônes de tuf ou cheminées de fées, extraordinaires formations géologiques dues aux effets associés de l'activité volcanique et d'une érosion millénaire. Ce paysage lunaire abrite des habitations troglodytiques et plus de 3000 églises rupestres que l'Unesco a inscrites au patrimoine mondial. Pour les découvrir, vous pouvez faire étape à **Ürgüp** *(300 km environ au sud-est d'Ankara par les D750-E90)*, qui compte un grand nombre de compagnies d'autocars et de loueurs de voitures. De là, vous prendrez la direction de l'ouest vers **Ortahisar** et sa forteresse de tuf percée d'escaliers et de galeries, et enfin vers la ville de pierre d'**Üçhisar** et le **parc national de Göreme**, dont le **musée** en plein air rassemble des collines de tuf, des églises et des monastères aux fresques murales peintes par les chrétiens, qui s'y sentaient à l'abri des menaces arabes et byzantines. À 2 km de Göreme, **Çavusin**, avec son église (964-965) décorée de fresques représentant des récits évangéliques, fait partie des sites habités les plus anciens de la région. Plus au sud, vous pénétrez dans les villes souterraines de **Derinkuyu** et **Kaymakli**. Cette dernière, la plus vaste de Cappadoce, comporte plusieurs niveaux (quatre se visitent) et est ouverte aux touristes depuis 1964 : vous y découvrirez un réseau de rues et de maisons construit à l'envers, dans les entrailles de la terre et de la roche de tuf, pour se protéger contre les attaques ennemies. Au nord d'Ürgüp, **Avanos** est réputé pour ses poteries artisanales (une tradition qui date de la période hittite), tandis que **Zelve**, dont les habitants ont été évacués par crainte des éboulements, marque l'entrée dans les vallées parsemées d'églises et de cheminées de fées. S'il vous reste un peu de temps en revenant à **Ankara**, profitez-en pour visiter le **musée des Civilisations anatoliennes**, l'un des plus importants musées d'archéologie du monde et l'endroit idéal pour découvrir les 9000 ans d'histoire de la région, du paléolithique à l'âge classique *(Gözcü Sokak 2, 8 h30-19 h, fermé le lun. en hiver)*. Si vous préférez consacrer encore quelques heures à la Cappadoce, la **Yama Tour Travel Agency** *(Muze Caddesi 2, Göreme, www.yamatours.com)* est l'une des nombreuses agences spécialisées dans les excursions aériennes, qui permettent d'admirer les cheminées de fées du ciel, dans la nacelle d'une montgolfière. ●

LES CONSEILS GEO

● Les plus

L'atmosphère cosmopolite d'Istanbul, où se côtoient l'ancien et le moderne. Le rayonnement d'Istanbul et les paysages féeriques de la Cappadoce. Le coût très raisonnable des séjours.

● Les moins

Une certaine tension depuis quelques années en raison d'attentats ou de menaces d'attentat, y compris dans des villes ou sur des sites touristiques.

● Les tendances

De nombreux voyagistes proposent désormais des randonnées d'une semaine ou deux en Cappadoce.

Malte
Gozo et Camino

Plantée au centre de la Méditerranée entre l'Italie et la Libye, Malte a vu passer sur son sol nombre d'occupants et s'est trouvée souvent à la croisée des chemins. Ce mélange de cultures fait d'elle une destination unique et très originale. Ville fortifiée spectaculaire, La Valette est un musée à ciel ouvert. Le reste de l'île est un voyage dans le temps mais aussi une plongée au sein d'une nature préservée, avec des paysages très contrastés.

Il y a tant à voir à Malte que des choix s'imposent. L'île regorge de passionnantes villes d'art, témoignages de son histoire, et dont **La Valette** est le symbole. La nature y est aussi bien présente comme sur l'**île de Gozo**.

Se déplacer : *Le meilleur moyen de découvrir La Valette est de le faire à pied. Le bus est pratique sur l'île : le réseau est bien développé mais les horaires à vérifier...* (www.publictransport.com.mt ou application pour smartphone Tallinja). *Les billets s'achètent dans le bus. Il existe des liaisons par bateau depuis Cirkewwa, au nord de l'île, à Malte, ou de Mgarr à Gozo avec la Gozo Channel Company* (www.gozochannel.com). *En voiture, la conduite est à gauche. Seules les routes principales sont bien entretenues, et les panneaux indicateurs sont rares. Attention, dans les stations à essence, l'usage des cartes bancaires n'est pas très fréquent.*

• La Valette (2 jours)

La découverte de Malte commence par La Valette, la capitale, entourée de remparts. Avec ses 320 monuments sur 55 hectares, la richesse de la ville dans le domaine architectural est prodigieuse... On y pénètre par la **City Gate**, où le quartier a été mis en valeur par Renzo Piano. On passe devant le Parlement, les ruines de l'ancien Opéra réhabilité, pour arriver aux bastions Saint-James (qui abrite un centre culturel, *www.sjcav.org*) et Saint-John. Occupant une partie des fortifications, les **jardins d'Hastings** offrent une vue imprenable. **Our Lady of Victory Church** fut élevée en 1566 pour célébrer la victoire de l'ordre de Saint-Jean contre les Ottomans après le Grand

La Valette

QUE VOIR, QUE FAIRE À MALTE ?

- Se laisser gagner par le charme de La Valette, où l'histoire s'écrit à chaque coin de rue
- Visiter le palais des Grands Maîtres pour admirer la richesse de ce patrimoine
- Admirer l'état de conservation des monuments mégalithiques de Ggantija à Gozo
- Flâner dans Mdina au soleil couchant une fois les touristes repartis
- Déguster des fruits de mer dans le petit port de Marsaxlokk

Siège. L'**auberge de Castille, de Léon et du Portugal,** ancienne résidence des chevaliers de style baroque, abrite aujourd'hui les bureaux du Premier ministre. Tout près, les **Upper Barrakka Gardens**, aménagés au XVIIIe siècle sont les plus agréables de la ville. En contrebas, la **Saluting Battery** (*www.salutingbattery.com*) était la batterie de canons installés au XVIe siècle par l'ordre de Malte pour défendre le port. Depuis les Upper Barrakka Gardens, vous gagnerez les **Lascaris War Rooms** (*www.lascariswarrooms.com*), souterrains creusés au XVIIe siècle où fut planifié le débarquement en Sicile de 1943...
La **Republic Street,** rue principale de La Valette, mène de la City Gate au fort Saint-Elme. S'y alignent boutiques, cafés et restaurants. Pour comprendre les sites millénaires de Malte, il faut visiter le **National Museum of Archeology** (*https://heritagemalta.mt*). La Merchants Street est bordée de boutiques et de bâtiments historiques. La **co-cathédrale Saint-Jean** dissimule derrière sa façade austère un décor intérieur baroque flamboyant (*www.stjohnscocathedral.com*). 374 tombes des chevaliers de l'ordre de Saint-Jean de Jérusalem composent le dallage intérieur. Le **palais des Grands Maîtres**, fondé en 1571, abrite désormais les bureaux du président de la République (*https://heritagemalta.mt*). On visite les spectaculaires salles d'apparat et le musée de l'Armurerie. Ne manquez pas, dans

LES CONSEILS GEO

• Les plus
L'arrière-saison (septembre-octobre) est idéale pour visiter Malte, et profiter à la fois de sa richesse culturelle et des eaux encore chaudes.
Au printemps, l'île est verte et fleurie.

• Les moins
En été, la chaleur est écrasante et les touristes très nombreux.

• Les tendances
Mélange de saveurs siciliennes et turques, la cuisine maltaise fait aussi la part belle aux produits de la mer.

Republic Street, la **Casa Rocca Piccola** (XVIe siècle), l'une des rares demeures aristocratiques maltaises ouvertes au public et toujours habitée.
À l'est de La Valette, le **fort Saint-Elme** occupe un site stratégique. Il accueille le musée national de la Guerre. La **Sacra Infermeria** (Infirmerie sacrée), élevée au XVIe siècle, rappelle que l'ordre des chevaliers de Saint-Jean de Jérusalem était un ordre hospitalier. Le billet d'entrée est commun avec **The Malta Experience**, film de 45 minutes consacré à l'histoire de l'île depuis ses origines.

• À la découverte de l'île (2 jours)

Au sud-est de La Valette, les **Trois Cités** s'atteignent après avoir traversé le Grand Harbour. De part et d'autre de la Dockyard Creek, **Birgu, Isla et Bormla** ont bénéficié d'une réhabilitation réussie. À leur arrivée au Moyen Âge, les chevaliers de l'ordre de Malte se fixent à Birgu avant de s'installer à La Valette en 1565. **Birgu** abrite le fort Saint-Angelo, le Malta Maritime Museum, installé dans l'ancienne boulangerie de la Navy (!), le palais de l'Inquisiteur, où se trouve le Malta at War Museum (*www.maltaatwarmuseum.com*). À **Isla** (« Senglea »), petite langue de terre rattachée à Malte par un isthme étroit, le front de mer est animé en été. L'église **Our Lady of Victories** (XVIIe siècle)

CARNET DE VOYAGE

• **Les premiers contacts** Office du tourisme de Malte, 9 cité Trévise, 75009 Paris, tél. 01 48 00 03 79, www.visitmalta.com/fr

• **Les formalités** Pour les ressortissants de l'UE, carte d'identité ou passeport en cours de validité.

• **La santé** Aucun problème. Pensez à emporter la carte européenne d'assurance maladie.

• **Le voyage, le décalage** Durée moyenne du vol Paris-Malte : 2 h 30. Pas de décalage horaire.

• **Les langues, la monnaie** Le maltais et l'anglais. **Monnaie :** l'euro.

• **La population** Malte compte 450 000 habitants. À La Valette, la capitale, vivent 5 800 habitants.

• **Les religions** Très forte majorité de catholiques. Très faible minorité de protestants, musulmans et juifs.

• **Les fêtes** **Mi-carême :** carnavals de Malte et de Gozo ; **31 mars :** fête de la Liberté, célébrant le départ des Britanniques en 1979 ; **7 juin :** Sette Giugno, en mémoire d'un soulèvement contre les Britanniques en 1919 ; **28 et 29 juin :** Mnarja, fête du solstice solaire ; **8 septembre :** jour de la Victoire, rappelant celle des chevaliers de Malte contre les Ottomans en 1565 ; **21 septembre :** Jour de l'Indépendance ; **13 décembre :** fête de la République, proclamée en 1974.

• **Les achats** Nougat, miel, madliena (liqueur aux herbes), vins de Malt, orfèvrerie, objets en verre soufflé, dentelles, croix de Malte.

fut reconstruite après-guerre. Les Gardjola Gardens offrent une jolie vue sur le port. À **Bormla**, visitez le Bir Mula Heritage House and Museum (XVIIe siècle). Au sud de La Valette, l'**hypogée de Hal Saflieni** (*https://heritagemalta.mt*) à Paola est le site archéologique le plus important de l'île : il s'étend sur trois niveaux et renfermerait 7 000 sépultures. Située au sud-ouest de l'île, le port de pêche de **Marsaxlokk**, avec ses barques colorées, offre une vraie image de carte postale. À l'intérieur des terres, au centre de l'île, plusieurs endroits méritent une visite. À **Rabat,** qui remonte aux Phéniciens, vous partirez sur les traces des Romains. Le site de la Domus Romana a été découvert par hasard à la fin du XIXe siècle. Et ne manquez pas les St. Paul's Catacombs, nécropole à la fois païenne et chrétienne, des IV-Ve siècles.

Le port de pêche de Marsaxlokk

Ancienne capitale de l'île, **Mdina** plonge le visiteur dans une atmosphère médiévale. Entourée d'épais remparts, la « Cité du silence » s'élève sur un promontoire. À voir, deux magnifiques palais du XIIIe siècle, le Palazzo Santa Sofia et le Palazzo Falson. Saint Paul's cathedral, l'unique cathédrale de l'île, est un remarquable exemple d'architecture baroque.

Un peu plus haut, **Mosta** est réputée pour la Rotonde Sainte-Mary, une église immense construite au XIXe siècle, et coiffée d'un dôme de 36 m de diamètre pour 55 m de haut !

Gozo et Camino (2 jours)

Si vous prolongez votre séjour, gagnez l'**île de Gozo** (30 minutes en ferry depuis Malte). À **Victoria**, la capitale, la citadelle est incontournable. Puis visitez la cathédrale Notre-Dame de l'Assomption et contemplez la vue depuis les remparts. À **Xaghra,** les deux temples mégalithiques de **Ggantija,** datés de 3600 à 3200 av. J.-C, inscrits au patrimoine de l'Unesco, sont impressionnants. Poursuivez votre découverte par **Dwejra Bay**, un site magique que l'on rejoint par un chemin depuis la Dwejra Tower. La minuscule île de **Camino,** (quelques minutes en bateau de Malte ou de Gozo) fait le bonheur des randonneurs et des plongeurs. Elle abrite le **Blue Lagoon**, une piscine marine naturelle couleur turquoise aux eaux translucides.

INDEX

INDEX

S

T

U

V

W - Z

Crédits photographiques

Couverture : Shutterstock.

Toutes les photos sont de chez iStock sauf p. 2, 25, 27, 28, 43, 44, 91, 93, 131, 133, 135, 179, 181, 183, 193, 195 : Shutterstock.

Éditions Prisma
Directrice exécutive Prisma Media : Gwendoline Michaelis
Directrice éditoriale adjointe : Laura Stioui
Responsable éditoriale : Caroline Ollagnier-Rondeau
Chargée d'édition : Emmanuelle de Villedary
Chefs de fabrication : Jérôme Brotons, Anne-Kathrin Fischer
Photogravure : Jeanne Mercadante

Édition 2023 : Le Livre d'Après
Textes : Elena Luraghi, Cinzia Rando, Ettore Pettinaroli et Renée Grimaud (Reykjavik et l'Islande, Copenhague, Porto, Gênes et les Cinque Terre, Crête, Malte, Gozo et Comino)
Cartographie : Aurélie Boissière
Création graphique de la couverture : Éléonore Gerbier

PEFC
PEFC/14-38-00230
Certifié PEFC
www.pefc-france.org

ISBN : 978-2-8104-3805-1
Dépôt légal : mars 2023
Impression : Macrolibros, Espagne